主编　刘玉杰

本卷著者　王良田

文化商丘

殷商文化

中华书局

图书在版编目(CIP)数据

文化商丘·殷商文化/刘玉杰主编;王良田本卷著. —北京:
中华书局,2021.3
ISBN 978-7-101-15070-4

Ⅰ.文⋯ Ⅱ.①刘⋯②王⋯ Ⅲ.①地方文化-商丘②商文化
(考古学)-研究 Ⅳ.①G127.613②K871.3

中国版本图书馆 CIP 数据核字(2021)第 027718 号

书　　名	文化商丘·殷商文化
主　　编	刘玉杰
本卷著者	王良田
丛 书 名	文化商丘
责任编辑	许旭虹　　徐麟翔
出版发行	中华书局
	(北京市丰台区太平桥西里 38 号　100073)
	http://www.zhbc.com.cn
	E-mail:zhbc@zhbc.com.cn
印　　刷	北京瑞古冠中印刷厂
版　　次	2021 年 3 月北京第 1 版
	2021 年 3 月北京第 1 次印刷
规　　格	开本/710×1000 毫米　1/16
	印张 15　插页 2　字数 180 千字
印　　数	1-3050 册
国际书号	ISBN 978-7-101-15070-4
定　　价	82.00 元

文化商丘编委会

编委会主任：王战营

编委会副主任：张建慧

执行副主任：王全周

主编：刘玉杰

副主编：李可亭　郭文剑

编委会委员

刘玉杰　赵云峰　李可亭　刘秀森　郭文剑
王良田　朱凤祥　郭文佳　王　纲　陈功文
张学勇　刘正义　刘万华　刘少杰　王小块
李月英

序　一

　　商丘历史文化悠久厚重，是华夏文明和中华民族的发祥地之一。华夏文明上下五千年在商丘没有中断过。作为一名历史文化工作者，我一直对商文化抱着深厚兴趣。过去从众多的历史文献典籍中，零星碎片地了解一些。今商丘市以高度的文化自信和文化自觉，以商文化为主脉，集合火文化、古城文化、圣人文化、汉梁文化等文化形态，以历史教科书形式，编纂这么一套文化丛书，读之如渴在临泉清，饿在闻肉味，实则欣喜，大呼过瘾，故为之序。

　　《诗经》《史记》等史籍都记载说："天命玄鸟，降而生商。""商"作为地名，在五帝时期就有了。黄帝和少皞时代，东夷氏族群中的玄鸟族西迁至商丘，战胜了土著人，建了第一座都城，名为"商"，后来又以地名为族名，产生了商部族。商文化在我国历史文化中地位十分重要。搞清楚它的历史渊源、发展脉络、基本走向，它的独特创造、价值理念、鲜明特色，对增强文化自信和价值观自信有着重要意义。习近平总书记说："不忘本来才能开辟未来，善于继承才能更好创新。"

　　我从事文物、古城保护工作多年，经常关注有关古城建设方面的知识。试想，当时的玄鸟族为什么选择商这个地方定居并建城呢？我国众多的古代文献显示，古代先民选择定居地点是很讲究的。出于对生存环境和防御需要的考虑，先民们往往对周边的生态环境格外关注。西汉时期的晁错就曾向皇帝建议在"移民实边"时，必须考虑生态环境。

他说：“臣闻古之徙远方以实广虚也，相其阴阳之和，尝其水泉之味，审其土地之宜，观其草木之饶，然后营邑立城，制里割宅，通田作之道，正阡陌之界，先为筑室，家有一堂二内，门户之闭，置器物焉，民至有所居，作有所用，此民所以轻去故乡而劝之新邑也。”(《汉书·晁错传》)可见古人在考虑新的居住环境时，要选择那些水质甘美、土地肥沃、草林茂盛的地方，继而加以规划，开辟道路，建造房屋，合理安排居室结构，如此才能在发展农业的同时，使人们对新的居住环境感到满意，体现出农业社会人居环境建设的基本要求和特点。古代城市选址对自然环境要求更高，不但涉及地形、地质、气象、水文、资源、交通等多种因素，还要考虑政治、经济、军事、文化等诸多方面的影响。《管子》曰：“凡立国都，非于大山之下，必于广川之上，高毋近旱而水用足，下毋近水而沟防省。因天材，就地利，故城郭不必中规矩，道路不必中准绳。”管子的话既反映了城市选址对自然环境和山水格局的严格要求，又强调城市选址应充分结合地利条件，视地形的实际情况而定，不必强求形式上的规整。先人的城市建设理念重地利，讲实效，对于摒弃单一的城市格局，突出城市个性特色以形成独有风格的文化景观十分重视。同时，我国古代“以农立国”，强调根植于富足农业基础之上，对土壤、水源的要求格外重视。玄鸟族之所以选择在商地定居并建城，说明当时商丘诸方面的条件是相当优越的。

据《晋书》《帝王世纪》等史籍记载，黄帝之孙、五帝之一的颛顼“始自穷桑，而徙邑商丘”。“帝喾高辛氏年十五而佐颛顼，三十登位，都亳。”颛顼把都城迁到商丘，帝喾把都城也定在这里，说明颛顼和帝喾时代商丘诸方面的条件依然比其他地方优越。

帝喾的儿子契在尧、舜时都被封于商丘，建商国，都亳。夏朝时，帝相为后羿所逐，居于商丘，商丘一时成了夏都。契传十四世到成汤，推翻了腐败的夏桀建立商朝，亳是商朝的第一座都城，直到二百多年后的第十三代商王河亶甲才迁都于相。后又经几次迁徙，到第二十位商王"帝盘庚之时，殷（上古时殷、商并称）已都河北，盘庚渡河南，复居成汤之故居……治亳，行汤之政"（《史记·殷本纪》）。此后，第二十八位商王武乙才自亳迁于河北（安阳地区）。自成汤至帝辛，商朝凡十七世三十一王。周朝整个时期，商丘古城称睢阳，一直是"作宾于王家"的宋国都城。秦朝末年，睢阳城是楚汉相争的战略要地。两汉时期，睢阳一直是梁国的都城。隋唐时期，她又是"中州锁钥，江淮屏障，河洛咽喉"，是战略位置极其重要的兵家必争之城；宋朝时她是"四京"之一的南京；明、清两朝，她因是"南控江淮、北临河济"的咽喉重镇，朝廷极为重视。

商丘古城饱经沧桑，在历史上因水患和兵灾曾多次损毁，但灾难过去又重建、改建，从五帝、夏、商、周、秦、汉、三国、两晋、南北朝、唐、宋、元、明、清，直到现在，一直延续下来。其五千年不断脉的悠久历史，标记着中华民族的历史和文明进程。中国的历史文化名城虽然不少，但像商丘古城这样从远古五帝到现在一直脉络不断的实为罕见。这是商丘古都城突出的价值所在。

由于历史的原因，明朝初年之前的商丘古城的面貌被历代黄河泛滥、河水携带的泥沙蒙于地下。20 世纪 90 年代，中国社会科学院考古研究所和美国哈佛大学皮保德博物馆组成的中美联合考古队对其进行考古调查，才发掘出商丘古城距今三千余年前的宋国古都城遗存。现在展现在世人面前的重建于明朝正德年间的商丘古城之下，沉睡着五帝时期的商城、亳城，春秋时期的宋国都城，秦汉和隋唐时期的睢阳城，宋代南京城，明初归德城。这也是商丘古城历史发展独有的形态，体现了她博大精深的文化内涵。文化景观是人类活动相继叠加的结果。因此，我一直认为，商丘古都城是"中国城建史博物馆""中国天然城池博物馆"。

儒、道、佛、墨四家是中华文化形成的支柱。史书记载，商丘是道家创始人之一庄子的故乡、儒家创始人孔子的祖籍，也是墨家创始人墨子的故乡，文化底蕴丰厚。

西汉刘向《列女传·契母简狄》记载："契之性聪明而仁，能育其教，卒致其名。尧使为司徒，封之于亳。"《史记·殷本纪》载："契长而佐禹治水有功。帝舜乃命契曰：'百姓不亲，五品不训，汝为司徒而敬敷五教，五教在宽。'封于商，赐姓子氏。"《汉书·艺文志》曰："儒家者流，盖出于司徒之官。"说明儒家文化的源头是商的始祖、尧舜时的司徒契。南宋时期，儒家的代表人物朱熹重建白鹿洞书院，亲手制订《白鹿洞书院学规》说："父子有亲。君臣有义。夫妇有别。长幼有序。朋友有信。右五教之目。尧、舜使契为司徒，敬敷五教，即此是也。"从史书对夏商周文化的有关记载来看，儒家思想和司徒契一脉相承。墨子也讲三代、先王，与儒家有一个共同的文化源头。商丘的文化底蕴之丰厚不言而喻。

文化复兴是实现中华民族伟大复兴中国梦的重要组成部分。历史悠久的商丘，应该让自己丰厚的文化资源展示魅力，很好地宣传出去，让全国乃至世界都了解商丘，让商丘的文化资源尽可能多地转化为人们的知识财富，让文化遗产资源"活起来"，融入广大民众的现实生活。

商丘市委、市政府组织专家、学者编写这套文化丛书，弘扬中华优秀传统文化，希望只是开端，以后要不断深入研究，不断取得新的更大的成果，为弘扬中华民族优秀文化作出独特贡献。

以此为序。

原故宫博物院院长　单霁翔

序　二

　　文化典籍是人类文明社会发展成果的重要载体与文明程度的标志。国有史，方有志，家有谱，这是中华民族数千年的优良传统，譬如《春秋》《左传》《史记》等都是中国人精神文化成长的重要历史记录。文化典籍的编纂传承能够有效地增强民族精神文化认同和国家凝聚力。地方文化史志是国家历史文化典籍的细化和补充，是国家、民族历史文化的血肉神经与单元标本。《文化商丘》丛书编纂出版的目的就是从文化视角系统整理商丘地区五千多年的文明史，挖掘保护传承商丘地区优秀历史文化资源。

　　商丘历史悠久，文化灿烂，处于华夏文明起源的核心区域，是中华民族文明发源地之一。商丘历史文化是华夏历史文明的重要组成部分，并发挥着重要作用。华夏五千年文明史在商丘从无间断，这是商丘的特点和优势。

商丘是中华民族和中华文明的发源地之一

　　毛泽东同志曾在红军长征到达陕北后说过非常著名的两句话："自从盘古开天地，三皇五帝到如今。"中华文明的源头是三皇五帝，据《尚书大传》《风俗通义》等古籍记载：三皇即燧人氏，称燧皇，伏羲氏，称羲皇，神农氏，称农皇；五帝即黄帝、颛顼、帝喾、尧、舜。据史料记载，三皇五帝都曾在商丘及周边留下过足迹，其中"三皇"中的燧人氏、神农氏和"五帝"之一的帝喾高辛氏长期生活在商丘。燧人氏钻木取火，"以化腥臊"，开启了中华先民的熟食时代和人类文明的新纪元，被奉为"人文始祖"。火的发明和应用，极大地推动了人类社会的进步。一方面，开启了人类的熟食生活，引起人类习性以至生理上的变革，从而使人类从动物中分离出来；另一方面，有了火，极大地推动了氏族社会生产力的发展。燧人氏被后人奉为火神，成为三皇之首。如今，位于商丘古城西南 1.5 公里处的燧皇陵就是历史的见证。

神农氏就是传说中的炎帝，也叫朱襄氏。《吕氏春秋·古乐》记载，朱襄氏受伏羲氏禅位而有天下。炎帝本为朱襄氏，因其开创了上古农业文明，被尊称为神农氏、农皇。在当时陈州的柘城（今商丘市柘城县），在县城东十里朱崮寺（今柘城县大仵乡朱堌寺村）有朱襄陵。所以可以得出结论"炎帝神农氏都于商丘"。

帝喾是五帝之一，也是"五帝"之首黄帝的曾孙，受封于高辛（今商丘市睢阳区高辛镇），故又称高辛氏，《史记·五帝本纪》记载，高辛"聪以知远，明以察微。顺天之义，知民之急"。《史记·殷本纪》也记载："殷契，母曰简狄，有娀氏之女，为帝喾次妃。三人行浴，见玄鸟堕其卵，简狄取吞之，因孕生契。"帝喾次妃简狄吞玄鸟之卵而生契，契就是商人的始祖，这也是《诗经·商颂》中所说的"天命玄鸟，降而生商"。《左传·昭公元年》记载："昔高辛氏有二子，伯曰阏伯，季曰实沈，居于旷林，不相能也。日寻干戈，以相征讨。后帝不臧，迁阏伯于商丘，主辰。商人是因，故辰为商星。迁实沈于大夏，主参。"这段记载说明，帝喾的两个儿子不和睦，日寻干戈，互相征讨，无奈，帝喾只好将他们分别分封到商丘和大夏（今山西太原），实际上阏伯与契为同一人（历史学家郭沫若考证），即是商族的始祖。到阏伯六世孙亥的时候，商部落已经比较壮大，生产出的产品自己用不完。亥聪明勇敢，服牛驯马以利天下，带着族人赶着牛车到别的部落进行产品交换，以物易物，开创了华夏商业贸易的先河。《管子·轻重戊》记载："殷人之王，立帛牢，服牛马，以为民利。"因此，商丘被称为"华商之源"。

商丘不仅是中华古文明的发祥地之一，也是中国姓氏文化的重要发源地。据专家考证，商、子、汤、宋、戴、武、钟、殷、葛、穆等许多姓氏都发源于商丘。至今，商丘大地上仍然留存有燧皇陵、阏伯台、帝喾陵等文化遗迹，有力地证明商丘是远古人类活动的主要区域之一，商丘在华夏文明发展初期就具有重要的地位。商丘的历史文化伴随着华夏历史文化的产生而产生、发展而发展，见证了华夏文明的历史沧桑，也是华夏文明辉煌灿烂的地方代表之一。

商丘是春秋战国和两宋时期著名的"圣人之都"

华夏文化的发展在其核心地带展现了强大的生命力。进入春秋战国时期，形成了儒、道、墨等所谓的"诸子百家"，中华文化出现了"百花齐放，百家争鸣"的鼎盛局面。春秋战国时期，商丘为宋国区域，宋国是"中华圣人文化"的源头，处于中国传统文化核心地位的儒家、道家、墨家、名家四大学派皆出自宋国。诸子百家中，老子、庄子、墨子、惠子的故里，以及孔子的祖居之地，均在商丘及附近。这个时期的商丘被称为"圣人之都"，以商丘为轴心，辐射周边，在豫、鲁、苏、皖地域交汇处形成了"中华圣人文化圈"。

诸子百家中的这些圣人、圣贤都与商丘有着重要的联系。《汉书·艺文志》曰："儒家者流，盖出于司徒之官。"说明儒家文化的源头是商的始祖、尧舜时的司徒契。儒家始祖孔子的祖籍就在商丘，孔子"少居鲁，长居宋"，曾多次回到宋国，娶亲、祭祖、讲学，自觉继承了商汤"以德理政"的传统，形成儒家以"仁"为代表的思想。道家代表人物老子是鹿邑人，长期在商丘一带活动。道家的另一位代表庄子，其故里就在民权县境内，遗存有庄子井、庄子墓等。墨家的代表人物墨子是宋国人，长期奔波在鲁楚等地，曾做过宋国的大夫。名家的惠施以及融合道、墨两家的宋钘，均为宋国人。被西方学者称为"轴心时代"的春秋战国时期，为华夏文明的发展注入了强大的生命力。诸子百家的儒、道、墨、名等或起源于今天的商丘，或与商丘有着重要的联系，在夏、商、周三代文明的引领下，以宋国为中心，在春秋战国时期形成的"中华圣人文化圈"，成为华夏历史文化的重要内容，影响了数千年中华文化的发展进程。

两宋时期的商丘古城，开创了中国华夏文化继春秋"百家争鸣"圣人文化后的又一座文化高峰。坐落在商丘的应天书院为北宋"四大书院"之首，在中国古代教育史上的地位难以超越，北宋名臣范仲淹在此由求学到讲学，他继承戚同文"天下同文"之志，以"天下为己任"，为北宋培养了大批国之重臣。

商丘是中国重要的古都城之一

商丘是 1986 年国务院公布的我国第二批历史文化名城，时任国家文物局局长单霁翔称其为"中国城建史博物馆""中国天然城池博物馆"，建城历史可以上溯到夏商时期。文明的漩涡在不断地汇聚力量，发展壮大。著名历史学家、北京大学教授李零先生提出了一个重要观点，华夏文化的古都城主要分布在北纬 35°（更准确地说，是在北纬 34° 至 35° 之间，大体相当于渭水和黄河中下游流经的地方）左右，即今曲阜、商丘、郑州、洛阳、西安、宝鸡、天水一线，形成了夏、商、周三大文明板块。根据《史记》等传世文献记载，商族的早期活动地区就在"商板块"南部，其第一都城"亳"就在今天的商丘东南部。《史记·殷本纪》裴骃《集解》引皇甫谧语："梁国谷熟为南亳，即汤都也。"张守节《正义》引《括地志》云："宋州谷熟县西南三十五里南亳故城，即南亳，汤都也。"这里的梁国、宋州都是指今商丘，谷熟是今虞城县谷熟镇。从传说中的帝喾都亳，到有文献记载的商汤都南亳，直到清朝末年，商丘的城市地位一直非常重要。商丘具备了作为"大古都"的历史、政治等构成因素，成为中国历史上重要的古都城之一。因此，中国古都学会在《2015年中国古都学会年会关于推进商丘市古都文化研究与发展的意见》中指出，商丘是中国古代重要的都城之一。

商丘是历史上影响中国命运的战争事件的多发之地

商丘地处豫东平原，"广衍沃壤，则天下之膏腴"，襟带河洛，背依黄河，屏蔽江淮，历史悠久，素为中原门户，自古为兵家必争之地。楚宋鏖兵于泓水而定兴衰，汉高祖斩蛇于芒砀以兴义师，张巡拒逆于睢阳乃佑江南一隅。明清以降，反帝反封建的太平天国、捻军均长期于商丘活动，为共和国举行奠基礼的睢杞战役、淮海战役都以商丘为主战场。在商丘的土地上演出过一幕又一幕足以改变历史进程的战事，在中国军事史上有着重要地位。

平定汉初"七王之乱"，商丘成为稳固汉室的首功之地。汉景帝二年（前155），御史大夫晁错上《削藩策》，提议削弱诸王势力，加强中央集权。汉景帝采用晁错的建议，于次年冬下诏削夺吴、楚等诸侯王的封地。以吴王刘濞为首的七个刘姓宗室诸侯王，由于不满朝廷削减他们的权力，以"清君侧"之名举兵向西。《史记·梁孝王世家》记载，七国反叛，行至梁国（今商丘），吴楚先攻击梁国的棘壁（今商丘市柘城县境内），杀死数万人。梁孝王据守睢阳城，命韩安国、张羽为大将军，抵抗吴楚之兵。吴楚之兵无法西进，转而进攻周亚夫的军队。周亚夫固守壁垒，不肯交战，且暗中派兵南下，夺取泗水入淮之口（今江苏淮安境内），断绝了叛军的粮道，吴兵大败，士兵多半饿死或逃跑，周兵率队追击，大破吴楚联军。吴楚先头军被破，七国叛军阵脚大乱，兵败如山倒。由此足见梁国睢阳城在汉代军事地位之重要。

　　张巡血战睢阳城，使商丘成为佑护大唐复国的"江淮屏障"。天宝十四年（755）冬，影响中国历史进程的安史之乱爆发。河东三镇节度使安禄山发动所部镇兵十五万众，反于范阳，"烟尘千里，鼓噪震地"。当时海内承平数十年，猝闻范阳兵起，远近震骇，所到之处，守将或不战而逃，或望风而降，京师震惊，唐玄宗被迫南遁。至德二年（757）安禄山死后，其子安庆绪继任并派出大将尹子奇率领叛军围攻地处睢阳渠要冲的睢阳城。太守许远自度实力不足以抗敌，就邀请当时据守宁陵的唐朝名将张巡来协助自己一起保卫睢阳城。张巡随即率兵三千入驻睢阳，与许远合兵一处，共保睢阳。睢阳为大城，城高墙厚，城内居民有数万之众，经过张巡、许远的战略部署，更为坚固，叛军多次进攻未果。《新唐书·张巡传》记载，当时睢阳城内粮尽，将士曾提议夺城东奔，得粮食后，与敌军决一死战；但张巡、许远以为睢阳是豫东门户、中州锁钥、江淮屏障、河洛襟喉，叛军据而有之，必将战火引向江南，大唐便失去粮饷供应。张巡、许远等人宁可死守也不愿弃城，可见睢阳城战略地位之重要。睢阳之战，从至德二年一月开始，至十月陷落，张巡及其部将保护江淮半壁江山免于战乱十个月之久。当时，唐王朝也仅靠长江、淮河流域的赋税支撑，睢阳位于大运河汴河河段中部，是漕运重镇，如果失守，河运中断，后果不堪设想。睢阳城坚持十个月之久，在此期间朝廷不断获得江淮财赋的接济，完成了恢复、准备到反攻的过程。在睢阳城破前一个月已收复西京长安，在睢阳陷落十天后又收复了东京洛阳，叛军无力南下，唐王朝得以保全。唐代文学家韩愈曾在《张中丞传后叙》一文中评价此次战役之功："守一城捍天下，以千百就尽之卒，战百万日滋之师，蔽遮江淮，沮遏其势，天下之不亡，其谁之功也！"

　　淮海战役是决定当代中国命运的关键一战，商丘是淮海战役的肇始地和结束地。商丘作为决定中国命运的淮海、渡江两大战役的总前委所在地，在全国是独一无二、绝无仅有的，为淮海战役、渡江战役、全中国的解放以至新中国的建立作出了巨大的历史性贡献，有着不可替代的作用。1948 年 11 月 6 日，虞城县张公店战斗打响了淮海战役第一枪，拉开了淮海战役的序幕；1949 年 1 月 10 日，淮海战役在永城县陈官庄地区画上了圆满的句号。商丘是淮海战役总前委司令部、政治部、后勤部、总兵站所在地，是解放战争时期我党我军中原地区的政治、军事、指挥中心，是我党我军的大后方基地，是淮海战役的大本营。淮海战役总前委司令部就设在今睢阳区张菜园村，刘伯承、邓小平、陈毅等人在张菜园村指挥了淮海战役第三阶段的战斗。商丘是对淮海战役支持最大、贡献最多、牺牲最重的地方，仅永城、夏邑两县就出动支前民工一百六十万人次，贡献粮食 1.5 亿斤，为战争的胜利作出了重大贡献。

总之，商丘历史悠久，文化厚重，内涵丰富。商文化、火文化、圣贤与名人文化等作为其鲜明代表，是中华民族诚信精神、契约精神、创新精神、拼搏精神、奉献精神的集中体现。商丘儒、墨、道文化的内涵着重体现了忠诚孝道、社会和谐、道德修养、礼义廉耻、理想人格、和而不同的思想品格。在商丘发生的历次重大战役中孕育了敢于担当、恪尽职守、坚守正义、英勇奉献的爱国主义精神气概。这些都与中华优秀传统文化的精神内涵相一致，成为中国历史文化重要的组成部分，为华夏历史文明作出了重要贡献。

地方文化典籍史料的搜集整理应该真实而全面

文字是人类文明发展到相当程度之后的产物，中华民族有详细文献记载的历史始于西周共和元年，即公元前 841 年。夏商周断代工程考据发布的《夏商周年表》，确定夏代始年大约为公元前 2070 年，距今约已四千多年。《史记》首篇从《五帝本纪》开始，黄帝距今约五千年。三皇在五帝之前，燧皇位居三皇之首，学界一般认为燧人氏时代在一万年之前甚至在十万年前。商丘有全国唯一一座燧皇陵，是"中国火文化之乡"。所以商丘的文化史不应受五千年文明史的时间局限，必须广泛、全面收集整理文化史料，以传后人。

王国维提出"二重证据法"，即以地下的材料与纸上的材料相比较以考证古史的真相。黄现璠将历史文献、考古史料、口述历史三者结合起来的治史法，称为"黄氏三重证据法"。近年有叶舒宪等学者提出应用"四重证据法"研究文化史，包括传世文献、出土文献和文字、人类学的口传与非物质文化遗产（民俗学和民族学材料）、图像和文物。由于黄河改道泛滥等原因，商丘地区大量古代人类文化遗迹湮没于地下，不能因为暂时考古发现不够而否定文献记载、民俗活态文化的真实性；由于文明悠久而传播远阔的原因，不能因为某些文化资源在全国不具有唯一性而舍弃不做记载传承。

华夏历史文明传承创新区建设是党中央、国务院赋予中原经济区的重大文化使命。以坚定的文化自信，承担起传承华夏历史文明的责任，商丘人敢于担当。相信《文化商丘》系列丛书的编纂出版将裨益于传承创新历史文明，裨益于商丘精神文明高地建设，裨益于商丘又好又快跨越发展。

是为序。

中共商丘市委书记　王战营

目　录

前　言

　　商丘之名十分古老，其地历史悠久，从名人圣迹、历史遗存到文献典籍都记载着其历史的辉煌。商丘为三商之源，传说始祖契被封于商，开始了商部落在商丘的经营和发展，到第 14 位商先公商汤，一举灭夏建立商朝，都南亳，商丘一直是商部族的主要活动区域。商部族善于经商，三世祖相土发明了马车，带领商部落开疆拓土，使商人势力范围迅速扩大，史书记载，"相土烈烈，海外有截"。七世祖王亥是中国畜牧业的发明者和商人（从事商业贸易的人）始祖，他发明牛车，带领商部族与其他部落以物易物，开始了中国最早的商业行为，被称为商人始祖。由于商族人善于经商，西周灭商后，周王让商人继续从事他们擅长的商业活动。周人每每看到经营商业的商人车队到来，都说商人来了，久而久之，从事交易活动的人就被称为"商人"，用来交易的物品被称为"商品"，这个行业被称为"商业"。商丘就成了商部落、商业和殷商文化的起源地。

　　商丘是商部落的起源发展地，是商王朝的第一个都城所在地，也是商王朝灭亡后，商民族的繁衍生息地。周王室封微子启于宋"奉其先祀"，这就是《论语》中所说的"兴灭国，继绝世"。古人灭国不灭族，商王朝灭亡了，但周王朝在商人故地保留了商遗民生存地，以供其祭拜祖先，这一延续商人香火之地，就是两周宋国。

　　商丘地处豫东黄泛区，从北宋末年至清咸丰五年的 700 年间，无数次黄河泛滥留下的泥沙淤积，彻底改变了商丘的原始地貌，大量历史遗存深埋于漫漫黄沙之下，影响了公众对商丘历史遗存的认识。但随着考古工作的深入开展，商丘殷商文化遗存的不断被发现，史学界、考古学界对商丘殷商文化面貌的认识也正在逐步改变。本书以考古发现为主线，结合文献记载以及与殷商文化有关的名人圣迹介绍商丘殷商文化。

相关的名人圣迹主要有帝喾陵、伊尹墓、阏伯台、桑林堌，文献记载有《史记·殷本纪》，等等。甲骨文的发现也从一个方面证明商丘是商先公的主要活动地。商丘地区的文物考古工作肇始于20世纪30年代，1936年河南古迹研究会李景聃一行为寻找殷商文化的源头，赴豫东商丘永城进行考古调查。这次工作虽然收获不大，但发现并试掘了永城王油坊遗址，开启了商丘田野考古的先河，发现了两处秦汉时期的文化遗址。八十年来，寻找先商文化的脚步从来没有停止。中国社会科学院考古研究所河南一、二队在商丘地方文物部门的配合下，于1976、1977年在商丘连续进行田野考古调查和发掘，是商丘历史上第一次全区域、大规模田野考古调查和发掘，在商丘各县发现数十处古文化遗址，其中包含殷商文化遗存的遗址达30余处。此次考古发掘奠定了商丘田野考古的基础。之后，中国社会科学院考古研究所、郑州大学、河南省文物考古研究院等科研单位和高校先后在商丘围绕寻找殷商文化进行考古调查，比较重要的有1977年柘城孟庄遗址的发掘，发掘资料证明这里是一处商代前期的大型聚落遗址；以及1977年永城王油坊、造律台遗址的发掘，发现这里是一处面积较大的新石器时代龙山文化遗址。后来在豫东、鲁西南、皖北、苏北发现的同类型文化遗存，被考古学界命名为龙山文化"造律台类型"。1988年，北京大学考古文博学院在夏邑清凉山遗址发现堆积深厚的殷商文化遗存。2007年，郑州大学在柘城史堌堆遗址及民权的多处遗址发现先商文化遗存的陶片等遗物，在民权牛牧岗、李岗及夏邑三里堌堆等多处遗址发现堆积深厚的殷商文化遗存。1990至1999年，美国哈佛大学皮保德博物馆与中国社会科学院考古研究所联合在商丘做了近 10 年田野考古调查和发掘，在虞城马庄遗址发现了距今约 6000 多年的马庄遗址"第五层文化"遗存墓葬，出土了很多精美的陶、石器；在其下层还埋藏有更早期的遗存，证明商丘有着近 7000 年的文明史。还发现了两周时期宋国都城遗址，其下很可能埋有商代时期的城址。在柘城李庄（山台寺）遗址龙山文化遗存中发现一处埋有九头整牛和一个鹿头的祭祀坑，据此发掘者认为：使用牛祭祀是商民族的习俗。这一发现使柘城地区的龙山文化与殷商文化产生了联系，或者说这就是先商文化的近祖。

目前在商丘地区考古发现有先商文化、早商文化及晚商文化遗存，资料显示商丘殷商文化居住遗址均选在高地，房屋建筑在夯土台基上，房屋平面有圆形、方形、长方形多种，以地面建筑为主，也有半地穴式。在孟庄遗址发现有商代夯土建筑遗址，有多间连建的排房，居址面用白灰、黄泥土涂抹。居址下有使用人祭的现象。商代墓葬为长方形土坑，单人仰身直肢葬。在孟庄遗址发现有商代草鞋，证明柘城孟庄商代已经有了穿鞋的习俗；在出土陶器表面发现有陶文。在商丘商代遗址中出土有生产工具、生活用具等，以灰陶器为主，还有骨器、蚌器、角器等。

总之，经过 20 世纪 70 年代以来考古工作者的不懈努力，殷商文化遗存在商丘不断被发现，内容不断丰富。越来越多的考古材料证明商丘是殷商文化的重要分布区域，殷商文化是商丘的主流历史文化。我们坚信随着考古工作的不断深入，殷商文化起源于商丘的史籍记载很可能会最终得以确认。商丘殷商文化考古工作任重而道远，欢迎更多的考古学者参与到商丘的考古工作中来，为早日解答殷商文化起源的重大学术课题共同奋斗。

王良田

2018 年 4 月 18 日于商丘博物馆

第一章 概　述

第一节　商丘与商族的起源

一　"商丘"地名的由来及沿革

"商丘"是一个很古老的地名，就在今天豫东商丘市境，甚至更大的范围。不同历史时期，其辖域面积、范围各不相同。虞城马庄遗址考古发掘证明（马庄第五层遗存墓葬的年代，经碳十四测定年代在前3500—前4000年。因墓葬的年代在第 ⑤A、⑤B 层与第 ⑤C、⑤D 层之间，因此整个马庄遗址第五层遗存的年代有可能在距今 5000—7000 年间这样一个范围）[①]（图1），商丘已有近7000 年的文明史。

"商"先是由地名发展成为部族名，再发展为王朝（或国家）名称。王国维在《观堂集

图1　虞城马庄遗址仰韶文化墓葬

[①] 中国社会科学院考古研究所、美国哈佛大学皮保德博物馆编著：《豫东考古报告》，科学出版社 2017 年版，第 81 页。

林》"说商"一文中说"商之国号本于地名"。殷墟卜辞里面出现的商，是名叫商这个城邑在现有文献中最早的出现。商是商代最早的都邑，商先公中的前三位——契、昭明、相土均都于商，《史记·殷本纪》："殷契……封于商，赐姓子氏。"《荀子·成相》："契，玄王生昭明，居于砥石，迁于商。"《左传·襄公九年》："陶唐氏之火正阏伯居商丘，祀大火，而火纪时焉。相土因之。"

"商丘"在甲骨文中称"商""丘商""大邑商""天邑商"等等。《殷虚卜辞综述》："(1)天邑商　黄林辣天邑商公宫　缀183丙丁，乙辛衣祭（图2）；(2)大邑商　告于大邑商　卜通592，正人方（图3）；(3)商　王入于商；《乙》(董作宾《殷墟文字乙编》)8346武丁卜辞（图4）；(4)丘商　戠于丘商《乙》(董作宾《殷墟文字乙编》)4518　武丁卜辞（图5）……单称商的，自武丁以迄乙辛卜辞，都常出现。商是商丘，其证有二：一、武丁卜辞两记祭于丘商而同版又有'兹商'之称，丘商应是商丘，而'兹商'指这个商即谓丘商，亦即商丘……；二、乙辛卜辞记伐人方，自大邑商东南行，先经过商而后至亳，亳在今商丘县南谷熟集至高辛集一带，则商当是今商丘县一带。"①

"商"和"丘"合称"商丘"最早见于《左传》，《左传·襄公九年》："陶唐氏火正阏伯居商丘，祀大火，而火纪时焉。"陈梦家《殷虚卜辞综述》："商汤以前所迁诸地地望约如下述。一、商　濮阳的商丘或睢阳的商丘……后说见《左传》襄九《正义》引晋杜预《释例》云：'宋、商、商丘一地，梁国睢阳也'，今河南商丘境。"②

《左传·昭公元年》："昔高辛氏有二子，伯曰阏伯，季曰实沈，居于旷林，不相能也，日寻干戈，以相征讨。后帝不臧，迁阏伯于商丘，主辰，商人是因，故辰为商星。迁实沈于大夏，主参，唐人是因，以服事夏、商。"

商丘地名的由来目前有四种说法：一说是甲骨文"商"字为上下结

---

① ② 陈梦家：《殷虚卜辞综述》，科学出版社 1956 年版，第 256—257 页、第 250 页。

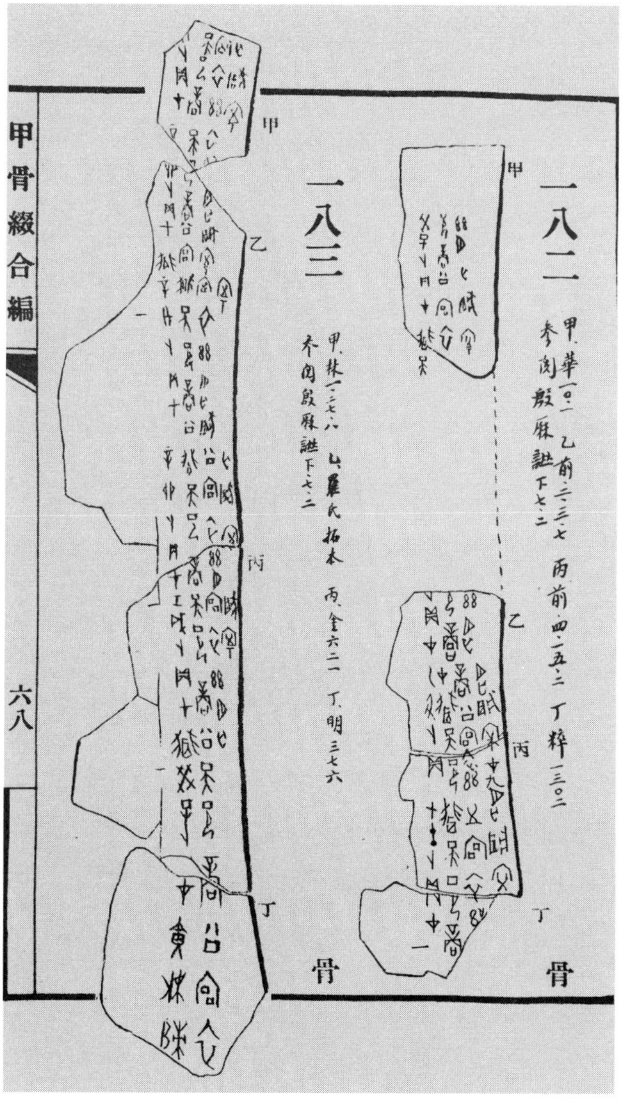

图2 "天邑商"字甲骨

图3   "大邑商"字甲骨

图4　"商"字甲骨

图5　"丘商"字甲骨

构，上部为"子"字，下部为"冈"字，意指生活在岗丘之上的子姓民族。《史记·殷本纪》："殷契……封于商，赐姓子氏。"上古时期，今商丘一带的地面不像现在是一片平原，属于凹凸不平的丘陵地，为避水患，商部落的人们均择高地而居。考古发现证明，商部落的人习惯在高台地上修建房屋。现在豫东、鲁西南很多村庄以"堌堆"命名就是很好的证明。汉代以后的黄河水患，特别是"北宋末年，黄河开始南流汇淮入海，以后的700年间，黄河频繁的改道决溢和泛滥彻底改变了商丘一带的自然和文化的地貌景观。短短700年间，在老南关一带至少堆积了8—11米的黄泛沉积物……这种不稳定的地貌条件对于当时人们的聚落方式有着直接影响，一方面迫使择高而居成为主要的聚落形式，另一方面限制了聚落的规模"①。所以我们现在看到的豫东平原是黄淮河

---

① 荆志淳、George Rapp Jr、高天麟：《河南商丘全新世地貌演变及其对史前和早期历史考古遗址的影响》，《考古》1997年第5期。

泛滥逐步形成的。第二种说法是，商丘的"商"字源于地名，商丘一带原是商部族的起源地和聚居地，"丘"字是城址之意。王国维《观堂集林·说商》："商之国号本于地名……始以地名为国号，继以为天下之号，其后虽不常厥居，而王都所在，仍称大邑商。"《史记·殷本纪》明确记载，契佐大禹治水有功，封于商，可见，契受封之前，这个地方就叫"商"。第三种说法是"商丘"源于阏伯死后葬于此，阏伯被封于商丘观星授时，阏伯观星之台，世称阏伯台，后人称此台为"商丘"。唐魏王李泰《括地志》云："宋州宋城县，古阏伯之墟，即商丘也。"此说肯定不妥，《左传》明确讲到封阏伯于"商丘"，说明封阏伯之前，"商丘"地名已经存在。第四种说法是，商字源于祭祖。已故美籍华人张光直教授在《中国青铜时代》"商名试释"一文中认为"甲骨文和金文里的商字，从上到下由三个字组成，即辛、丙和口……即商这个字最初是一种祭祀的象形暨会意……我们可以假定辛字原来是代表王家的祖先像，在商这个字里这个祖先形象就放在祭几或祭坛上。商字中间的丙字代表供桌是没有问题的。叶玉森云：'天干中的丙字像几形。'于省吾云：'丙，……即今俗所称物之底座。W 之形上像平面，可置物，下像左右足。'殷墟出土物中有大理石制作的几形器，一般称为石俎。这里面至少有一些便是可以将祖先像放在上面的供桌或祭坛。所以商字即是将（木制）祖先形象置于祭几上之形象。下面如有口字，当指祭祖之人口中念念有词，整个字是'祭祖'或'祖先崇拜'的会意。这样看来，商字源于祭祖，扩大之意为商王祭祖之邑，再扩大指称在商邑祭祖之统治王朝。这样的一个解释应该是最简单，最合乎字意，又与它的使用诸义都可以贯穿在一起。简而言之，商就是祖，商城就是祖先之城，也是祭祖之城。……我相信本文所讨论的商城或说大邑商是照传统的说法在今天的河南东端商丘地区境内。"[①]

---

① 张光直：《中国青铜时代》，生活·读书·新知三联书店 1999 年版，第 283—285 页。

　　商丘在唐尧至商时称商或商丘、丘商、大邑商等，如前述甲骨文所记，属于豫州之域。周时称宋，《世本》云"宋更曰睢阳"，城市曰"睢阳"，属于青州之域。秦置砀郡睢阳县，作为行政区划置县从此始。两汉时城市称睢阳，属于梁国，是梁国的都城所在地。三国时称睢阳，属于魏梁国所辖。晋时称睢阳，属于豫州梁国。东晋十六国时称睢阳，分别属于后赵、前燕、前秦、后燕、后秦梁郡。南朝宋时称睢阳，属于豫州梁郡，北朝魏时称睢阳，属于徐州梁郡。北朝东魏、齐时称睢阳，属于南兖州梁郡[①]。

　　隋时改睢阳为宋城，属于豫州梁郡。唐时称宋城，属于河南道宋州，后梁宣武军置此，后唐改为归德军。宋时称宋城，隶属京东西路宋州，景德三年（1006）升宋州为应天府，大中祥符七年（1014）建南京。金时改宋城为睢阳，属于南京路归德府。元时称睢阳，属于河南江北道归德府。明初降归德府为归德州，睢阳省入归德州，明嘉靖二十四年（1545）升州为府，置商丘县，属于河南布政司。清沿明治。

二　商族起源于商丘

　　由于史书记载不详，再加上秦始皇焚书坑儒，秦以前的典籍几乎被焚烧殆尽，我们现在看到的秦以前的史书多数是汉代及后人整理的，所以记载的真实性大打折扣。随着时代的变迁，地名也随着改变，商族的起源地在哪里成了千古之谜。千百年来，专家学者们做了大量考证，得出了商族起源于东方说、山西说、北方辽河流域说、燕山地区说等等各种各样的结论，"结合文献记载和近年来的考古发掘资料，我们认为，商族起源于东方说最为合理。东方民族是一个古代文化比较发达、比较先进的民族，何兹全先生说：'东方民族对她们祖先的来源，有一种共同的传说：所谓卵生。杨向奎先生讲过，我的老师傅斯年也讲过，

———————————
[①] 三国两晋南北朝时期的称谓据谭其骧主编《中国历史地图集》第三、四册，中国地图出版社1996年版。

还有别的学者也有这种说法，认为是从鸟蛋中生出的，这些民族多半是东方活动的民族。'"[1] 根据大量史书记载及近现代学者的研究考证，结合考古资料，我们认为商族起源于商丘是可信的。

（一）文献典籍的支持

有大量古代文献典籍记载了商族起源于商丘。

《左传·昭公元年》："昔高辛氏有二子，伯曰阏伯，季曰实沈，居于旷林，不相能也，日寻干戈，以相征讨。后帝不臧，迁阏伯于商丘，主辰，商人是因，故辰为商星。"

《左传·襄公九年》："陶唐氏之火正阏伯居商丘，祀大火，而火纪时焉。相土因之，故商主大火。"相土是商始祖契之孙，《史记》集解、索隐均谓始封商也。

《诗经·商颂·玄鸟》："天命玄鸟，降而生商。"殷墟甲骨文中祭祀王亥的卜辞很多，《殷虚卜辞综述》一书就收入 96 条之多，其中有 10 条"亥"字上部加有鸟图腾的符号，胡厚宣据此认为这是商族以鸟为图腾的又一有力的可靠的证据[2]。《诗经·商颂·长发》："有娀方将，帝立子生商。"

今本《竹书纪年》："元年帝（帝喾高辛氏）继位，居亳。"

《尚书正义》："契父帝喾都亳。"

《国语·鲁语》："商人谛舜而祖契。"

《史记·殷本纪》："汤始居亳，从先王居。""殷契，母曰简狄，有娀氏之女，为帝喾次妃。"

《史记·宋微子世家》："周公既承成王命，诛武庚，杀管叔，放蔡叔，乃命微子开（即启，《史记》为避汉景帝刘启的讳，改"启"为"开"）代殷后，奉其先祀……国于宋。"

《史记·郑世家》："（简公）二十五年，郑使子产于晋，问平公疾。平公曰：'卜而曰实沈、台骀为祟，史官莫知，敢问？'对曰：'高辛氏

---

[1] 侯仰军：《商族起源考》，《殷都学刊》2016 年第 1 期。
[2] 胡厚宣：《甲骨文所见商族鸟图腾的新证据》，《文物》1977 年第 2 期。

有二子，长曰阏伯，季曰实沈，居旷林，不相能也，日操干戈以相征伐。后帝弗臧，迁阏伯于商丘，主辰，商人是因，故辰为商星。'"集解引杜预曰："商丘，宋地。"集解引服虔曰："商人，契之先，汤之始祖相土封阏伯之故地，因其故国而代之。"

《孟子·滕文公下》："孟子曰：汤居亳，与葛为邻。葛伯放而不祀。汤使人问之曰：'何为不祀？'曰：'无以供牺牲也。'汤使遗之牛羊。葛伯食之，又不以祀。汤又使人问之曰：'何为不祀？'曰：'无以供粢盛也。'汤使亳众往为之耕，老弱馈食……"

《汉书·地理志》："周封微子于宋，今之睢阳是也，本陶唐氏火正阏伯墟也。"

《汉书·地理志》："颛顼自穷桑（今山东曲阜北），而徙邑商丘。"

北魏郦道元《水经注》："睢水……又东径亳城北，南亳也即汤所都矣。"

唐魏王李泰《括地志》："宋州谷熟县西南三十五里，即南亳，汤都也。"

《史记·殷本纪》："汤始居亳，从先王居。"集解引皇甫谧曰："梁国谷熟为南亳，即汤都也。"正义称："商丘，宋州也。汤继位，都南亳，后徙西亳。"

（二）近现代学者研究成果支持

王国维《观堂集林·说商》："商之国号本于地名……始以地名为国号，继以为天下之号，其后睢不常厥居，而王都所在，仍称大邑商。""商汤一灭夏桀……就建立了商朝，定都于亳。关于亳的地望，众说纷纭，不过，大多数学者同意董作宾的观点（董作宾《殷历谱》），即亳位于安徽亳县和豫东商丘之间。""在卜辞里面我们知道在以殷为国都的同时，又有一个与王有密切关系的商，又名大邑商。从上面所说，这个城邑常与王的行止有关，可见不是一个寻常的聚落；特别是五朝卜辞中提到。"①

---

① 张光直：《古代中国考古学》，生活·读书·新知三联书店 2013 年版，第 378 页。

20 世纪 80 年代，就有专家提出了商丘龙山文化晚期为先商文化遗存的论断。永城王油坊遗址龙山文化遗存丰富，是河南龙山文化的一个地方类型，它附近的在造律台遗址发现同样丰富的龙山文化遗存。李伯谦教授在《论造律台类型》一文指出"造律台类型可能就是传说中的有虞氏文化"。也有很多人主张造律台类型为先商文化，如北京大学孙飞教授指出："王油坊类型的年代在公元前二千年前，相当于夏初和商先公初期。它的分布地区，也正是商族起源和商先公活动的主要地区。所以我们认为，王油坊类型的遗存，尤其是商的起源地商丘造律台等地所出，就是汤以前'先王居'的先商文化遗存。"[①] 另外还有许顺湛、安金槐、李仰松等也持这种观点。

张长寿、张光直在《豫东考古报告》序文中指出："从上面种种看来，商丘地区的龙山文化和岳石文化需要广泛和深入地研究，他们可能就是早商和先商，也可能是早商和先商的近祖。"

近年有学者经过科学论证，得出了"豫东先商时代的龙山文化晚期、岳石文化、下七垣文化为先商文化"的结论，本人赞同此观点。贾文彪在其导师河南大学袁俊杰教授指导下，采用"文化因素分析法""二重证据法"及"纵横比较的方法"对豫东龙山文化晚期、岳石文化、下七垣文化进行了全面科学研究，在他的硕士学位论文《豫东先商文化研究》的摘要中指出"本文对豫东先商时代的龙山文化、岳石文化、下七垣文化逐一作类型学和文化因素分析后，认为豫东先商时代的龙山文化晚期、岳石文化、下七垣文化为先商文化"，这是第一次系统全面论述豫东先商文化。

（三）考古学的支持

《文物》1964 年第 9 期《天津市新收集的商周青铜器》一文介绍了一件商代青铜爵，此爵通高 19.7 厘米，长 17 厘米，器深 9.3 厘米，足高 5.7

---

① 孙飞：《论南亳与西亳》，《文物》1980 年第 8 期。

厘米。"这件素面爵形制异于通常所见商代的爵，它的主要特点是：口部无立柱；鋬耳中分两股，略如篆书'X'字形，鋬亦较通常为大，可容纳三指；器身为狭长椭圆形（围10.5厘米），流口略呈腰圆咀形，内腹窄浅，底部平坦；周壁分成两段，鋬下三壁外凸，成'覆盂'状（形似圈足而深，深3.1厘米，为器深的三分之一），且有四个等距离的孔，其意义同于新石器时代的五孔陶器座，这当为燃火时出烟所用；'覆盂'下连铸三足，足略外侈；足高与通高的比例亦较通常为小（据所见传世及辉县、小屯出土的爵，足与器高的比例大多为1：2，少则1：2.6，最多为1：1.5，此爵为1：3.4）；通体合范铸成，胎薄。这种平底胎薄的爵，传世品稀见，即郑州白家庄、辉县琉璃阁、安阳小屯所出，亦为数甚少。我们发现的这件素面爵，虽无确实的出土记录，但与郑州、辉县、安阳诸器比较，其形制更为朴素、原始，为目前所仅见。初步估计，此爵当为早商文化作品，其时代可早于辉县琉璃阁之器。这件爵，系由河南商丘地区运津的。按商丘在商代称商、商于，是早商时代的王都，其后一直是商民族活动的中心地区。"①

1997年在鹿邑太清宫发现一座殷末周初时期大墓，从随葬品等级看，应是一座诸侯级别的墓葬，对其墓主人的认识有两种观点，其一认为即是周初被封于宋的微子启或微仲衍。墓中出土铜器铭文"长"字是"微"字之误，日本学者松丸道雄力主此说。《吕氏春秋》卷十二《季冬纪·诚廉》讲了一则故事，可以帮助我们理解"长"与"微"的关系，故事说：在周文王死后，武王即将继位，曾使召公与微子开盟于共头山下，曰"世为长侯（世世代代诸侯之长），守殷常祀，相（即使）奉桑林，宜私孟潴（把孟潴作为私人封地）"。桑林一说是殷天子之乐名。在今商丘夏邑县西约10公里有桑堌镇，又名桑林堌，镇中有高出地面数米的土丘，传说为商汤祷雨台（详见本章第二节第二部分）。

---

① 天津市文化局文物组：《天津市新收集的商周青铜器》，《文物》1964年第9期。

第二节　商丘境内关于殷商文化的传说与史迹

一　关于殷商文化的传说

（一）商族起源的神话传说

关于商族起源的神话传说，主要见于《史记·殷本纪》《诗经》等典籍。《史记·殷本纪》："殷契，母曰简狄，有娀氏之女，为帝喾次妃。三人行浴，见玄鸟堕其卵，简狄取吞之，因孕生契。契长而佐禹治水有功。帝舜乃命契曰：'百姓不亲，五品不训，汝为司徒而敬敷五教。五教在宽。'封于商，赐姓子氏。契兴于唐、虞、大禹之际，功业著于百姓，百姓以平。"《史记》这里描述的是关于商族起源的美丽传说。玄鸟，一说是燕子，因为燕子的羽毛是黑色的，所以称玄鸟。一说是凤凰。总之，说明商族的图腾神是玄鸟。

《列女传》卷一记载："契母简狄者，有娀氏之长女也。当尧之时，与其妹娣浴于玄丘之水。有玄鸟衔卵过而坠之，五色甚好，简狄与其妹娣竞往取之。简狄得而含之，误而吞之，随生契焉。"

《拾遗记》卷二记载："商之始也，有神女简狄，游于桑野，见黑鸟遗卵于地，有五色文，作'八百'字，简狄拾之，贮之玉筐，覆以朱绂。夜梦神母谓之曰：'尔怀此卵，即生圣子，以继金德。'狄乃怀卵，一年而有娠，经十四月而生契。"

《诗经·商颂·玄鸟》是记述古代商族起源的神话，诗文开头就说："天命玄鸟，降而生商，宅殷土芒芒。"另一篇《商颂·长发》也说："有娀方将，帝立子生商。"

我国历史上很多民族为了宣传祖先的神圣，编制了民族起源的神话，满族就是这样。据《清太祖武皇帝实录》卷一载："满洲原起于长白山之东北布库里山下，一泊名布尔里湖。初，天降三仙女，浴于泊。长名思古伦，次名正古伦，三名佛古伦。浴毕上岸。有神鹊衔一朱果，置佛古伦衣上，色甚鲜妍。佛古伦爱之，不忍释手，遂衔口中。甫着衣，其果入腹中，即感而成孕。告二姊曰：'吾觉腹重，不能同升，奈何？'二姊曰：'吾等曾服丹药，谅无死理。此乃天意，俟尔身轻，上升未晚。'遂别去。"后佛古伦生下一个男孩，姓爱新觉罗，名布库里雍顺。长大成人，举止非凡，相貌奇伟。佛古伦给他一条船，让他乘船顺牡丹江而下，穿过丛林峡谷，到了牡丹江与松花江汇流处的斡朵里（今黑龙江省依兰南）。以后佛古伦升天去了，这个仙女所生的布库里雍顺就成为满洲的始祖。

周族起源的神话是这样的，《太平御览》卷一三五引《春秋元命苞》："周本姜嫄，游闭宫，其地扶桑，履大迹生后稷。"

（二）枣冢庙与黄飞虎的传说

枣冢庙又名东岳天齐宫，位于河南省商丘市睢阳区勒马乡翟楼村北。全庙总占地面积2万多平方米。（图6—8）

图6　枣冢庙山门

图7　枣冢庙钟鼓楼

图8　枣冢庙主楼

枣冢庙始建于西汉，庙中的碑文记载：西汉时期的梁孝王曾经在此建造行宫，这是丘上有建筑的开始。梁孝王刘武是汉高祖刘邦之孙，汉文帝之子，因他仁慈孝顺，死后谥孝（谥号是对死去的帝妃、诸侯、大臣以及其他地位很高的人，按其生平事迹进行评定后，给予或褒或贬或同情的称号，始于西周），世称梁孝王。因他功劳显赫，再加上窦太后的宠爱，所受赏赐无数。梁孝王富可敌国，又生性奢侈，在他的有生之年，在梁国境内大兴土木，建造了闻名天下的梁苑。《史记·梁孝王世家》说梁苑"方三百余里"。梁苑规模宏大，集离宫、亭台、山水、奇花异草、珍禽异兽为一体，是供梁王游猎、娱乐的多功能的范围。所以梁孝王在此建立行宫是极有可能的。枣冢庙重建于明朝，是为纪念商末之名将黄飞虎弃暗投明助武王在此伐纣有功而建。黄飞虎死后被谥封为东岳天齐大生仁元圣帝而镇守东岳，掌管人间生死、贵贱、祸福，为人消灾免难，增福延寿。人们有求必应，灵验非常，因此，当地信士们就于此地开荒斩棘，修建庙宇，塑其神像以祀奉香火。经唐、宋、元、明历代修缮扩建，始成规模。

现存的枣冢庙后楼为明代建筑。全部建筑共分三进九院，占地3780.25平方米，十分壮观。中轴线自前向后依次为山门、东岳大殿（黄飞虎殿）、玉皇殿、先王殿（二层楼院）。东跨院依次为大佛殿、禹王阁、奎星楼。西跨院依次为吕祖殿、三官殿、浑元楼。另外在中轴线两侧还建有阎王殿、森罗殿、泰山奶奶殿、姥姥殿等建筑。

从山门进去，在山门的两侧，各有一匹巨马，东面的马，据说是东岳大帝黄飞虎出行用的马，而西侧的那匹是替各路神仙办事的人所用的马。两侧的梁上各有一条巨龙，并且龙还抓着一个妇人。这龙抓的是个恶妇，恶妇在世间做了坏事，违背了人民的利益，才被上天所惩罚。

走过山门是前殿的大院，大院的两侧是两条长廊，长廊里供奉的是十殿阎君。东五殿是一、三、五、七、九阎君，西五殿是二、四、六、八、十阎君，还有牛头马面及黑白无常。

前大殿供奉的是黄飞虎。他被封为东岳大帝，坐在龙椅上的他，显示出不可侵犯的威严。

绕过前殿，来到中殿，这里供奉的是玉皇大帝。他是人间所供奉的天界职位中最高的神仙。而在中殿东侧的那个殿却供奉着佛教的地藏王菩萨。

后殿被人们称为混元楼，里面供奉的是东岳大帝的父母。除了这些殿堂以外，还有三圣母殿，供奉的是释伽牟尼的母亲、孔圣人的母亲及太上老君的母亲。吕祖殿是祭祀八仙之一吕洞宾的地方。这样就将天上、人间、地下各路神仙请到了一起。

人们之所以称这座古庙为枣冢庙，是因为这个地方原来是一处古代文化遗址，并且形成了一个丘状的土堆。古代这里河流纵横，沼泽密布，汉代以后人们习惯将坟墓建于土堆之上，所以豫东一带的人们将有埋墓的土堆称为冢。古人一般称高坟头为冢，汉代规定皇帝的墓称陵，诸侯的墓才称墓，所以古代一般人的墓是不能称墓的。后来可能因冢上及四周生长有枣树，后人便把这里称为枣冢庙了。

2005 年 9 月，枣冢庙被商丘市人民政府公布为商丘市第二批重点文物保护单位。2006 年，被河南省人民政府公布为第四批省级重点文物保护单位。

枣冢庙与古代名将黄飞虎有着不解之缘。相传，商朝的大将黄飞虎目睹商纣王荒淫无道，残害黎民，便毅然倒戈，投奔周武王姬发，被封为开国武成王。这里原先是个大枣树林子，周朝、商朝打仗的时候，黄飞虎带着部队，走到这个地方，当时在兵少的情况下，黄飞虎可能是为了躲藏、隐避或者埋伏，就藏到枣树林子里面，结果敌兵一到，黄飞虎出其不意，反败为胜。到后来，黄飞虎回想起来这个枣树林子，感觉对他一生影响很大，就在此修了一座庙宇，纪念他打的那一仗。后来，黄飞虎在讨伐商纣王的战斗中阵亡。传说，在商朝灭亡后，姜太公设坛为阵亡将士封神，特敕封黄飞虎为东岳泰山天齐仁圣大帝之职，总管天地人间吉凶祸福；并加敕一道封他为五岳之首，执掌幽冥地府十八重地狱。后来唐玄宗又加封黄飞虎为天齐王，宋真宗也诏封黄飞虎为东岳天齐仁圣王，后又被尊封为东岳大帝。

魏晋南北朝时，道教盛行于中原，这里又成了尊神祭祀的场所。之后，人们请来了各路神仙，天界的神仙如玉皇大帝，人间的神仙如三国蜀将关羽、唐朝的吕洞宾等人相继被奉于殿内。从此，在这里形成了庙宇建筑中并不多见的神仙大聚会，释、道、儒各路神仙齐聚枣冢庙，接受善男信女们的顶礼膜拜。

每年农历三月二十三至三月二十九，这里都有盛大的古庙会。

二　关于殷商文化的名人圣迹

商丘境内与殷商文化有关的名人胜迹主要有伊尹墓、帝喾陵、微子墓、桑林堌、阏伯台。

（一）伊尹墓

伊尹墓位于虞城县城西南 22 公里店集乡魏堌堆村。伊尹是商代名相，佐商汤灭夏建立商朝，功勋卓著。《归德府志》载："谷熟南旧县，即古亳故墟，有冢亩余三十元广，世为伊冢，冢前有祠，祠设其像。"《史记·殷本纪》云："帝沃丁之时，伊尹卒，即葬伊尹于亳。"《正义》引《帝王世纪》："伊尹名挚，为汤相，号阿衡，年百岁卒，天雾三日，沃丁以天子葬之。"现存墓冢高 3 米，周长 46 米，占地 14000 平方米，墓冢周围有古柏 200 余棵，明清碑刻 20 余通。墓前有伊尹祠，祠内原有祭殿、拜殿、卷棚、钟楼、配房、大门等。（图 9）

（二）帝喾陵

帝喾陵位于睢阳区南 25 公里高辛镇西北隅，当地群众俗称"朝廷坟"，是帝喾高辛氏的墓冢，现存墓冢及明嘉靖年间碑刻一通，祠内有宋、金、元、明代碑刻，多已毁坏不存。元天历元年（1329）《帝喾庙碑记》记述："睢阳南四十五里有冈阜，实古高辛之墟。上有古城，城北有古

图9 伊尹墓

图10 帝喾陵及碑

丘，丘之阳有帝喾之祠。祠有二碑，其一宋开宝六年，其一金崇庆元年，闻诸故老，刻石尚多，皆毁于金季。"清康熙四十四年《商丘县志》载："帝喾陵在城南高辛里，帝尝都亳，故葬此。"冢前祠庙建筑毁于"文革"期间，2000年高辛镇政府及有关部门对墓冢进行了大规模培土修葺，对祠庙建筑还进行规划重建。（图 10）

（三）阏伯台

阏伯台位于商丘古城西南 1.5 公里，台高 35 米，底部周长 270 米。相传阏伯为火正，封商丘后，在此观火星运行以报农时。从这个意义上说，此台是一处古老的观星台。台上有阏伯庙，庙由拜殿、钟鼓楼、东西配殿、大殿等建筑组成，台下有花戏楼、禅门等建筑。（图 11）

图11　阏伯台正立面

（四）微子墓

微子墓位于商丘古城西南 12.5 公里的青冈寺，占地 1200 平方米，有明万历四十年（1612）墓碑一通，碑高 3 米，宽 1 米，碑正面刻"殷

图12 微子墓及碑

微子之墓"五个大字。微子是殷纣王庶兄，周灭商后封微子于宋，建宋公国，都城在今商丘。20世纪90年代，中美联合考古队已钻探出宋国都城城墙为夯土筑成，周长12920米，今商丘古城位于宋国故城内东北角。宋国故城面积相当于今商丘古城的10倍。微子死后葬于此，清康熙四十四年《商丘县志》载："宋公微子墓，在城西南二十五里青冈庙，碑云十二里。"（图12）

（五）桑林堌

即今夏邑县桑堌集，位于夏邑县城西南12公里处的小白河南岸。上古时，这里满布桑林，其中有一株巨大桑树"参天而立，枝繁叶茂，状若华盖，独秀林中，众谓此树乃天地之精华所聚，还称此地为桑林，亦曰桑林社"[①]。商汤灭夏建立商朝定都南亳后，遭遇大旱，七年不雨。《淮南子·主述训》曰："汤之时七年旱，以身祷雨于桑林之祭。"禾苗枯焦，民不聊生，商汤命人在桑林之大桑树旁筑祷雨台，台上堆满柴薪，汤自

[①] 参见帝明《桑堌与桑堌集》，载于《夏邑文史资料》第二辑。

扮祭天的牺牲,终于感动上苍,顿时狂风大作,大雨倾盆而至,旱情解除,万民欢腾。后人为纪念商汤,称其祷雨台之地为桑堌。后来发展为集镇,现在是桑堌镇人民政府驻地。

　　在桑堌镇东南约 500 米吴家寺村发现一处大型古文化遗址,现为河南省重点文物保护单位。20 世纪 80 年代在吴家寺遗址发掘多座汉画像石墓,时代为西汉前期,其中有几块画像最引人注目,内容为"凸"形高台上植长青树,树上一鸟,形状似燕子;"凸"形高台上置一竖杆,杆上有绶带系璧。高台建筑是"商人"特有的建筑形式,树上立一鸟有"天命玄鸟,降而生商"之意;璧为祭天的重器,用绶带系璧于高台立杆上应是一种祭祀行为;桑堌正是商汤祭天祷雨处,这不是巧合,应是商汤祭天祷雨在汉画像石上的真实反映[①]。(图 13—15)

图13　吴家寺M26前挡板绶带穿璧

图14　吴家寺M38后挡板立鸟常青树

图15　吴家寺M38前挡板绶带穿璧

---

① 王良田:《玄鸟扶桑画像石研究》,《中国汉画学会第十届年会论文集》,湖北人民出版社 2006 年版,第 120 页。

第二章　先商文化

第一节　先商文化的命名

一　先商文化的命名

这里讲的"先商"是指从封商的始祖契于商起，到商汤灭夏建立我国历史上第二个统一的奴隶制王朝——商止的商部落方国时期，"先商文化"也即是指商部族在这个时期创造的文化遗存。先商文化这一概念的提出最早是在 20 世纪 60 年代。随着考古工作的不断深入，及对夏文化的探索，对先商文化内涵的认识也有个变化的过程，代表性论文有：李伯谦《先商文化探索》、邹衡《试论夏文化》、张立东《先商文化的探索历程》、李维明《先商文化渊源与播化》等等。

《史记·殷本纪》记载："殷契，母曰简狄，有娀氏之女，为帝喾次妃。三人行浴，见玄鸟堕其卵，简狄取吞之，因孕生契。契长而佐禹治水有功。帝舜乃命契曰：'百姓不亲，五品不训，汝为司徒而敬敷五教。五教在宽。'封于商，赐姓子氏。契兴于唐、虞、大禹之际，功业著于百姓，百姓以平。"因为所处的时代是在商王朝建立之前的时期，所以史学界称之为先商时期。

从《史记·殷本纪》的记载可以看出，契母简狄是在行浴时吞了从天而降的玄鸟蛋而怀孕，生了契。这个神话故事表明商部落是玄鸟的后代，增加了商远祖的神秘色彩。在各民族中，利用神话传述本部族的早期历史是一个非常普遍的现象，神话中往往包含着真实的历史。"玄鸟"是商部族的图腾。图腾一词来源于印第安语 totem，意思为"它的亲属"，"它的标记"。在原始人信仰中，认为本氏族人都源于某种特定的物种，大多数情况下，被认为与某种动物具有亲缘关系，于是，图腾信仰便与祖先崇拜发生了关系。在许多图腾神话中，认为自己的祖先就来源于某种动物或植物，或是与某种动物或植物发生过亲缘关系，于是某种动、植物便成了这个民族最古老的祖先。因此，图腾崇拜与其说是对动、植物的崇拜，还不如说是对祖先的崇拜，这样更准确些。图腾是记载神的灵魂的载体，是古代原始部落迷信某种自然或有血缘关系的亲属、祖先、保护神等，而被用来做本氏族的徽号或象征。原始民族对大自然的崇拜是图腾产生的基础。运用图腾解释神话、古典记载及民俗民风，是人类历史上最早的一种文化现象。不同地区和国家的人有不同的图腾崇拜，比如中国人的图腾一般为龙或凤，俄罗斯则有熊图腾的崇拜。

　　商的始祖契在夏王朝建立前的大禹时期就与夏有着密切的关系，契因"佐禹治水"有功，被舜封为夏王朝的司徒，司徒是当时管教化的官，所以"帝舜乃命契曰：'百姓不亲，五品不训，汝为司徒而敬敷五教。五教在宽'"。司徒这个官职始置于唐虞之际，传到周代，被列为尊贵的六卿之一，掌理邦教。汉哀帝时，改丞相为大司徒，与大司马、大司空并列为"三公"，清代时，俗称户部尚书为大司徒。可见它的职责与现在的民政部、文化部差不多。契因"佐禹治水"有功，被封到商地，这个商地就是今天的商丘。最早在甲骨文中就有"商""丘商""大邑商""天邑商"地名，据甲骨学家考证，这就是指今天商丘（见本书第一章第一节，这里不再赘述）。当然关于契封于商的地望还有不同意见，有学者认为"商"地在今山东北部、河北南部古滴河流域。《殷人神化滴洹二水之原因浅析》一文中指出，其实，将卜辞记载与考古学、历史学、文献学、音韵学等研究成果结合起来分析，可以看出：滴水流域曾是商族的起源地，是殷商文化的"老家"。殷人自然要奉为神灵，世代祭祀，以示永志不忘祖先发祥之地，同时亦祈求滴洹之神灵永远福佑殷人及其后嗣。商之名当源于滴水，既为昭明居地之名，又演变为商族的族名。①

二　商先公

先商时期从契至成汤历经十四世商先公。根据《史记》等史书记载结合甲骨文考证，商先公的世系为：契—昭明—相土—昌若—曹圉—冥—王亥（振）—上甲（上甲微）—报乙—报丙—报丁—示壬（主壬）—示癸（主癸）—天乙（成汤）。

史书关于商先公事迹的记载不多，对历史影响比较大的有契、相土、冥、王亥。契是商族的始祖，是第一位商先公，辅佐大禹治水有功，被任命为夏的司徒，管理教化之事，被封于商。这个"封"与我国后世的封国是不同的，封于商，只说明夏认可商部族在商地聚族而居。从此商地也就成为了商族的居住地，商部族在此繁衍生息，随着部族势力的不断壮大，至十四世先公汤时，一举灭掉夏王朝，建立商朝。

相土是第三位先公，是商先公中带领部族发展壮大、开疆拓土的一位重要人物。据《竹书纪年》记载："帝相十五年，商侯相土作乘马，遂迁于商丘。"相土时，商部落的畜牧业已相当发达，畜牧业的发达为商人过渡到父系氏族社会并开始使用奴隶奠定了基础。相土作乘马，就是驯养马作为运载工具，还发明了马车。相土当部落首领时，趁夏王太康失国对东方无力控制之机，迅速扩展了自己的势力，开始向东方发展。相土以今商丘一带为中心，把势力伸展到黄河下游的广大地区并抵达渤海一带，带动了先进的畜牧业向外的传播，还同"海外"发生了联系。《诗经·商颂·长发》："相土烈烈，海外有截。"意思是说相土干得轰轰烈烈，四海诸侯齐刷刷地归服他。《史记·殷本纪》索隐："相土佐夏，功著于商。"《吕氏春秋·古乐》中有关于"商人服象，虐于东夷"的记载，说明相土

---

① 见《河南师范大学学报》2004 年第 5 期。

不但驯养马、牛等动物，而且还驯养大象，并且把驯服的大象用于征讨东夷人的战争之中。甲骨文中的"为"字，状似以手牵象形，证实确有相土驯象之事。

冥是第六位商先公，曹圉之子，王亥的父亲，他是又一位在治水方面功绩卓著的商先公，《国语·鲁语上》载"冥勤其官而水死"；今本《竹书纪年》上说"帝少康十一年使商侯冥治河"，"帝杼十三年商侯冥死于河"。

王亥，又名振，冥之子，是第七位商先公。甲骨卜辞中称之为"高且(祖)亥""王亥""高且(祖)王亥"(图1)，是先商部落的第七位先公。《山海经·大荒东经》中也作"王亥"，《竹书纪年》作王子亥或"侯子亥"，《楚辞·天问》作"该"或"眩"。王国维在《殷卜辞中所见先公先王考》一文中说："卜辞作王亥，正与《山海经》同，又祭王亥，皆以亥日，则亥乃其正宗，《世本》作核，《古今人表》作垓，皆其通假字。《史记》作振，则因与核或垓二字形近而讹。"《世本》记载"相土作乘马"，"亥作服牛"。说是王

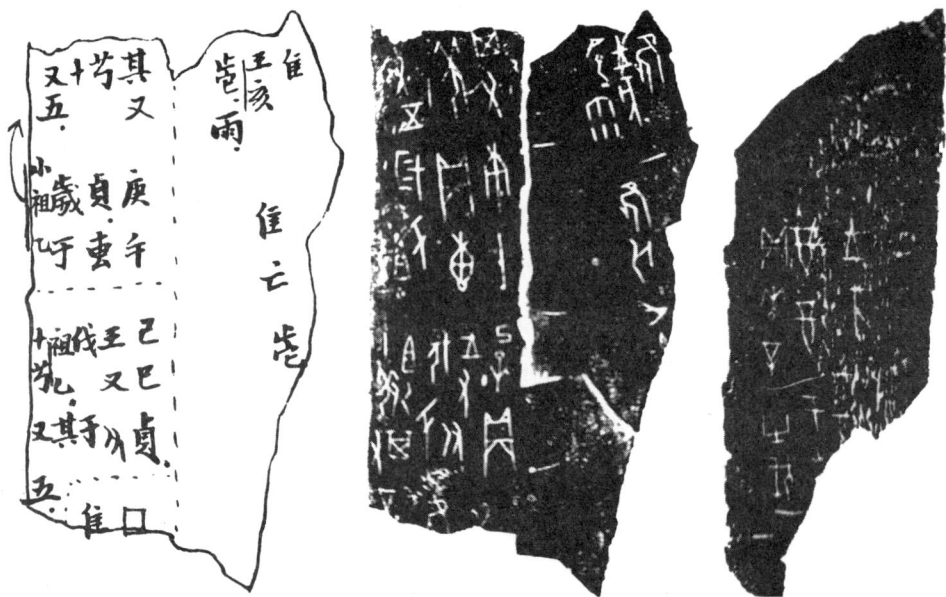

图1　"王亥"字甲骨文拓片

亥驯服牛，并作为役使拉车的工具。王亥在商朝人的心目中具有极大的神威，商朝人有时甚至用祭天的礼节来祭祀王亥。人们在祈祷风调雨顺时，也往往祭祀王亥，希望得到王亥的保佑。在商先公中，只有亥称王，在商人的心目中他有着王者风范、王者之尊的地位。王亥的亥字从亥从鸟，这一方面表明了早期商人以鸟为图腾的遗迹，另一方面也说明王亥在后代心目中达到了图腾的地位。

甲骨文记载，祭祀王亥用牛比较多，用牛是太牢，祭祀王亥一次用牛数量，少则几头、十几头，多则几十头，甚至几百头。在当时生产力极为低下的情况下，可见王亥在商朝人心目中的地位是多么高。王亥之所以能受到商朝人隆重的纪念，主要原因是在他为部落首领期间，发明了牛车，驯养了牛及其他家畜，商族畜牧业得到前所未有的大发展，使商部落有了剩余产品，为原始的商品交易奠定了基础。王亥带领商部落到外部落进行以物易物的交易活动，从此出现了中国最早的商人，交易的物品就是商品，从事的这个行业就被后人称为商业，这就是我国商人、商品、商业的由来。

三　商丘先商文化的考古发现与研究

前文说过"先商文化"这个概念是在 20 世纪 60 年代提出来的，至今已过去半个世纪之久。半个世纪以来，随着考古新发现和考古学研究的不断深入，考古工作者把考古发现遗存年代与先商文化年代相对应的遗址、遗迹、遗物等进行了系统研究，并结合文献记载，对先商时期的文化遗存进行梳理，大致理出了先商文化遗存的分布范围、文化类型、遗存特征等等。在对先商文化遗存的研究上，已故北京大学考古文博学院邹衡教授的研究有开山之功。

"从方法论上讲，邹衡先生的论述是在确定了他认为是早商文化遗存的基础上，从早于早商文化的夏时期诸多遗存中分辨出何者与早商文化有着前后一致的发展演化和继承关系，特别是通过对炊器中的卷沿鬲等代表性器物及其相关的其他特征的分析，建立了邹衡先生称之为先商时期的'漳河型''辉卫型''南关外型'与二里岗商文化 C1H17 时期之间的关系；而且，邹衡先生还把各个类型内的陶器又细分为 A 群、B 群、C 群及其亚群等，对它们加以分析和比较，以此来说明各类型之间的关系，这一方法也为后来许多学者所遵循。""邹衡先生认为以郑州二里岗 C1H17 为代表的商文化是最早的早商文化，早于它的郑州地区的二里岗 C1H9 和南关外中、下层是先商文化的'南关外类型'；豫北地区淇河与黄河之间以新乡潞王坟下层和琉璃阁 H1 为代表的一类遗存为先商文化的'辉卫类型'；豫北冀南地区以滹沱河和漳河之间的沿太行山东麓一线为中心，以邯郸涧沟和磁县下七垣为代表的一类遗存为先商文化'漳河类型'。"[①]（图 2—4）

　　上述是对先商文化的传统认识，自 20 世纪 60 年代提出"先商文化"说以来，在河南郑州、豫北冀南所做考古工作较多，考古发现了大量被邹衡教授所划分的三个类型的、年代与先商时期大致相对应的文化遗存，这也是目前考古和历史学界对先商文化的主流认识。对于大量史书记载的豫东商丘是我国殷商文化的起源地的问题研究得还不够深入，我们认为主要问题是缺乏先商时期的文物出土，邹衡教授认为商丘不是先商文化的分布区域，主要根据就是商丘没有先商时期的文物出土。不过学术界并没有放弃对鲁西南、豫东地区的殷商文化探源研究，特别是近 20 年来，中国社会科学院考古研究所、北京大学、郑州大学、河南省文物考古研究院、美国哈佛大学皮保德博物馆等科研单位、大专院校的大量考古工作，从根本上改变了以往学术界对豫东考古学的认识，特别是对商丘是先商文化起源地的认识，经历了一个从反对到观望再到认同的认识过程。

　　1936 年在发掘安阳殷墟的同时，为寻找殷墟文化的来源，河南古迹研究会李景聃等人即来豫东商丘、永城调查，揭开了豫东考古的序幕。自此

---

① 宋镇豪主编，王震中著：《商族起源与先商社会变迁》，中国社会科学出版社 2014 年版，第 100—101 页。

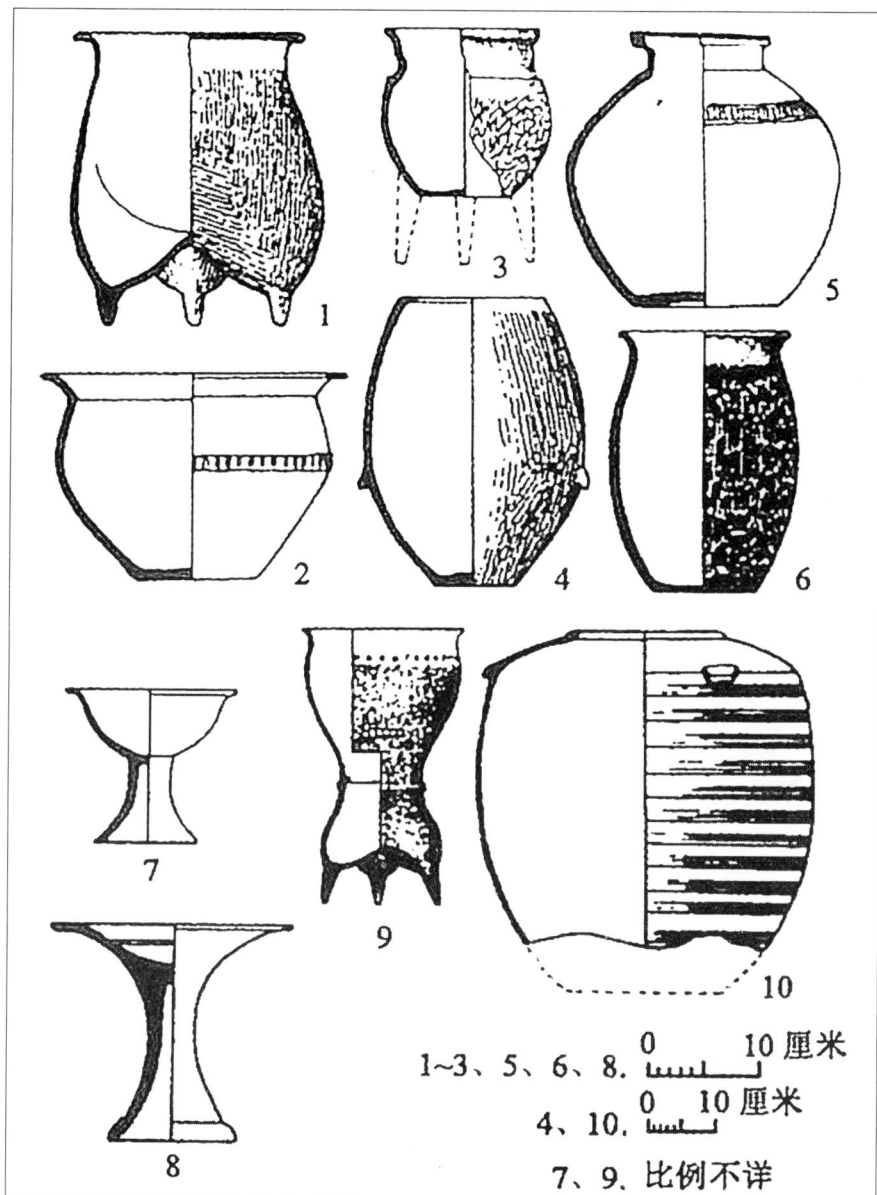

图2　先商文化"漳河型"陶器

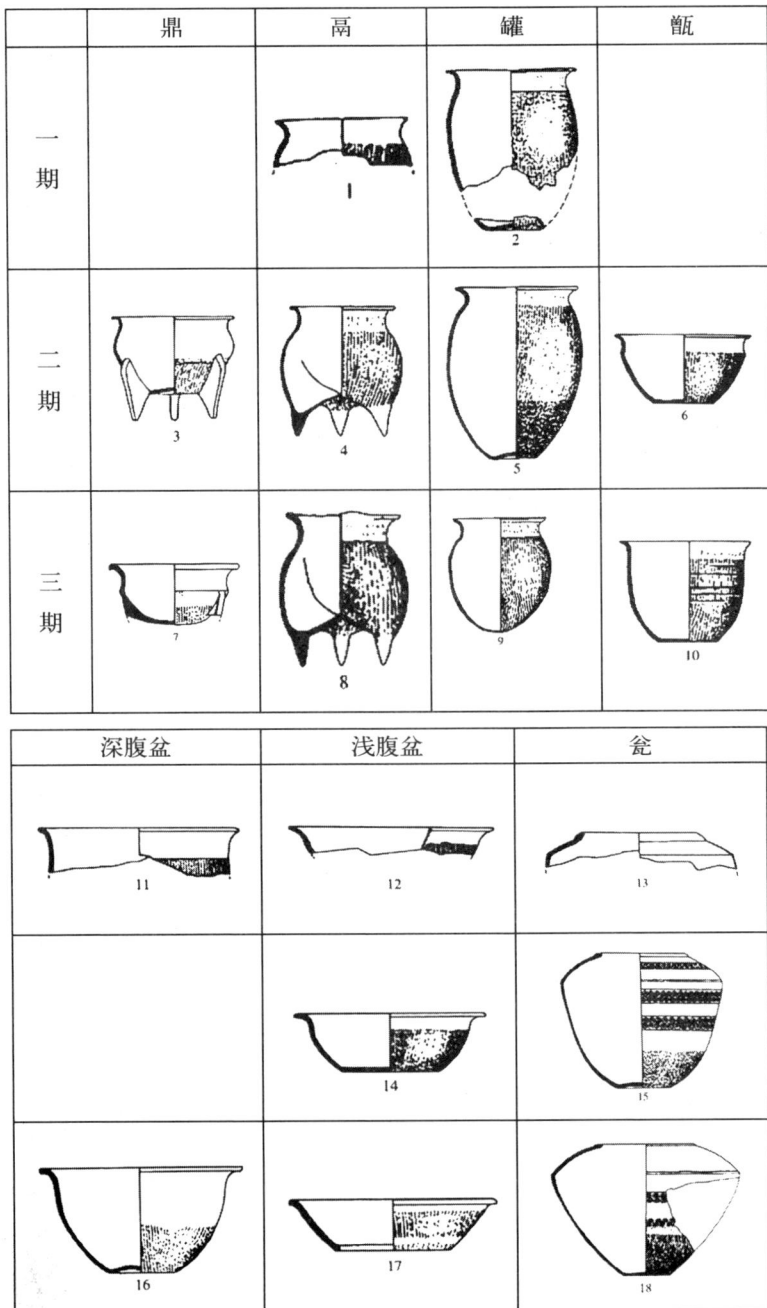

图3 先商文化"辉卫型"陶器

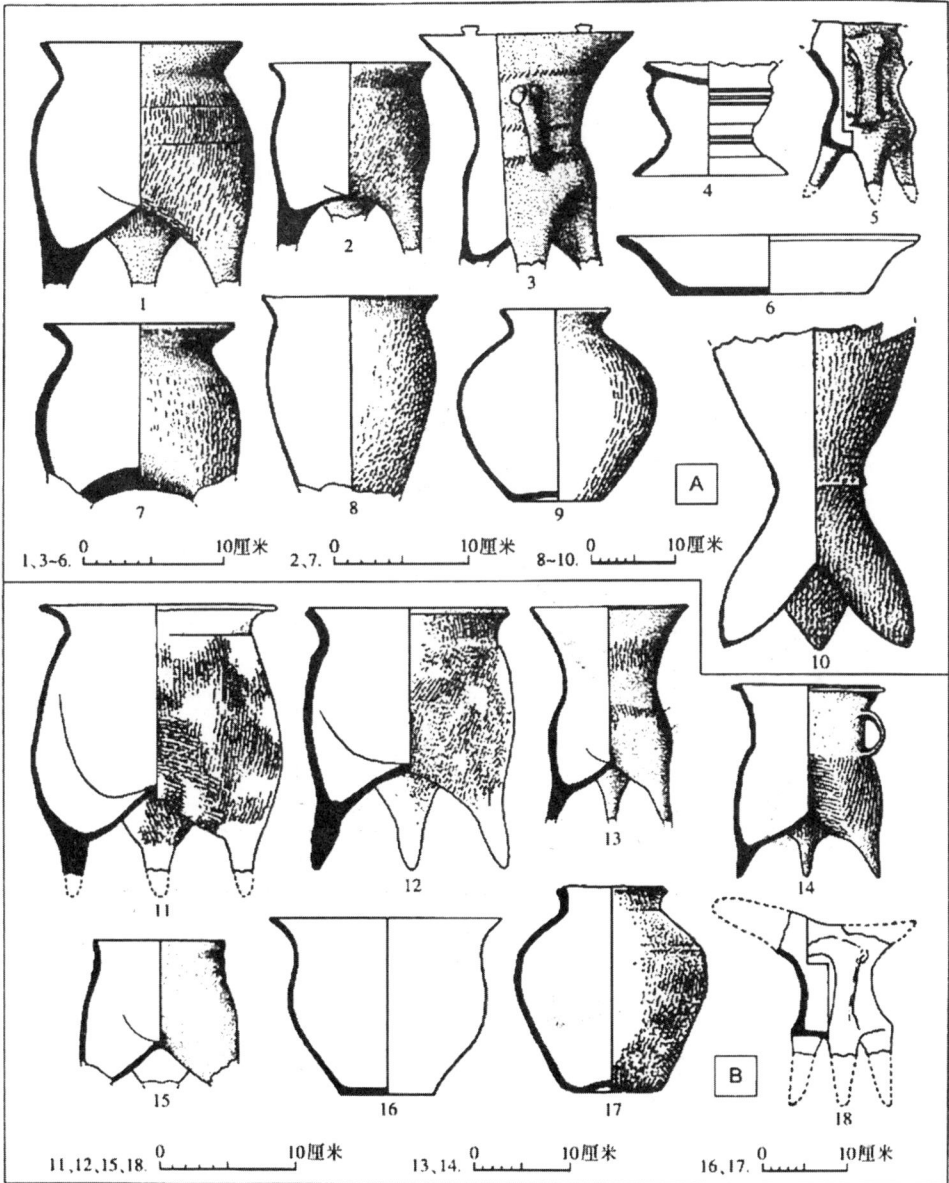

图4　先商文化"南关外型"陶器

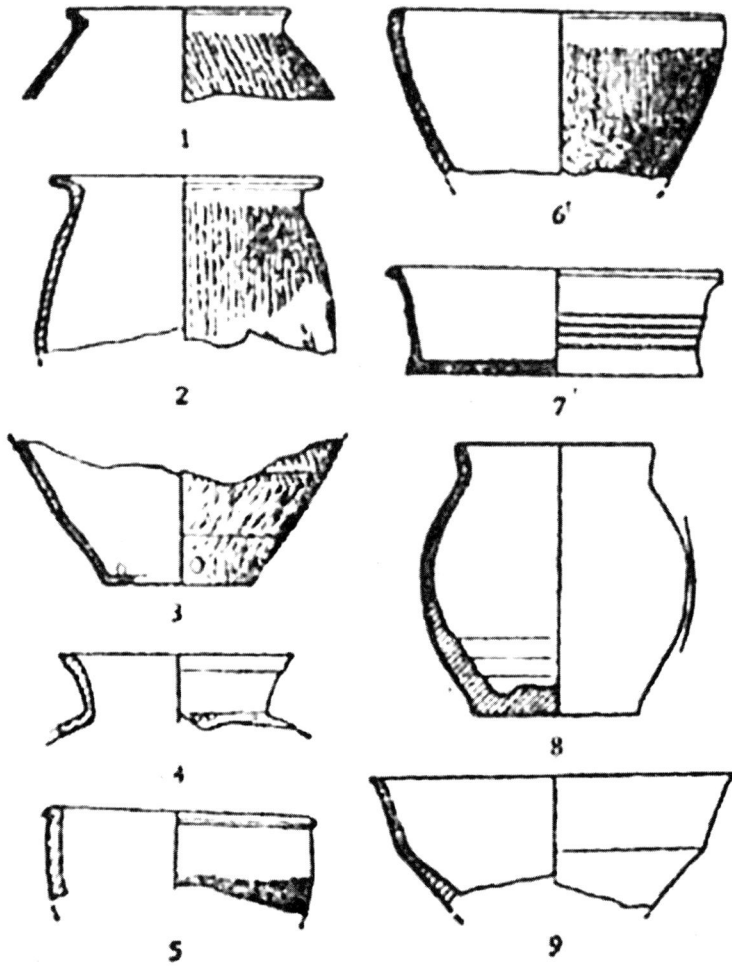

图5　坞墙遗址二里头一期陶器

豫东文物部门配合来豫东调查、发掘的考古单位进行了大量工作。1976、1977 年中国社会科学院考古研究所河南二队在商丘进行第一次全区范围内的大规模考古调查，在这次调查的基础上，1977 年对永城王油坊遗址、柘城孟庄遗址、睢阳区坞墙遗址等进行了考古发掘；1978 年发掘了民权周龙岗遗址，在这些遗址中均发现有与先商文化年代相对应的文化遗存。在睢阳区坞墙遗址考古发掘第四层属于二里头一期文化[①]。（图 5）二里头一期是夏代早期文化，"将二里头文化的发展、影响与夏王朝早期历史结合起来看，二里头一期文化是早期夏文化"[②]，这就在商丘找到了夏时期的文化遗存。除此之外，相当于先商时期的文化遗存在商丘地区考古发现的还有岳石文化、下七垣文化。豫东地区岳石文化遗存比较丰富，目前在商丘地区考古发现包含有岳石文化遗存的遗址有：夏邑清凉山、三里堌堆、马头，柘城李庄、旧北门、王马寺、大毛，民权牛牧岗、李岗、吴岗，睢阳区坞墙，梁园区平台寺，永城明阳寺、造律台，虞城杜集。（图 6）

　　"豫东地区的岳石文化遗存主要特征与山东菏泽安邱堌堆、泗水尹家城等遗址发现的典型岳石文化基本特征相同，如陶器以加砂褐陶和泥质灰陶为主，次为泥质黑陶。加砂陶烧制火候低，有的火候不纯，或呈灰褐色，或呈红褐色。泥质黑陶均为黑皮陶，表皮呈黑色，内胎则多为灰色或褐色。陶胎一般比较厚重。在制法上，加砂陶一般手制，有的用泥条盘筑法制成，内外壁皆有用稀泥涂抹的痕迹；而泥质陶多为轮制，器型较规整。在器表装饰方面，素面磨光陶比例较大，主要纹饰有凸棱、附加堆纹、划纹、戳印纹、指窝纹、乳钉纹和彩绘等。陶器器形多子母口、平底、三足或圈足器。器类主要有袋足鬲、加砂罐、尊形器、菌状纽器盖、浅盘豆、舟形器、圆饼形器等。石器多为磨制，器类主要有斧、锛、刀、

① 商丘地区文物管理委员会、中国社会科学院考古研究所河南二队：《河南商丘县坞墙遗址试掘简报》，《考古》1983 年第 2 期。
② 陈旭：《二里头一期文化是早期夏文化》，《中国历史文物》2009 年第 1 期。

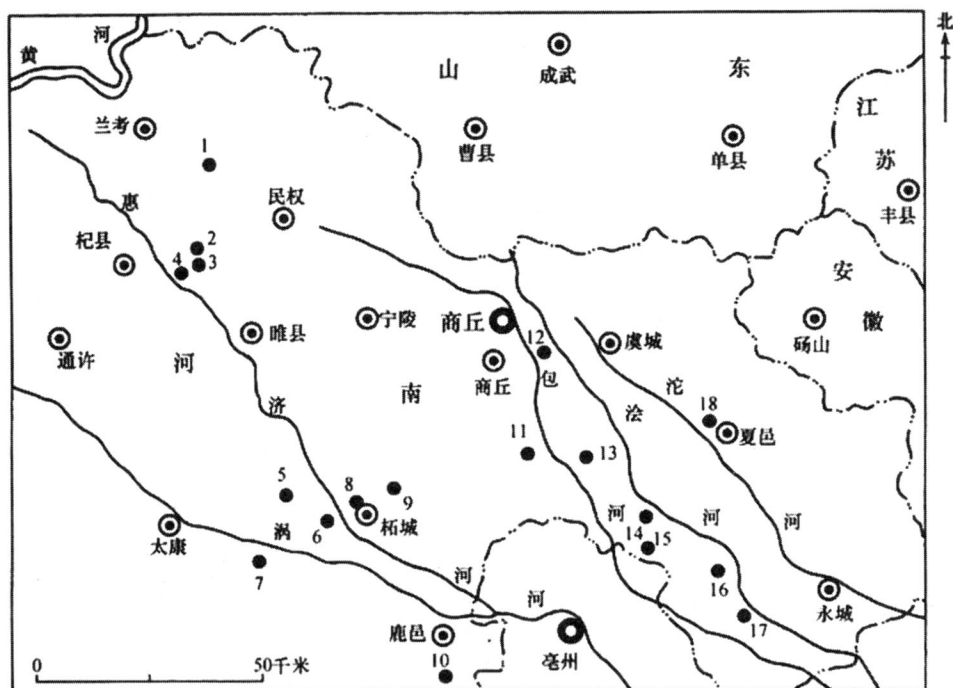

图6　豫东地区岳石文化遗址分布图

凿、铲、镞等，其中半月形双孔石刀和扁平石铲最具代表性。"①清凉山遗址发现的岳石文化遗存十分丰富，陶器器类有尊形器、豆、甗、盂、罐、器盖、网坠、盆、纺轮。石器有刀、纺轮，骨器有锥、网坠，蚌器有刀、镰，铜器有镞。

　　关于豫东岳石文化分期与年代的研究，学术界做了大量工作，张国硕、赵俊杰在《民权牛牧岗与豫东考古》中列举了清凉山发掘报告编者张翠莲、靳松安等学者的研究成果，并赞同靳松安把清凉山遗址的岳石文化分为早、中、晚三期的分期法，"清凉山三期具体划分如下：第一期以Ⅰ式尊形器、Ⅰ式器盖、Ⅰ式浅盘豆等为代表；第二期以Ⅱ式尊形器、Ⅱ式器盖、

---

① 郑州大学历史学院考古系、张国硕、赵俊杰编著：《民权牛牧岗与豫东考古》，科学出版社2013年版，第241页。

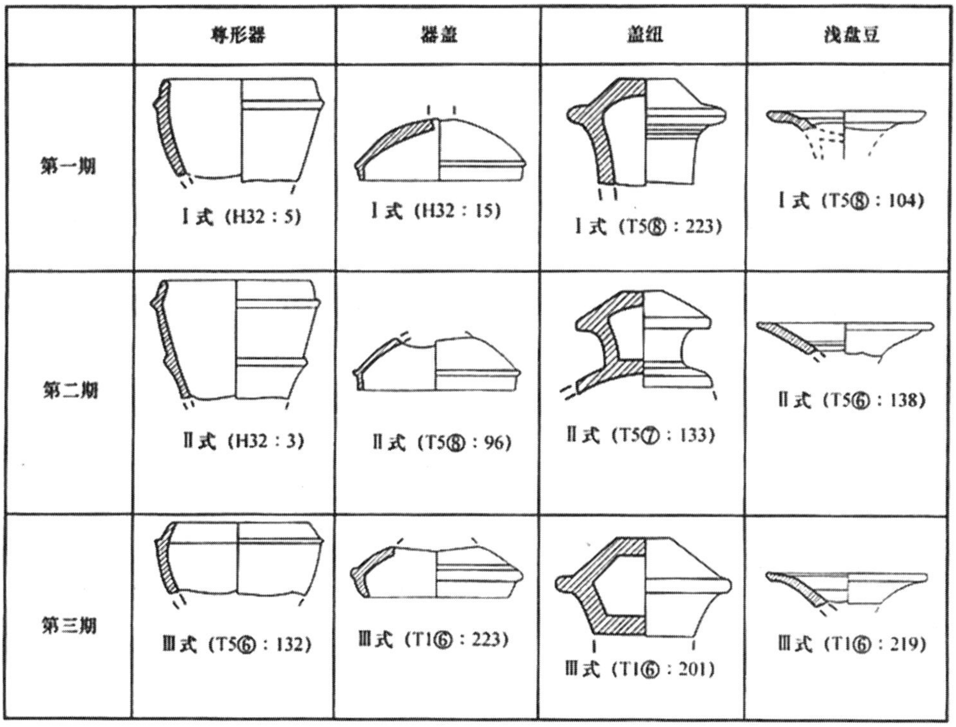

	尊形器	器盖	盖纽	浅盘豆
第一期	Ⅰ式 (H32：5)	Ⅰ式 (H32：15)	Ⅰ式 (T5⑧：223)	Ⅰ式 (T5⑧：104)
第二期	Ⅱ式 (H32：3)	Ⅱ式 (T5⑧：96)	Ⅱ式 (T5⑦：133)	Ⅱ式 (T5⑥：138)
第三期	Ⅲ式 (T5⑥：132)	Ⅲ式 (T1⑥：223)	Ⅲ式 (T1⑥：201)	Ⅲ式 (T1⑥：219)

图7　清凉山遗址岳石文化分期及代表性器物

Ⅱ式浅盘豆等为代表；第三期以Ⅲ式尊形器、Ⅲ式器盖、Ⅲ式浅盘豆等为代表"[1]。（图7）

关于岳石文化的年代，按照地层关系可以判定其晚于龙山文化，早于二里岗文化第四期。从豫东地区岳石文化遗址的分布和持续时间判断，其年代始于二里头文化晚期，终止年代早于二里岗文化第四期。

关于豫东岳石文化类型的研究也有较大进展，总的来说，多数学者认为豫东地区岳石文化属于东夷文化系统，但又具有地方特点。严文明先生将豫东鲁西南岳石文化划入安邱堌堆类型[2]，张国硕同意严文明先生

---

[1] 郑州大学历史学院考古系、张国硕、赵俊杰编著：《民权牛牧岗与豫东考古》，科学出版社2013年版，第243页。
[2] 严文明：《东夷文化探索》，《文物》1989年第9期。

的意见，但他认为还可以再细分为安邱堌堆、鹿台岗、清凉山三个亚型。
王迅把岳石文化分为五个类型，其中豫东、鲁西南地区称为安邱堌堆类型。
目前学术界多数观点认为豫东、鲁西南地区的岳石文化有着共同的地方
特点，应将其单独划分为一个地方类型，因为是 1984 年首次发掘安邱堌
堆遗址，按照考古学命名原则应该称之为"安邱堌堆"类型。

下七垣文化遗存在商丘境内发现较少，主要分布在民权、睢县和柘
城三个县，民权有李岗、吴岗、牛牧岗遗址，柘城有史堌堆遗址，睢县
有周龙岗遗址。所做考古工作也很有限，出土文物很少，多数是仅限于
考古调查采集的陶器或残片，只有在民权牛牧岗遗址 2007 年的考古发掘，
发现了不少具有下七垣文化特征的陶器残片。2002 年郑州大学考古系师
生在民权李岗遗址考古调查采集到下七垣文化的橄榄形罐、陶鬲及鬲足
各一件。2008 年考古调查发现陶鬲 2 件及细绳纹陶片，在牛牧岗、周龙岗、
史堌堆、吴岗遗址分别发现有陶鬲、大口尊等陶器。（图 8）

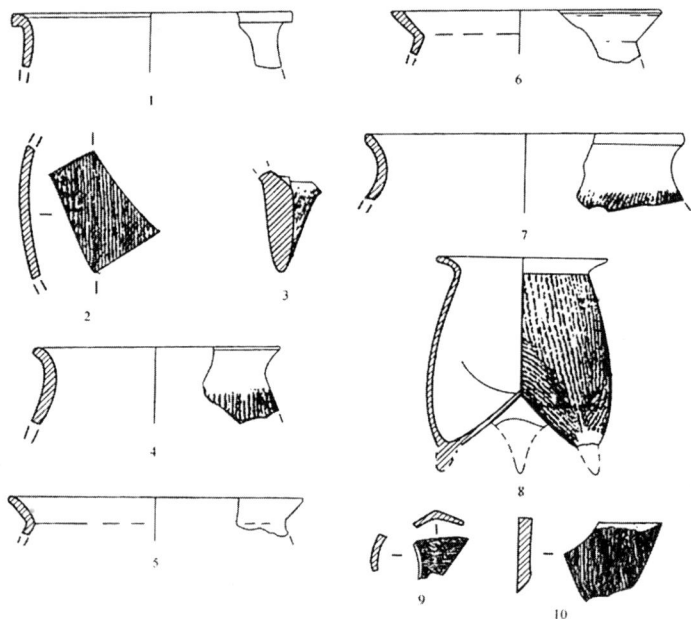

图8　豫东地区出土或采集的下七垣文化器物

关于下七垣文化的分期,研究者较多,有三期说、四期说、三期四段说。关于豫东地区的下七垣文化的分期问题,专门研究者较少,《河南杞县鹿台岗遗址发掘简报》把杞县鹿台岗遗址发现的下七垣文化分为早晚两期。商丘地区发现的下七垣文化遗存全部为器物残片,地层单位不清楚,很难进行分期研究。豫东地区的下七垣文化的年代约相当于豫北、冀南下七垣文化的偏晚阶段。贾文彪在《豫东先商文化研究》一文中认为"豫东龙山文化晚期、岳石文化、下七垣文化为先商文化"[1]。

2002 年 11 月 7 日至 12 月 6 日,郑州大学历史学院考古系为进一步了解商丘地区夏商时期考古学文化的面貌与特征,特别是先商文化和岳石文化在该地区的分布状况,同时结合学术界久讼不决的"南亳"问题的考察,在陈旭教授的指导下,作为研究生田野考古实习,对商丘地区以往调查或试掘过、且面积较大有调查价值的 24 处新石器至夏商时期的遗址进行了重点复查,调查结果表明,24 处遗址中包含先商文化遗存 5 处。先商文化遗物采集自民权县李岗、吴岗、牛牧岗,睢县周龙岗,柘城史堌堆。这些遗址均为商丘西部的惠济河流域,采集的陶片数量较少,可辨器形有:橄榄形罐、鬲、大口尊等。(图9)

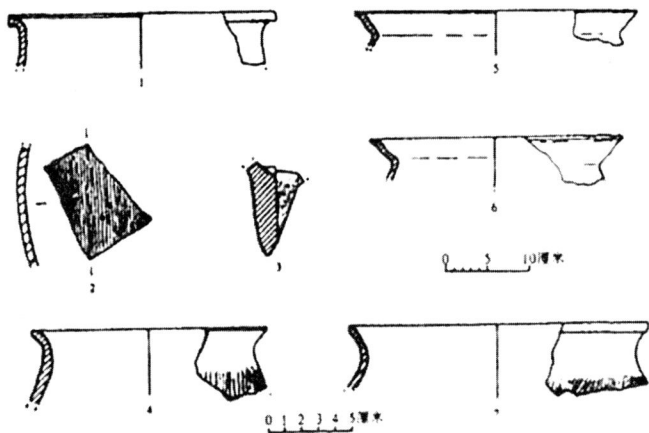

图9　商丘先商文化陶器

① 贾文彪:《豫东先商文化研究》,河南大学 2018 年硕士学位论文。

第二节　史籍记载的先商都城及其迁徙

先商时期的年代上起于封契于商，下止于汤灭夏，历史年代几与夏王朝相始终，商作为一个与夏王朝同时期的部族主要活动在今豫东、豫北、鲁西和冀南一带，在商汤灭夏前，特别是中前期，主要以狩猎为主，逐水草而居。史书记载，从始祖契到商汤建国前共有八次迁都，张衡《西京赋》"殷人屡迁，前八后五，居相圮耿，不常厥土"，《尚书·序》"自契至于成汤八迁，汤始居亳，从先王居"，《史记·殷本纪》"自契至成汤八迁"。

先秦战国书籍所记汤以前商王邑所在主要有以下几个地方：1. 商。《史记·殷本纪》"殷契……封于商"，《荀子·成相篇》"契玄王，生昭明，居于砥石迁于商"。关于商的地望，有濮阳说和今商丘说，《左传·襄公九年》正义引杜预"《释例》云'宋、商、商丘一地，梁国睢阳也'"。2. 蕃。《世本》云"契居蕃"。关于蕃的地望，国学大师王国维认为是汉代鲁国蕃县（《观堂集林》），在今山东滕县境。3. 砥石。《世本》云"昭明居砥石"。关于砥石的地望，丁山认为是泜水下游[1]。4. 商丘。《左传·襄公九年》"陶唐氏之火正阏伯居商丘"，相土所都。5. 相土之东都。《左传·定公四年》"取于相土之东都，以会王之东蒐"。6. 亳。《孟子·滕文公下》"汤居亳"。7. 鄴（邺）上司马。《路史》以为上甲（上甲微）居。

关于先商八迁之地，学者有多种说法。"梁玉绳在《史记志疑·殷本纪》中列出有八迁之地，其云：'考《书》疏曰：《世本》昭明居砥石，《荀子·成相》曰昭明居砥石，迁于商，《左传》相土居商丘，是三迁也，（商与商丘不同，见《左》襄九年疏）。《竹书》帝芒三十三年商侯迁于殷（冥之子振也），帝孔甲九年，殷侯复归商丘，是五迁也。《路史·国名纪》云：上甲居鄴，是六迁也。而《水经注》十九又引《世本》云：契居蕃，是七迁也。并

---

[1] 宋镇豪主编，王震中著：《商族起源与先商社会变迁》，中国社会科学出版社2014年版，第27页。

汤居亳为八迁。'"①王国维在《观堂集林》卷十二《说自契至于成汤八迁》：
"契本帝喾之子，本居亳，今居于蕃是一迁也；《世本》又云昭明居砥石，
由蕃迁于砥石，是二迁也；《荀子·成相篇》：契玄王，生昭明，居于砥
石迁于商。是昭明又由砥石迁于商，是三迁也……疑昭明迁商后，相土
又东迁泰山下，后复归商丘，是四迁、五迁也；今本《竹书纪年》云：
帝芒三十三年商侯迁于殷，是六迁也；又孔甲九年，殷侯复归商丘，是
七迁也；至成汤始居亳，从先王居则为八迁。"（图10）从王国维所列八
迁路线图可以看出，这八次迁徙都是围绕着商旧都"商"进行的，特别
是前三位先公从商迁出又迁回，占了八次中的五次，这也说明了商在最
早的三位先公时期都城迁徙频繁，之后逐步趋向稳定。

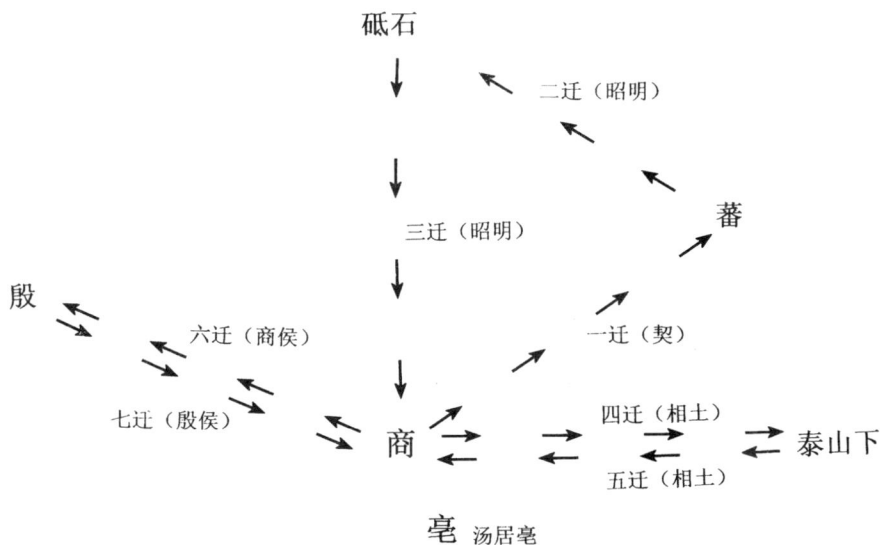

图10　先商八迁路线示意图

---

① 宋镇豪主编，王震中著：《商族起源与先商社会变迁》，中国社会科学出版社2014年版，第26页。

第三节 汤都南亳在商丘

商丘是先商民族的祖居地,商王朝的始建都地,商业起源的主要地区,故又称商丘为"三商之源"。这些已得到学术界的认可。公元前 1600 年 ①,商部族第十四位先公——商汤率领商族军队一举灭掉夏王朝,建立了我国历史上第二个奴隶制国家——商,定都于亳,史称南亳。对南亳的地望,后人众说纷纭,莫衷一是,近年通过对商丘境内地上史迹、殷商文化遗存的考古学考察、分析,并结合文献记载,我们认为汤都南亳商丘说是有根据的。

一 文献典籍记载的支持

《尚书正义》载"契父帝喾都亳",今商丘古城南 25 公里有高辛镇,镇西北 1 公里有帝喾陵,清康熙四十四年《商丘县志》记载,帝喾陵建于北宋开宝年间。高辛是个古老的地名,一直沿用至今。《史记·殷本纪》:"汤始居亳,从先王居。"唐魏王李泰《括地志》:"宋州谷熟县西南三十五里,即南亳,汤都也。"

《史记·殷本纪》集解引皇甫谧曰:"梁国谷熟为南亳,即汤都也。"正义称:"商丘,宋州也。汤继位,都南亳,后徙西亳。"《帝王世纪》:"谷熟为南亳,即汤都也。"

二 商丘现存名人圣迹的支持

商丘境内与商汤有关的名人胜迹主要有帝喾陵、桑林堌、伊尹墓。

前文讲到帝喾陵位于睢阳区南 25 公里高辛镇西北隅,当地群众俗称"朝廷坟",是帝喾高辛氏的墓冢,现存墓冢及明嘉靖年间碑刻一通,祠内原有宋、金、元、明代碑刻,多已毁坏不存。元天历元年(1329)《帝喾庙碑记》记述："睢阳南四十五里有冈阜，实古高辛之墟。上有古城，城北有古丘，丘之阳有帝喾之祠。"

桑林堌集位于夏邑县城西南 12 公里处的小白河南岸，传说是商汤祷雨处。

伊尹墓位于虞城县城西南 22 公里店集乡魏堌堆村，是商汤的名相伊尹的埋葬处。现存墓冢高 3 米，周长 46 米，占地 14000 平方米，墓冢周围有古柏 200 余棵，明清碑刻 20 余通。《史记·殷本纪》："帝沃丁之时，伊尹卒，即葬伊尹于亳。"

三　古今众多知名学者支持汤都南亳商丘说

国学大师王国维在《说商》（《观堂集林》卷十二）中说"商之国号，本于地名……古之宋国，实名商丘，丘者虚也"。《史记集解·郑世家》引服虔曰："商人，契之先，汤之始祖相土封阏伯之故地，因其故国而代之。"郭沫若在《中国史稿》中认为"商，在今河南商丘县。商朝就是从这里发展起来的"。近人美籍华人张光直先生研究认为，商汤建立商朝前的商先公（前后十四王，年代基本上与夏王朝相始终）时期的十四位先公多数建都于商丘。商汤初都南亳，就在虞城县谷熟镇。《史记·殷本纪》集解引皇甫谧云："梁国谷熟为南亳，即汤都也。"北魏郦道元《水经注·睢水》曰："睢水……又东径亳城北，南亳也，即汤所都矣。"唐人魏王李泰《括地志》："宋州谷熟县西南三十五里南亳故城，即南亳，汤都也。"

西晋皇甫谧《帝王世纪》载："帝喾高辛氏，姬姓也……年十五佐颛顼，三十而登帝位，都亳。"《史纪·宋微子世家》载："武王崩，成王少，周公旦代行政当国……乃命微子开（避汉景帝刘启讳，改"启"为"开"）代殷后，奉其先祀，作《微子之命》以申之，国于宋。"从这段记载可以看出，"亳"为商部族的族居地，"国于宋""奉其先祀"说明宋地是商部族的宗庙所在地，否则不可能是在宋地，而不是在别的什么地方"奉其先祀"。已故美籍华人张光直教授在《中国青铜时代·夏商周三代都制与三代文化异同》一文中说："从微子封在商以续殷祀这一点来看，说商人先祖宗庙一直在商丘的说法是有道理的。董作宾根据甲骨文中帝辛十年到十一年征人方途中记下来的卜辞，判定了商与亳这两个重要城市的位置后提出了这样一个说法：'商者，实即……大邑商……亦即今之商丘，概其地为殷人之古都，先王之宗庙在焉，故于征人方之始，先至于商而行告庙之礼也。'"

陈梦家《殷虚卜辞综述》第八章"方国地理"："卜辞有亳社和亳。地名之亳仅数见于乙辛征人方卜辞中：……癸丑王卜贞旬凶祸，才十月又一，王正人方，才亳……征人方是自北往南行，亳在商之南而商即商丘，则亳之地望可以推知……根据征人方的路程，卜辞之亳应在古商丘之南，可能在今谷熟集的西南方，地名高辛集或与汤从先王居之传说有关。宋州、宋城县、睢阳县皆在今商丘县。但此城屡因水患迁移，根据县志，自宋开宝四年至清康熙四十年（971—1699）河决大水凡十七次。古之商丘或在今城之北。根据睢水注南亳当在睢水之南而睢阳在睢水之北，南亳在睢阳之西南。今之勒马集和高辛集在今商丘县西南洪河西岸，南亳故址当在此附近求之。"[①]

由上可知，西晋皇甫谧，北魏郦道元，唐代杜预、李泰，近人王国维、郭沫若、张光直等均认为汤都南亳在商丘。

四　田野考古调查的支持

新中国成立以来，考古工作者为寻找商丘地区的先商文化遗迹做了大量工作。谷熟西南三十五里，大概包括今天的睢阳区坞墙乡、宋集乡、高辛镇一带。在 1976 年调查的基础上，1977 年春，商丘地区文物管理委员会、中国社会科学院考古研究所河南二队对位于坞墙集中部的坞墙遗址进行考古发掘，开探沟、探方 4 个，发掘面积 105 平方米。这次发

---

① 陈梦家：《殷虚卜辞综述》，科学出版社 1956 年版，第 258—259 页。

掘发现这里的地层堆积共分五层，第五层为龙山文化晚期，第四层为二里头文化一期，第三层为殷商文化遗存。殷商文化遗存的发现，为在此寻找南亳城提供了线索，由于当时考古发掘时，地下水位高，工作做得很有限，这里还有进一步做工作的必要，甚至不排除有意外大发现。

坞墙镇西3公里建有纪念商汤的汤王庙，庙南一里即是南亳村。考古调查走访村民时，据村民讲，他们世代居住的村庄一直叫南亳村，村东南原是高出地面数米的坰堆，是南亳村遗址，在20世纪50年代以来的生产建设过程中被逐渐夷为平地。从现状看，这里还是比其他地方略高，生产建设在坰堆上取土时还发现有陶瓷片。

在距离坞墙集西偏南约10余公里的老王集东南史大庄遗址调查发现有先商时期的陶片。

通过对商丘境内殷商文化遗存的考古学分析，结合文献记载及古今学者的研究成果，我们有理由认为汤都南亳在商丘。但要找到南亳的确切位置，还需要做大量的考古工作，还需要更多的考古资料支撑。我们知道商丘地处黄泛区，"从12世纪初（北宋末、南宋初）至19世纪中叶（清咸丰年间）的700年间，黄河改道南流，由淮入海，商丘及其邻近地区屡遭黄河泛滥，堆积了很厚的泥沙，地貌景观的变迁甚为可观，在现代地表上已很难找到史前和早期历史时代人类活动的遗迹、遗物，因此，商丘一带考古探寻早期古文化遗存十分困难"①。

---

① 荆志淳、George Rapp Jr、高天麟：《河南商丘全新世地貌演变及其对史前和早期历史考古遗址的影响》，《考古》1997年第5期。

第三章　商丘殷商文化的考古发现与研究

第一节　殷商文化考古发现概述

商丘殷商文化考古工作肇始于 20 世纪 30 年代河南古迹研究会李景聃等的豫东商丘、永城考古调查。1976、1977 年中国社会科学院考古研究所河南二队在商丘地区文物管理委员会的配合下，在商丘地区各县进行大规模考古调查与发掘，这是商丘地区有史以来第一次高规格、大规模集中科学考古调查，这次调查对商丘考古工作意义重大，正是这次调查与发掘奠定了商丘近代科学考古的基础。之后，郑州大学、北京大学、中国社会科学院考古研究所、河南省文物考古研究所（院）等在商丘做了大量考古调查、试掘、发掘工作。特别是 20 世纪 90 年代中国社会科学院考古研究所与美国哈佛大学皮保德博物馆联合组建考古队（以下称中美联合考古队），为寻找商丘境内的先商文化遗存，在商丘进行了近十年的考古调查与发掘工作，取得了丰硕的考古成果，形成的《豫东考古报告》已于 2017 年 6 月出版发行。商丘本地的考古工作者在配合基本建设、三次全国不可移动文物普查过程中，也发现调查了一批商代文化遗址（表1）。这些都为建立商丘地区的考古学文化序列做出了不可或缺的贡献，下面分别简要概述。

“豫东在中国古代历史和考古学上的地位，乃始由国学大师王国维在《殷周制度论》《说自契至于成汤八迁》《说商》《说亳》诸文考订商

表1　商丘境内殷商文化遗存统计表

序号	名　称	位　置	保护单位级别	时　代	已往工作	其他
01	东山子遗址	民权县人和乡东山子村西北	县	商	1977年调查	
02	牛牧岗遗址	民权县双塔乡牛牧岗村北	市	先、早、晚商	1977年调查、2002年郑大调查	
03	李岗遗址	民权县尹店乡李岗村东南	省	商、早、晚商	1977年调查、2002年郑大调查	
04	吴岗遗址	民权县尹店乡吴岗村南	省	商、先、早、晚商	1977年调查、2002年郑大调查	
05	周龙岗遗址	睢县蓼堤乡周龙岗村北	省	二里岗上至晚商	1977年调查、2002年郑大调查	
06	乔寨遗址	睢县周堂镇乔寨村南	省	二里岗上至晚商	1977年调查、2002年郑大调查	
07	犁岗遗址	睢县平岗镇犁岗村与岗下坡村之间	县	商	1977年调查、2002年郑大调查	
08	力士岗遗址	柘城县岗王乡力士岗村东南岗王乡北王庄村东北角		商	1997年调查	
09	大宅遗址	柘城县铁关乡大宅村北	县	商		
10	老君堂遗址	柘城县远襄乡老君堂村东	县	商		
11	史固堆遗址	柘城县老王集乡史固堆村东		先商、晚商	2002年郑大调查	
12	李安楼遗址	柘城县远襄镇李安楼村西南	县	商		
13	吕岗遗址	柘城县张桥乡吕岗村		商晚		
14	北王庄遗址	柘城县伯岗乡北王村东北角	县	商		
15	郭村岗遗址	柘城新县城北部	县	商		
16	柘城故城	柘城县城关镇旧北门村南	县	晚商	1977年调查、2002年郑大调查	

（续表）

序号	名 称	位 置	保护单位级别	时 代	已往工作	其他
17	孟庄商代遗址	柘城县岗王乡孟庄村北隅	省	商中、晚	1961年发现、1976年调查、1977年发掘	铜礼器
18	坞墙遗址	睢阳区坞墙乡老集西		晚商	1977年5月开探沟105平方米	
19	潘庙遗址	睢阳区高辛镇潘庙村西	县	晚商	1994年发掘	
20	降龙堌堆遗址	睢阳区娄店乡周庄村西	县	商		
21	李庄遗址	柘城县申桥乡李庄村北200米	国	晚商	1995年至1997年中美联合考古队发掘	12个探沟发掘面积398平方米
22	古王集遗址	虞城县古王集乡王集村西街	县	晚商		
23	马庄遗址	虞城县沙集乡马庄村南杏岗寺小学北水塘内	县	商晚	1994年10月至11月中美联合考古队发掘	203平方米
24	杜集东大寺遗址	虞城县杜集镇杜集村东	县	晚商	1976、1977年调查 2002年郑大发掘	
25	魏堌堆遗址	虞城县店集乡魏堌堆村北	县	晚商	2002年郑大发掘	
26	营廓遗址	虞城县营廓镇营廓村	省	晚商	1975年发现、1977年调查	
27	蔡楼遗址	夏邑县胡桥乡东南蔡楼村东南	省	商	2002年郑大发掘	
28	三里堌堆遗址	夏邑县何营乡三里庄村北	市	二里岗上至晚商	1989年发掘	
29	马头遗址	夏邑县马头镇马头南村东侧	省	早、中、晚商	2002年郑大发掘	
30	吴家寺遗址	夏邑县桑堌乡吴庄村	省	早、中、晚商		
31	清凉山遗址	夏邑县马头镇魏庄村北	省	殷墟一、二期	1988年北大发掘	150平方米

（续表）

序号	名称	位置	保护单位级别	时代	已往工作	其他
32	前陈营遗址	永城市顺和乡前陈营村村民陈坤房东5米		商		
33	李大庄遗址	永城市顺和乡李大庄村东		商		
34	肖竹园遗址	永城市酂城镇肖竹园村南		晚商		
35	费侯亭遗址	永城市新桥乡张寨村西南	县	商		
36	造律台遗址	永城市酂城镇镇政府南300米处	省	晚商	1936年调查、1997年调查	
37	黑堌堆遗址	永城龙岗王楼村北300米	省		1977年调查	
38	江堌堆遗址	永城酂城钱夏庄东南600米			1977年调查	
39	大毛遗址	柘城县安平镇大毛村中北		商至战国	1978年发现	
40	唐庄遗址	柘城县伯岗乡唐庄村西北		商		
41	尚塞遗址	柘城县远襄镇李安楼村西南		商		
42	王楼遗址	柘城县牛城乡王楼村西北		商		
43	买臣寺遗址	柘城县起台乡买臣寺村西南		商至汉		
44	白庄遗址	柘城县城东北（北旧湖东南角）		商、汉		
45	小曹庄遗址	柘城县陈青集镇小曹庄村西		商、汉		

族发源于豫东，商汤国都南亳、北亳在豫东，而为学界所重。1928年开始的安阳殷墟发掘，因王室宫殿基址、商王陵墓及大批甲骨卜辞及青铜器、玉器的出土而确立此地即商朝最后一个都城——殷的所在地之后，1936年河南古迹研究会李景聃等人为寻找殷商文化的来源即来到商丘、永城调查，揭开了豫东考古的序幕。"[①]1936年10月11日，河南古迹研究会李景聃、韩维周、孟常禄一行三人从开封出发，为寻找殷商文化的来源来到商丘、永城调查，至12月11日发掘造律台遗址结束，历时两个月，找到三处秦汉以前的古遗址：商丘的青岗寺、永城的酂县城里的造律台和新桥集北的曹桥。（图1）这次调查除了调查芒

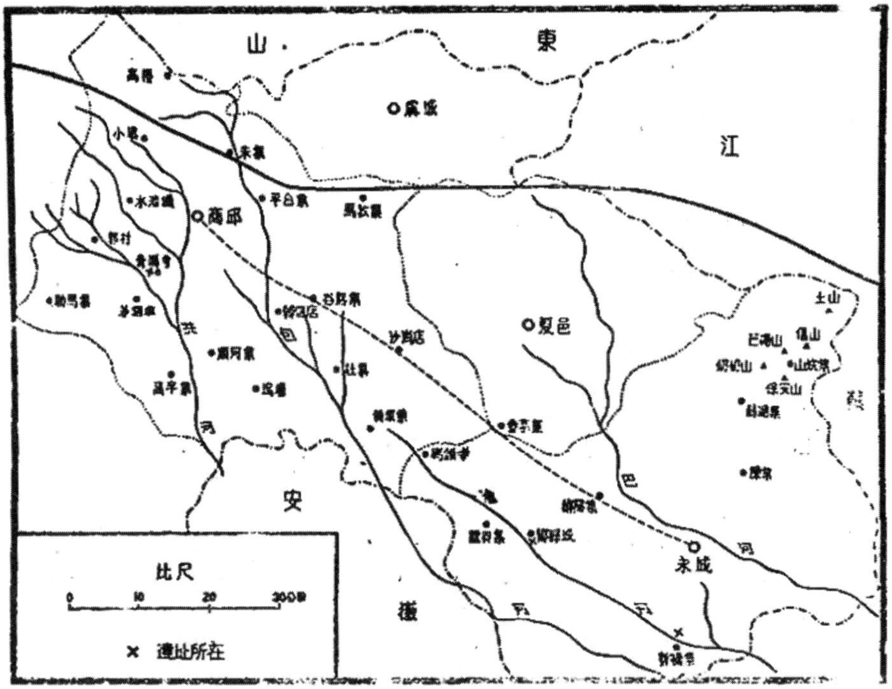

图1　河南商丘、永城调查所得秦汉前遗址分布图

[①] 李伯谦：《民权牛牧岗与豫东考古·序》，见郑州大学历史学院考古系、张国硕、赵俊杰编著《民权牛牧岗与豫东考古》，科学出版社2013年版，第5页。

砀山梁孝王墓外，还在造律台、黑堌堆、曹桥进行了考古发掘，造律台遗址位于永城西南 45 里的酂城集浍河北岸，距河边不足一里，是一处高约 7 米的土台子，周围约 400 米，南北较长约 75 米，东西宽约 46 米。这里素有"城中七十二眼井，城外七十二堌堆"之谚。1936 年 11 月 29 日发掘，12 月 11 日结束，计开坑 12 个，发掘面积 154 平方米。这次发掘地层堆积比较简单，主要是龙山文化时期的遗存。遗迹主要有灰坑，遗物有陶器，器型有三足器的鼎、鬲、鬶、甗，圈足器的盘、豆，罐形器的普通罐、细长颈罐、细颈广肩罐，盆形器等等，还有石器、骨角牙器、蚌器。在黑堌堆、曹桥两处发掘时间只有两三天时间，所得遗物与造律台的几乎完全相同。[①]

商丘境内大规模的田野考古工作是从 20 世纪 70 年代开始的。据历史典籍记载及近现代学者研究认为，中国历史上第二个奴隶制王朝——商起源于商丘，其中，现代史学大家郭沫若就认为商丘是商民族的起源地[②]。但由于历史上黄河泛滥的影响，黄水过后形成大量泥沙淤积，彻底改变了商丘历史地形地貌，造成商丘古代文化遗存深埋于地下，所以长期以来，人们对于商丘古代文化了解很少。

"中国社会科学院考古研究所河南二队，为了解豫东原始社会末期和商代早期文化的有关问题，会同河南省商丘地区文物管理委员会，于 1976 年底到 1977 年末，先后三次在商丘地区各县调查古代文化遗址。调查结果表明，古代文化遗址相当丰富，三次调查发现龙山文化遗址 17 处，殷商遗址 15 处，周代遗址 15 处，其他时代遗址和墓葬 14 处（表 2），另在睢县周龙岗采集彩陶片两片。""商丘地区的古代文化遗址多分布在惠济河、包河、浍河和沱河两岸（图 2）。由于这里地处黄河下游，地势平坦，境内河流密布，所以古代文化遗址多成丘岗形式，而每个岗丘遗址都经过几个时代的居住，逐渐

① 李景聃：《豫东商丘永城调查及造律台、黑堌堆、曹桥三处小发掘》，《考古学报》1947 年第 2 期。
② 郭沫若主编：《中国史稿》第一册，人民出版社 1979 年版，第 156—159 页。

表2　商丘地区各县古文化遗址统计表（1977年调查）

县名	遗址名称	龙山文化	殷商文化	周代文化	其他
商丘	老南关			✓	✓
	坞墙	✓	✓	✓	✓
虞城	杜集	✓	✓	✓	✓
	营廓寺			✓	✓
夏邑	崇觉寺	✓		✓	
	清凉山	✓			✓
永城	造律台	✓	✓	✓	
	王油坊	✓		✓	
	黑堌堆	✓	✓	✓	
	洪福	✓		✓	
	胡道沟飞	✓		✓	✓
	虎亭	✓		✓	✓
	姜堌堆	✓	✓		
民权	小山子		✓	✓	✓
	牛牧岗	✓	✓		
	吴岗	✓	✓		✓
	李岗	✓	✓		
柘城	郭村岗				✓
	力士岗		✓		✓
	孟庄（心闷寺）		✓		✓
睢县	周龙岗	✓	✓		
	乔寨	✓	✓	✓	✓
	犁岗		✓	✓	✓
	王庄	✓	✓	✓	✓
合计	24	17	15	15	14

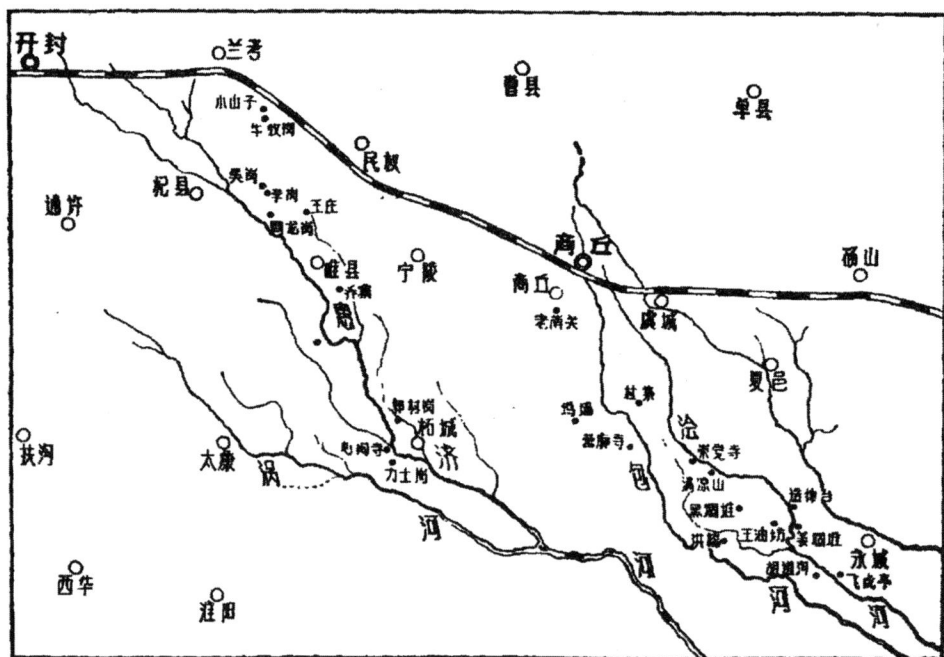

图2　商丘地区古代文化遗址分布示意图

形成较高的岗岭和较大的堌堆。后来人们又利用这种较高的地形当作基础，在岗丘上面建造各式建筑，所以现在用岗、冢、堌堆、台、寺命名的地点，往往就是古代遗址的所在地……堌堆大致有圆形、方形、长条形三种，长宽一般在 100 米左右，最大的 200—300 米，最小的不过 30—50 米，高度为 4—7 米，在堌堆内往往堆积着几个时代的文化遗存。"①

　　在前期调查的基础上，于 1977 年春秋两季对永城王油坊、黑堌堆、柘城孟庄（心闷寺）、商丘坞墙等遗址进行试掘或发掘。1978 年春季对睢县周龙岗遗址也进行了试发掘。

　　黑堌堆遗址位于永城市西约 30 公里的浍河南岸，1936 年曾在这里

————————
① 中国社会科学院考古研究所河南二队、商丘地区文物管理委员会：《1977 年豫东考古纪要》，《考古》1981 年第 5 期。

进行过小规模试掘（见前述），遗址原来地势很高，因长期风雨侵蚀，到 1977 年发掘时，只剩下一个很小的塪堆，东西长 42 米，南北宽 35 米，高约 2 米。1977 年 4 月发掘，开相连的探方 6 个，发掘面积 127 平方米。清理出龙山文化时期的房基九间、陶窑 2 座、灰坑 1 个、墓葬 1 座，上层发现殷商文化遗物，但主要是龙山文化遗存。

周龙岗遗址位于睢县蓼堤乡惠济河北岸周龙岗村，1977 年调查时，遗址南北长 300 米，东西宽 200 米，上层为殷商文化层，下层为龙山文化遗存，文化层厚约 2 米。1978 年 4 月，开探沟两条，面积 31 平方米，发现龙山文化灰坑 6 个，残陶窑 1 座和文化遗物，采集到一些殷商时代的遗物。

吴岗遗址位于民权县西南 22 公里尹店乡吴岗村的南面，这里原为高台地，"遗址坐落在高台地的北部，吴岗村的东南面挖一条很宽的沟，土沟的两壁和吴岗村南北暴露有殷商文化和龙山文化遗物，其范围南北、东西均约 500 米。在土沟西面高台地上发现有较多的殷商文化遗物，还有夯土建筑。采集的陶器时代比较早，大致与柘城心闷寺的相当，也有较晚的陶器，遗址的延续时间可能比较长。采集的陶器主要有鬲、深腹罐、大口罐、盆、罍和瓮等"[①]。（图 3）

坞墙遗址位于睢阳区（商丘县）古城东南约 30 公里的坞墙集东街，遗址原为高台地，由于镇上村民建设取土，四周积水成塘，1976 年考古调查时，遗址范围南北约 70 米，东西约 100 米左右。中国社会科学院考古研究所河南二队、商丘地区文物管理委员会在 1977 年 5 月 5 日至 17 日对遗址进行考古试掘，开探沟、探方 4 个，发掘面积 105 平方米。以这次发掘的探沟 1 东壁剖面为例，地层共分为五层：第一层为耕土，出土有砖瓦近代瓷片和早期陶片；第二层为东周地层，出土有绳纹板瓦、筒瓦、素面瓦当、釜、豆、罐等残片；第三层为殷商时代，出土较多陶片，

---

① 中国社会科学院考古研究所河南二队、商丘地区文物管理委员会：《1977 年豫东考古纪要》，《考古》1981 年第 5 期。

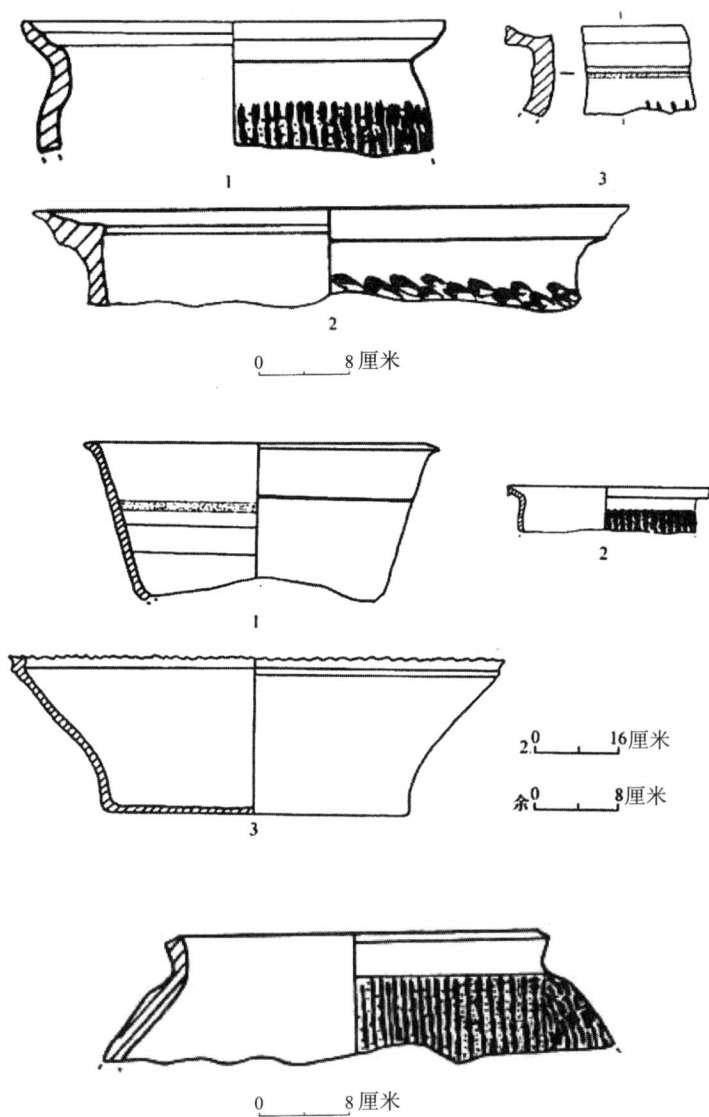

图3 周龙岗、吴岗商代陶器

器型有鬲盆、簋、豆深腹罐等；第四层为二里头文化一期，出土物主要是陶片，有泥质灰陶、夹砂陶、磨光陶次之，纹饰有篮纹、方格纹、绳纹，器型有深腹罐、敞口高领罐、平底盆、碗、豆、甑、盉、澄滤器等；第五层为河南龙山文化晚期，出土物以陶片为主，器型有罐、鼎、器盖、甑甗、碗、豆、平底盆、圈足盘等。[①]

王油坊遗址位于永城市西 30 公里的酂城镇王油坊村东北角，遗址为高出周围地面的土丘。这类遗址在这一带分布比较密集，附近有造律台遗址、姜堌堆遗址、黑堌堆遗址、肖竹园、红云寺遗址，说明这一带在古代属于人烟比较稠密之地。(图 4)

1936 年河南古迹研究会在豫东考古调查时发现该遗址，1977 年 3 月至 4 月，中国社会科学院考古研究所河南二队对遗址进行发掘，开探方 25 个、探沟 4 条，发掘面积共 800 余平方米。

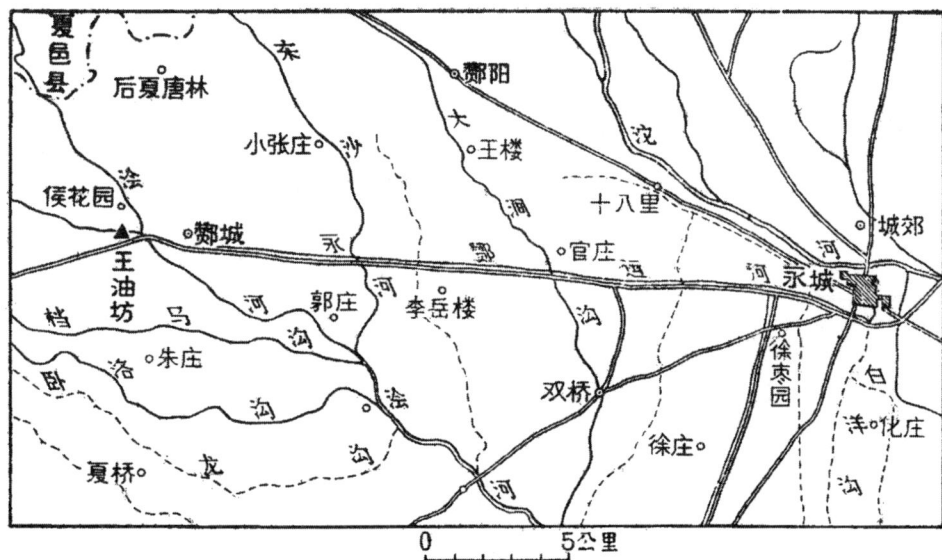

图4　王油坊遗址地理位置图

[①] 商丘地区文物管理委员会、中国社会科学院考古研究所河南二队：《河南商丘县坞墙遗址试掘简报》，《考古》1983 年第 2 期。

　　王油坊遗址文化遗存主要属于龙山文化时期，分上、中、下三层，是三个紧密相连的发展阶段，下、中层相当于河南龙山文化中期，年代分别为公元前 2500 年、公元前 2400 年。上层相当于河南龙山文化晚期，年代为公元前 2300 年。

　　考古发掘共清理出龙山文化时期的房基 20 座、灰坑 44 个、石灰窑 3 座。

　　王油坊龙山文化先民居住的房屋为：下层房屋形状有方形和圆形两种，室内居住面皆为白灰面，房基内有埋人的现象；有半地穴式和地面建筑两种。中层房屋有圆形、方形两种，皆为地面建筑，居住面以敷白灰面居多，有居住面为烧土面及少数在夯土层上敷硬草泥土的。上层房屋形状以圆形为主，另有圆角方形的；皆为地面建筑，在筑好的地基上直接起墙。居住面多为黄草泥土，少数为白灰面。发现一座用长方形土坯建筑的圆形房屋，土坯为黑褐色草泥土，土坯筑法是：平砌一周三至四层土坯，然后再立砌土坯作为墙的主体。发现一处四间相连的排房建筑（F16—F19），四间均为方形房基。（图 5—6）

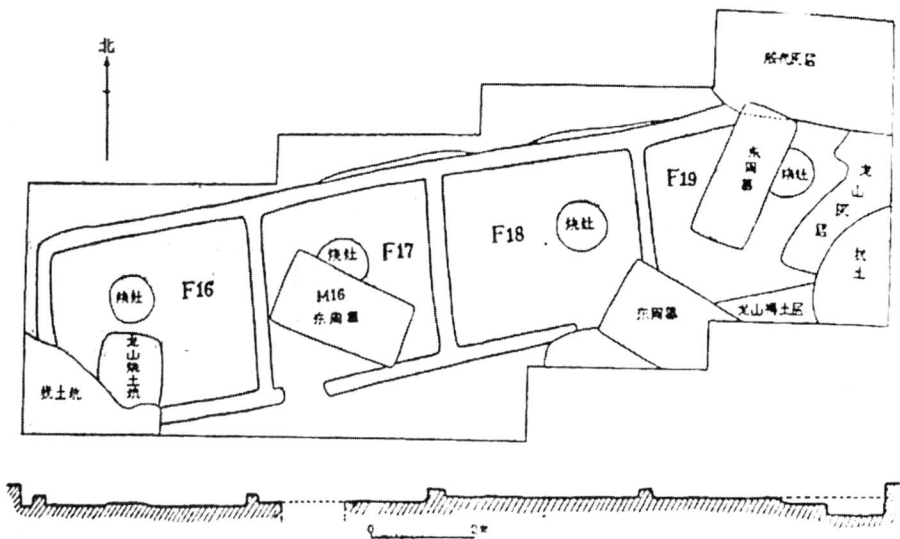

图5　F16—F19（上层）平剖面图

王油坊龙山文化先民生活
常用的是陶器，另有石器、骨
角器、蚌器等，按照用途分为
生活用具、生产工具及少量装
饰品。下层陶器以泥质灰陶为
主，约占陶片总数的 70% 以上，
夹蚌壳的棕褐陶也不少，篮纹
为此层最主要的纹饰，磨光陶
的比例较中上层大，磨光亦较
精致；中层陶器夹蚌壳陶减少，
较大型的器物增多，纹饰仍以
篮纹为主，但比例下降，绳纹、
方格纹的比例上升；上层陶器，

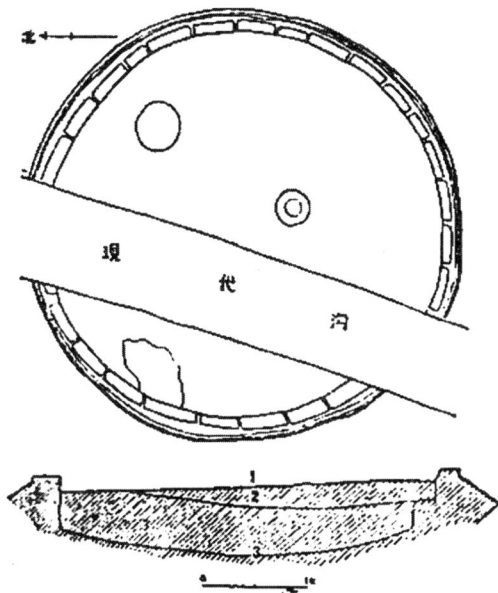

图6　F1（上层）圆形房基平剖面图

夹蚌壳陶很少，纹饰以方格纹为主。深腹罐、鼎、碗中的大型器增多。"这
三层文化遗存的共同特点是，陶器以泥质灰陶为主，夹砂陶极少，泥质
陶几乎全为轮制，夹蚌陶为手制。器类以深腹罐和鼎（皆为炊具）为主，
碗的数量也很多，这三类器物约占陶器总数的一半左右，而在上层所
占比例更大。房基除在下层有少数半地穴式以外，一般皆为地面建筑，
墙直接建于筑好的地基上，未见挖沟筑墙的现象。灰坑大多为口大底
小的圆形坑，而袋形坑及长方形坑较少。"[1]（图 7）

王油坊先民使用石器很少，而是大量使用蚌器、骨角器。特别是
蚌刀、蚌镰最多，还有大量鹿角锄、捕鱼工具陶网坠。在他们生活留
下的灰坑中出土大量螺壳、蚌壳、鱼骨（鉴定有鲤鱼、青鱼、草鱼、
鲫鱼等）和鹿角。其他动物骨骼有猪骨、狗骨、牛骨、龟甲等。这些
发现证明当时的人们除农业生产之外，还从事狩猎、捕捞、养畜等生

---

[1] 中国社会科学院考古研究所河南二队、河南商丘地区文物管理委员会：《河南永城王油坊遗
址发掘报告》，《考古学集刊》第五集，中国社会科学出版社 1987 年版，第 117 页。

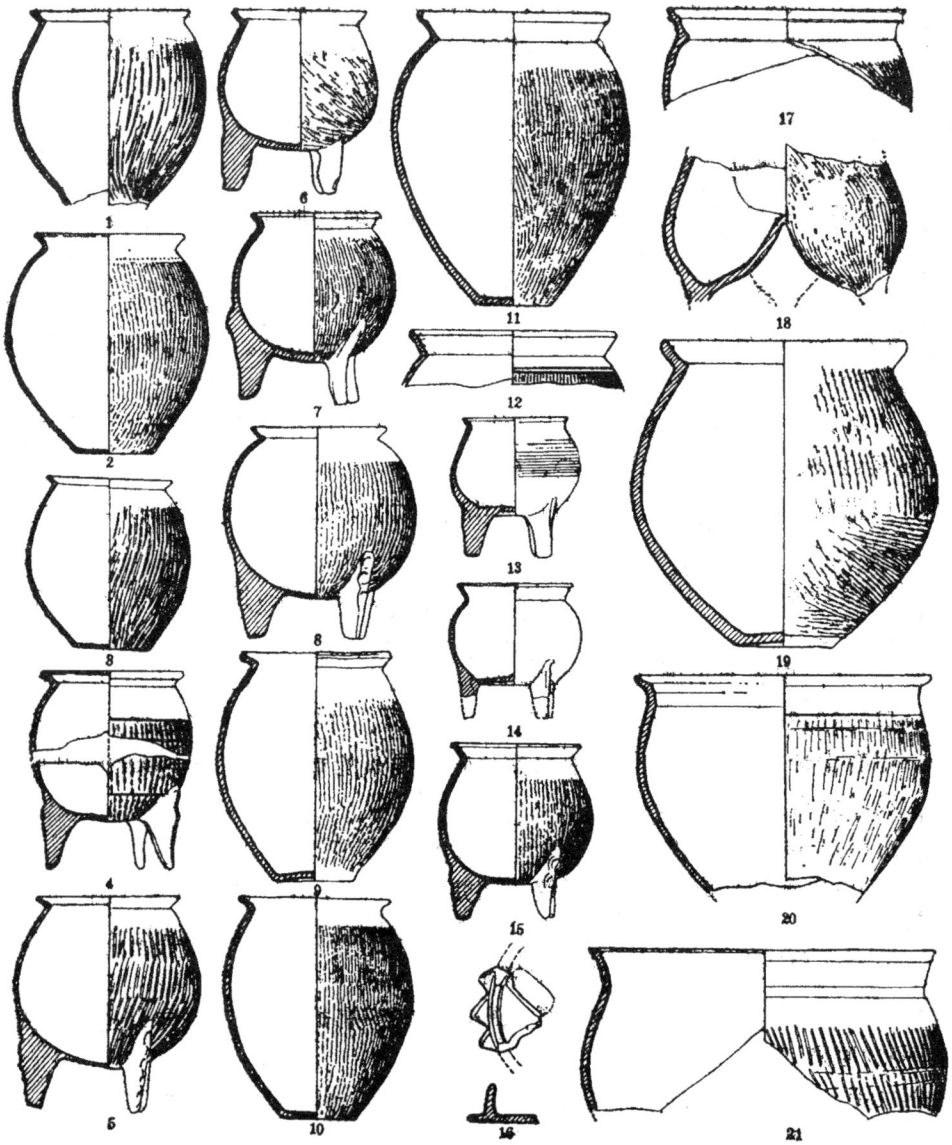

图7　王油坊遗址龙山文化中层出土陶器

产活动。(图 8)

　　"反映当时人们建筑技术的提高和居住条件的改善，这时已能烧制石灰。王油坊中层发现有装满石灰的圆坑和装在甗中的石灰膏，上层发现有烧制石灰的石灰窑，这在解决我国石灰起源的问题上是个很重要的资料。为使房基坚固，选用纯净致密的土铺筑房基，并逐步使用夯筑技术，还出现用土坯相间压缝的砌墙技术，这在我国建筑史上都是比较新鲜的资料。"①

　　在建筑方面，这时还出现了一个新现象，就是在房基内、墙基及墙内、室外墙根处，使用成人和儿童作奠基等祭祀活动，这既是当时一种礼俗，又反映当时社会关系的某种状况。

　　王油坊遗址考古发现的重要价值在于它反映了那个时代商丘先民的社会经济和文化状态，彰显了当时已具有了比较高度的文明，王油坊的商丘先民已经掌握了烧制石灰的技术并使用石灰修建房屋，掌握了土坯制造和使用土坯错缝建筑的技术，这表明使用土坯建筑墙体在商丘已有 4000 余年之久（20 世纪七八十年代，豫东农村建筑土坯草房，使用的还是一成不变的技术）②。

　　商丘境内的龙山文化晚期已进入先商文化年代范围。张长寿、张光直先生在《河南商丘地区殷商文明调查发掘初步报告》中指出："商丘地区的龙山文化和岳石文化要广泛和深入地研究，它们可能就是早商和先商。"

　　柘城孟庄商代遗址位于柘城县城西 7 公里的孟庄村（图 9），遗址面积约 3 万平方米，南北长 280 米，东西宽约 110 米。1961 年发现，1977 年 5 月对遗址进行局部发掘③，考古工作者对两个地点进行发掘，

---

① 中国社会科学院考古研究所河南二队、河南商丘地区文物管理委员会：《河南永城王油坊遗址发掘报告》，《考古学集刊》第五集，中国社会科学出版社 1987 年版，第 117 页。
② 中国社会科学院考古研究所河南二队、河南商丘地区文物管理委员会：《河南永城王油坊遗址发掘报告》，《考古学集刊》第五集，中国社会科学出版社 1987 年版，第 118 页。
③ 中国社会科学院考古研究所河南一队、商丘地区文物管理委员会：《河南柘城孟庄商代遗址》，《考古学报》1982 年第 1 期。

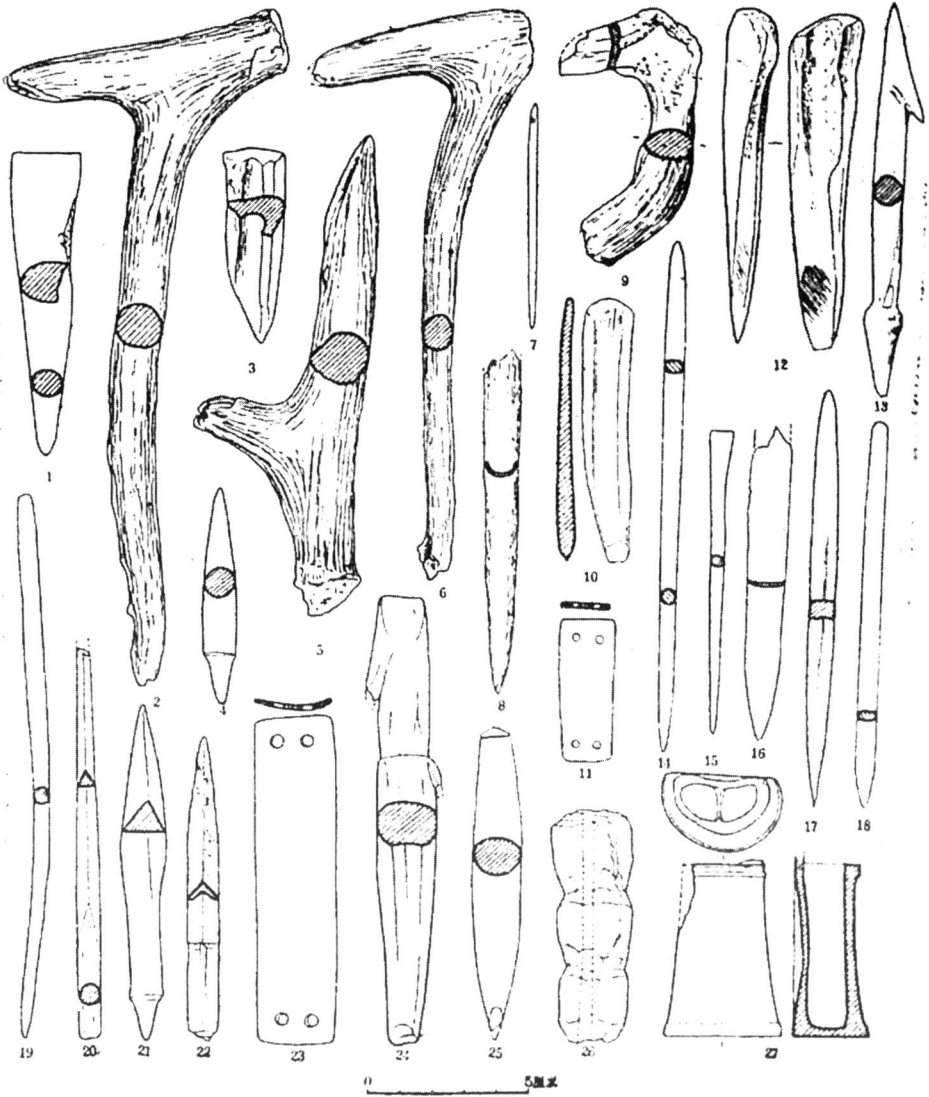

图8　王油坊遗址龙山文化上层出土骨角器

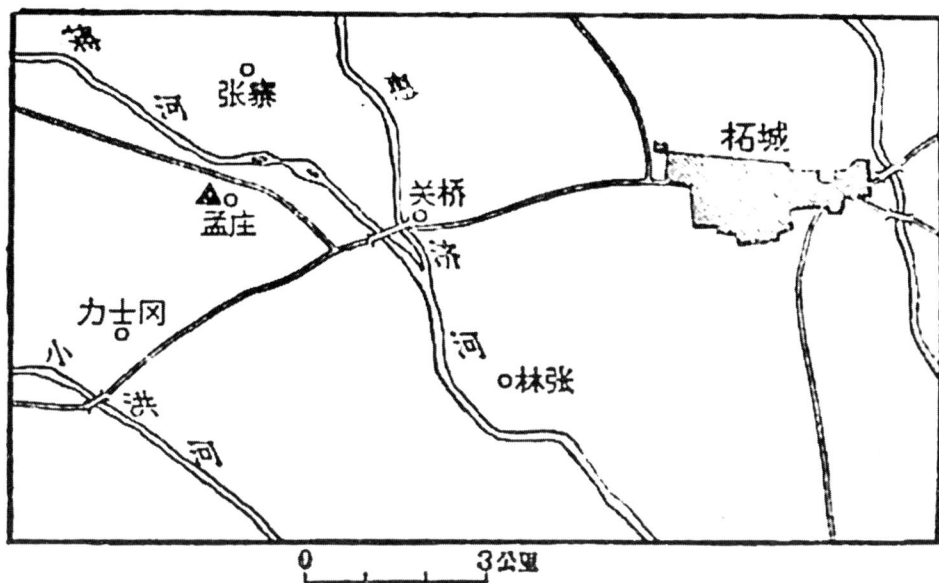

图9　孟庄遗址地理位置图

图10　孟庄遗址出土的鼎、觚、斝

发现商代窑址 1 座，窖穴 25 座，房基 9 座，冶铸作坊基址 1 处，灰坑
3 个，墓葬 7 座，三处较大夯土台基址。这里出土了大量生产工具、生
活用具和武器。1981 年 3 月，柘城县文管会在孟庄遗址冶铸作坊附近
发现三件青铜礼器（包括鼎、斝、觚各一）（图 10），时代为商代二里
岗上层时期(现存商丘博物馆)①。这说明此处是商代的一个重要居住地。
孟庄遗址有三个碳十四测定年代数据，最晚的一个是公元前 1555±130
年。尤为重要的是发现了一只用树皮纤维编制的鞋底，它是我国迄今发
现年代最早的鞋子实物，表明我们民族在商代前期或更早的时候就有
穿鞋的习惯了。另外是发现一处 300 多平方米的大型夯土台基，用人
做祭奠，这很可能是一处宫殿基址，说明柘城孟庄遗址不仅有平民居住，
而且有奴隶主贵族。

　　1985 年冬，宋豫秦到豫东商丘进行考古调查，在参观标本和实地
调查时发现不少岳石文化遗物，发现柘城山台寺、旧北门、孟庄、王马
寺、大毛等遗址都包含有岳石文化的典型陶片，器类有手制的夹粗沙
褐陶甗和罐、泥质灰陶碗形豆、樽口鼓腹罐、直腹盆等。在夏邑清凉山、
虞城杜集发现有丰富的岳石文化遗存，在睢阳区高辛镇西北潘庙遗址
也发现有岳石文化遗存②。

　　夏邑清凉山遗址位于县城西南 30 公里的魏庄村西北（图 11），为
一处高出周围地面的堌堆遗址，堌堆现高 0.5—3 米，东西长 55 米，南
北宽 53 米；遗址北临岳河故道，西南有挡马沟穿过。1977 年由中国社
会科学院考古研究所河南二队调查发现。1988 年 7 月北京大学考古学
系为了解该地区夏商时期的文化面貌，在商丘地区文管会的配合下，对
该遗址进行了复查。并在同年 9—11 月进行了发掘，开 5 米 ×5 米探方
6 个，发掘面积 150 平方米。

　　清凉山遗址地层包含商代文化层、岳石文化层、龙山文化层和相当

---

① 张河山：《河南柘城心闷寺遗址发现商代铜器》，《考古》1983 年第 6 期。
② 宋豫秦：《现今南亳说与北亳说的考古学观察》，《中原文物》1991 年第 1 期。

于庙底沟二期的文化层，以探方 5 西壁剖面为例说明起底层堆积：第 1 层为扰土层，第 2 至第 5 层为商代文化层，第 6 至第 8 层为岳石文化层，第 9、10 层为龙山文化层，第 11 层为相当于庙底沟二期的文化层，第 11 层以下为生土。（图 12）

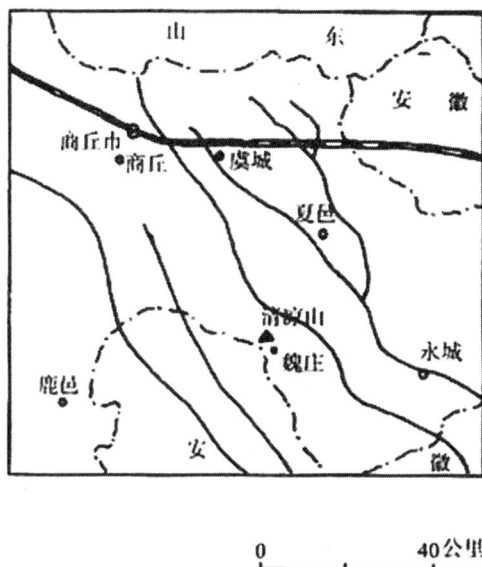

图11　清凉山遗址位置示意图　　　　图12　清凉山遗址T5西壁剖面图

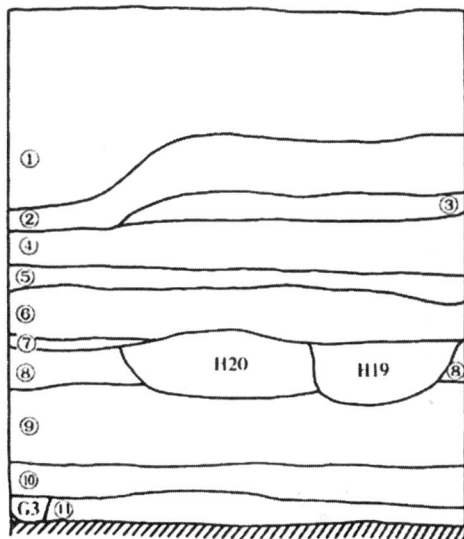

清凉山遗址殷商文化遗存有遗迹和遗物两部分：其中遗迹有灰坑、房基和灰沟，灰坑 29 个，房基 5 处，灰沟 1 条。遗物非常丰富，有陶器、陶质工具、石器、骨器、蚌器等。"清凉山遗址的商文化遗存可分早、晚二期。其中 AI、AII、AIII 式鬲，A 型盆 I,II,III 式小口瓮等属于早期；AIV 式鬲，B 型鬲，B 型甗，B 型盆，IV式小口瓮等属晚期。其年代相当于殷墟文化第一、二期。"①

夏邑县三里堌堆遗址，1989 年 1—6 月，河南省文物研究所对夏邑县三里堌堆遗址进行发掘，遗址位于夏邑县西南 4 公里，遗址面积

───────────

① 北京大学考古学系、商丘地区文管会：《河南夏邑县清凉山遗址 1988 年发掘简报》，《考古》1997 年第 11 期。

7000 平方米，为一处椭圆形堌堆状堆积。发掘面积 100 平方米，文化层厚 5 米左右，有汉、春秋、商、岳石、龙山等几个时代的地层，共发掘墓葬 7 座，房基 4 座，灰坑 63 个。墓葬属汉代，多为西汉小型墓，随葬有釜、罐等器物。房基为商代，有板筑墙和木骨泥墙，居住面有黄土硬面和烧土面。灰坑多为商代，尤以商代晚期为最多，有圆形、方形、不规则形几种。出土物以商代陶片为最多，有扁、翻……①

美籍华人张光直教授根据古籍和近代学者的考证，认为商丘是商昭明以降十三个先公先王的经营地。张光直先生确信先商文化都城或聚落即甲骨文所称的大邑商应在商丘。他认为商丘地区没有发现大的早商或先商时期遗址，可能是如有些学者所指出的，中国古代都城原本建在低平地带，由于北宋末年（或南宋初年）至清咸丰末年的黄泛，商丘一带黄沙淤泥普遍厚达十米许，故即使古代的商丘丘陵起伏，有平地有高岗，在这种地形上的城址亦尽被填平覆掩。他深知豫东的考古工作极为艰难，仍然动议与中国社会科学院考古研究所合作组成中美联合考古队在商丘进行多学科的田野调查。

张光直先生希望在中国商丘地区进行田野考察的想法得到了中国社会科学院考古研究所的支持。随后张光直所在的美国哈佛大学以该校皮保德博物馆（Peabody Museum，也有学者译为碧波地博物馆）名义与中国社会科学院考古研究所共同设立了课题组，由张光直先生本人以及中国社会科学院考古研究所张长寿先生共同担任课题负责人。

课题组将目标设定为通过田野考古手段寻找商丘地区的早商文明，故以“中国商丘地区早商文明探索”（Archaeological Investigation of Early Shang Civilization in China）作为项目名称。名称中“早商文明”（Early Shang Civilization）所指，既包括殷墟以前的早商文化，也包括

---

① 张志清：《夏邑县三里堌堆新石器时代至汉代遗址》，《中国考古学年鉴》（1990），文物出版社 1991 年版，第 212 页。

相当于商王朝先公先王时期的考古学文化。

为实现探索商丘地区早商文化的总目标,课题组决定组建多学科考察队,了解商丘地区的古地貌,找出该地区古遗址的分布规律和埋藏规律,建立完整的豫东地区考古学文化序列,最终在田野工作基础上完成对商丘地区早商文化的综合研究。张光直、张长寿分别为美、中双方领队。美方成员有 Robert Murowchick、George(Rip)Rapp,荆志淳、冷健、David Cohen、李永迪、Vincent Murphy、David Cist、Robert Regan;中方成员包括高天麟、唐际根、高立兵、牛世山、王增林、张管狮、王瑞昌。课题组在豫东地区的工作地点涉及商丘、虞城、柘城三县。1990 年春,张光直到豫东做了短暂实地考察,从而开始了中美联合在商丘地区进行早期商文明的考古调查。同年秋,美国明尼苏达大学拉普(George Rapp,Jr.)教授和荆志淳(时为拉普教授的博士研究生)赴商丘进行考察,为研究全新世地层和古地貌变迁做准备工作。1991 年夏,拉普、高天麟、荆志淳在商丘用荷兰铲作为钻探工具正式开始了地质考古调查。1992 年秋,在地质考古钻探工作的基础上,美方慕蓉捷(Robert Murowchick)、莫菲(Vincent Murphy)、雷根(Robert Regan)使用磁力仪在老南关地区开展地球物理调查。1993 年春,高天麟等在老南关村北地采用洛阳铲进行了进一步的考古勘探。1993 年秋,高天麟和荆志淳继续进行地质和考古钻探调查。

1994 至 1995 年,双方根据地质勘探和考古调查成果,选择商丘潘庙遗址、柘城山台寺遗址和虞城马庄遗址进行考古发掘,意在完善豫东地区的考古学文化序列。国家文物局随后批准课题组针对这三处的发掘申请。

潘庙遗址成为中美合作项目的首个发掘选点,是因为该遗址发现了比较丰富的岳石文化遗存,同时还发现少量比岳石文化更早的陶片。按照张光直的观点,岳石文化有可能是殷商文化的重要源头。潘庙遗址的发掘实施于 1994 年春,由张长寿、高天麟主持。唐际根、张管狮作为中方成员全程参加了发掘。美方参与过发掘的成员则有冷键、李永迪、慕蓉捷、高德（David Cohen）。

潘庙遗址除岳石文化遗存以及较为丰富的东周—西汉墓葬外，其他遗存特别是早于岳石文化的遗存并不丰富。为找到比岳石文化更早的考古学文化遗存，课题组又分别对虞城马庄遗址和柘城山台寺遗址进行了发掘。

虞城马庄遗址的发掘实施于 1994 年秋。工地继续由张长寿、高天麟主持，唐际根、张管狮作为中方成员全程参加了发掘。参与过发掘的美方成员主要有冷键、李永迪。慕蓉捷、高德（David Cohen）也曾短期参加工作。发掘期间，张光直先生在时任考古研究所副所长乌恩以及罗泰的陪同下到现场指导。

柘城山台寺遗址的发掘时间包括 1995 年全年和 1996 年春季。由张长寿、高天麟主持，全程参加工作的成员有冷键、张管狮、李永迪。中方队员唐际根参加了 1995 年春季的发掘。美方队员慕蓉捷、高德（David Cohen）也间或参加了发掘。

1994 年春发掘商丘县潘庙遗址的同时，美方队员慕蓉捷、希思（David Cist）和中方队员王增林、高立兵共同对潘庙遗址和商丘县老南关周围地区进行了地面穿视雷达的调查。1994 年秋发掘虞城马庄遗址的同时，美方队员荆志淳等继续在马庄遗址附近以及商丘老南关遗址一带进行地质考古钻探和地面雷达调查。1995 年春发掘柘城县山台寺遗址的同时，荆志淳和王增林等除在山台寺做了短期的工作外，再次在老南关进行了更深入的地质考古钻探。1996 年春，课题组扩大了对老南关一带地区的地质考古钻探范围，并于当年发现了老南关古城址；1996 年秋及 1997 年春，荆志淳、牛世山等继续进一步的地质考古钻探。1997 年秋、1998 年春以及 2000 年春对古城址进行了试掘。

中国社会科学院考古研究所与美国哈佛大学合作开展的"中国商丘地区早商文明探索"项目，是 1949 年以来第一次真正意义上的中外田野考古学合作。它在考古学术界产生了重大影响，被简称为"商丘项目"，受到广泛关注。学术界无不认为"中国商丘地区早商文明探索"是中国考古学诸多重要课题中难度最大的科研项目之一。大家对张光直晚年以病弱之躯组建队伍挑战难题充满敬意的同时，对课题结果也提出了不同评价。在部分学者看来，商丘项目并未达成最初设定的目标，留下了遗憾。然而更多学者注意到商丘项目的创造性成果。2010年，台湾历史语言研究所为纪念张光直先生，在台北举办了《东亚考古学的再思：张光直先生逝世十周年纪念学术研讨会》。会间有学者即席总结了商丘项目的多项学术成果：（1）对豫东地区的地貌环境进行了科学探索，使得学术界首次掌握了汉代以前商丘地区古人类遗存的埋藏环境与堆积特点；（2）建立了豫东地区史前仰韶时代至岳石文化时期的考古学文化序列；（3）发现了丰富的马庄文化遗存，填补了豫东地区早于龙山文化的重要史前文化空白；（4）通过山台寺遗址的发掘极大丰富了豫东地区龙山文化的内涵；（5）发现了宋国故城及宋人墓地。五项成果虽然都未直接涉及早商或先商文化，但为深入研究豫东地区先商和早商文化奠定了极为重要的基础。

　　商丘项目自1990年正式启动算起，前前后后延续了20余年。其中野外工作近10年，资料整理则花费了更多的时间。

　　早年王国维根据文献记载，认为商族起源地在豫东鲁西南，提出了商族起源的"东方说"。上世纪80年代，邹衡在"商汤居郑亳"的基础上，提出商族起源于"豫北冀南"。两相比较，王国维的"东方说"缺少考古资料支持，邹衡的"豫北冀南说"则主要基于郑州商城为基础的商王朝物质文化，因而邹衡的观点在中国国内越来越受到重视，王国维的观点则逐渐退居次位。但单纯从文献角度看，王的观点却又不能忽略。究竟是豫东地区没有商族起源的考古资料，还是学术界没有找到这一地区的考古资料？张光直认为是后者。在他看来，豫东地区的埋藏环境影响了该地区的考古工作。他坚信通过田野调查和发掘，最终可以在豫东地区找到与商族起源相关的考古资料。正是在这种背景之下，他提出了"中国商丘地区早商文明探索"的课题。

课题自 1990 年启动，直至 2000 年项目组终结豫东考古活动，商丘项目受到广泛关注。

经过多年的勘探，项目组确信，商丘地区的黄泛沉积主要源于 12 世纪初（北宋末、南宋初）至 19 世纪中叶（清咸丰年间）的七百余年间。这一时期黄河改道南流由淮入海，商丘及其邻近地区屡遭泛滥，堆积了很厚的泥沙，地貌景观的变迁甚为可观。但汉代以前，商丘地区的地貌远非今日面貌。以两周时期为例，商丘的平地上建有面积超过 10 平方公里的宋国都城，宋都附近的台地上则散布着当时的墓地。由此看来，过去历次考古调查发现的零星分布的"堌堆"遗址（许多调查者认为古人依自然岗丘营建而居，因而"堌堆"遗址的分布便是古代聚落格局的客观反映。然而我们调查发现，绝大多数"堌堆"遗址乃人工堆积而成，这些"堌堆"大多经过多个时代的居住。史前堌堆高地多阶段承袭利用，是否一定反映了对自然环境的适应，或者仅仅是人类社会行为的简单反映，值得研究和探讨。人类聚落行为是社会组织结构、生产技术、宗教信仰以及自然环境综合的结果，因此古代聚落格局是因时而变的，并且在同一时期可能会有不同的聚落方式，这要求我们从动态的角度去理解和解释古代聚落的分布和发展）并不能真实反映当时人类聚落的基本模式。人们除了分布在相对较高的台地上外，平地很可能还有更大型的居民点。因而"堌堆"遗址很可能是史前人类聚落的一种扭曲的反映。现今所知道的以"堌堆"为主体的遗址分布格局在很大程度上是考古调查受到自然环境影响的结果①。

商丘项目（"豫东计划"）虽然没有找到大型"先商文化"或"早商

---

① 荆志淳、George Rapp Jr、高天麟：《河南商丘全新世地貌演变及其对史前和早期历史考古遗址的影响》，《考古》1997 年第 5 期。

文化"遗址，但"'豫东计划'的成果填补了'商研究'和中国文明起源研究的资料空白"①。

　　商丘项目课题组在商丘地区长达数年的田野考古活动的确未能找到年代与郑州商城或者略早于郑州商城时期的大型遗址，或者说没有发现可以确认为早商或先商时期与商族起源直接相关的大型聚落。通过调查和发掘建立起来的豫东地区考古学文化编年表明，豫东地区的殷商文化和先商文化，与殷商文化核心郑州地区的发展步调并不完全相同。二者间的对应关系可表述如下：

郑州地区	豫东地区
先商（以洛达庙遗址代表）	岳石文化
早商（以郑州商城为代表）	岳石文化
中商（以洹北商城为代表）	岳石文化
晚商文化（以郑州人民公园殷遗存为代表）	殷商文化

　　从考古学文化面貌上看，豫东地区相当于先商和早商时代，的确没有典型的殷商文化，当地的岳石文化一直沿续到中商时期。直到中、晚商之后，殷商文化才取代豫东地区的岳石文化。这一点，过去曾有多位学者指出②，我们的工作，仅仅是再次验证了豫东地区岳石文化与殷商文化的交替关系。令人沮丧的是，即使是张光直先生推测有可能作为商族"统治者"来源的岳石文化，也未见到大型聚落。这样的结果对于将目标设定为"寻找早商或先商遗存"的课题组来说，显然非常遗憾。

---

① 中国社会科学院考古研究所、美国哈佛大学皮保德博物馆编著：《豫东考古报告》，科学出版社 2017 年版，第 350 页。

② 见宋豫秦《论鲁西南地区的商文化》，《华夏考古》1988 年第 1 期；宋豫秦《现今南亳说与北亳说的考古学观察》，《中原文物》1991 年第 1 期，郑州大学文博学院、开封市文物工作队编《豫东杞县发掘报告》，科学出版社 2000 年版；北京大学考古学系、商丘地区文管会《河南夏邑清凉山遗址发掘报告》，《考古学研究》（四），科学出版社 2000 年版。

　　然而，中美合作开展的豫东考古的意义，不能简单以是否找到早商或先商文化遗址来判断。确认豫东地区殷商文化与岳石文化的交替关系，本身即具有重要的考古学意义。但这只是问题的一个方面，从更为宏观的角度看，豫东考古的意义，本身远远超出殷商文化研究的范畴。

　　以当前正在进行的中国文明起源研究为例，研究中国文明起源，需要考察中国文明的源头、形成过程以及内涵特点等。实现这一研究目的，显然要求对整个中国境内，尤其是黄河流域、长江流域各地的区域文明有比较全面的掌握和比较系统的认识。按照探源工程的总体研究思路，也是按照在区域文明或文化的基础上整合研究以求得对中华文明形成的整体理解的。

　　但实际情况是，中国各地的考古调查与发掘工作并不平衡。局部地区考古工作较多，资料比较丰富，学术界对这些地区的古文化认识也相对比较充分。但有的地方，甚至是很大的范围内，我们对文明形成之初和形成过程中的地下遗迹遗物情况相当不清楚。

　　豫东地区正是这种情况，这一片地区正是所谓的"黄泛区"。公元前8000年至前1000年前正是中华文明形成发展的关键时期。但长期以来，学术界对这一时段的"黄泛区"内的遗迹情况仅限于部分"堌堆遗址"。这主要是受该范围内地下水位较高，而古遗址埋藏较深，无法开展考古工作等条件制约所造成的。

　　豫东的重要性，可以从公元前1000年以后的历史中窥视。春秋时，地处豫东的宋国曾经雄霸诸侯，一些历史学家将宋国列为"春秋五霸"之一。宋国故城的发现，证明春秋、西周甚至更早的时候，豫东地区确属可以承载大国之地。西汉初年晁错削藩时，地处豫东的梁孝王几乎以一国之力抗击叛乱的东方诸国，可见西汉时梁国尚是发达的强国。

　　商丘项目发现的考古资料，例如马庄遗址第五层史前文化的考古资料，对于认识中国文明起源具有填补空白的意义。

　　以商丘潘庙、虞城马庄和柘城山台寺三处遗址的发掘为基础，结合豫东地区其他考古工作的成果，课题组建立起该地区史前仰韶时代至岳石文化时期之间的考古学文化序列。

马庄类型史前文化（马庄）；

龙山文化（山台寺、马庄、潘庙）；

岳石文化（潘庙、山台寺）；

大约在中商时期，岳石文化过渡到殷商文化（山台寺、马庄、孟庄遗址）。

豫东史前考古学文化序列的建立，是考察和研究殷商文化的基础，更是认识史前中国的重要条件。

马庄遗址"第五层文化"具有明显的特征。碳十四测试表明，其年代大致在公元前 4000 年至前 3500 年间。

马庄"第五层文化"的基本器物群有鼎、釜、罐、钵、豆、盆，其他器类有瓶（或小口瓮）、三足盘、器盖、器座等。每种都包括复杂的形制，形成复杂的文化面貌。

马庄类型史前文化可以分为两期，前、后期的器类基本相同，但器型有一定变化。如罐形鼎和釜形鼎都由直口变为侈口。

马庄类型史前文化的重要收获是发现一批墓葬。地层关系上，属于同一墓地的墓葬，分布成四排叠葬，但随葬品却又是分开的。所有墓葬均属仰身葬，墓葬的方向都在 100 度左右。凡人架保存完好者皆直肢，推测仰身直肢葬是当时流行葬法。墓葬随葬品种类有豆、钵、鼎、石钺数种，具有比较明显的"专属性"，它们的使用，表明马庄类型史前文化已经有了相对固定的"礼制"。而作为随葬礼器的使用，当时显然实现了"食器＋酒器"的配置。石钺则可能象征特殊身份。

马庄类型史前遗存与同时期周边的考古学文化有比较密切的联系，但又不能归属于任何一种已有的考古学文化。因而它可能是相当于中原仰韶文化早期存在于豫东地区的一支考古学文化。它受到西部仰韶文化和东部北阴阳营文化的影响，与此前已经发现的鹿邑武庄一期，开封椅圈马一、二期遗存性质相同或相近。

商丘项目对山台寺遗址的发掘，使我们更加深入地认识了豫东地区的龙山文化。

山台寺遗址龙山文化的重要性，首先表现在大房子以及牛坑的考古发现。山台寺遗址发现了五间东西相连的排房房基，墙体用木骨夯土筑成，地基抹得精细光滑。房子的南边约 30 米处有一个祭祀坑，略成圆形，其中埋九头整牛和一个鹿头，有的牛已经肢解。张光直先生将牛坑与"胲作服牛"（《世本·作篇》）联系，认为牛坑的遗存或许反映了龙山文化与商文明的相关性。

山台寺遗址为豫东地区的龙山文化提供了详细的考古学文化编年，其陶器可以分为三期六段。过去发掘的王油坊的龙山文化遗存大体上相当于山台寺龙山文化的中期和晚期。如果把豫东地区几个龙山文化遗址进行比照，山台寺龙山文化无疑是最有代表性的一个遗址。它包含了早、中、晚三期遗存连绵不断的发展历程，其文化内涵包含了各个遗址所体现的龙山文化的特征。1994 年潘庙遗址南区的发掘过程中，也发现龙山遗存。这批遗存或不晚于山台寺龙山文化第一期第二段，而北区或许更晚一些，约相当于山台寺龙山文化第二期第三段或第四段。

山台寺龙山文化的年代，经碳十四测定大体在公元前 2135 年至前 1626 年间。项目组向实验室提供的是序列样品，对豫东龙山文化的年代学研究是重要推进。

商丘项目发现的岳石文化遗存，主要来自商丘潘庙遗址。山台寺遗址也有少量岳石遗存。

潘庙遗址的文化序列是：马庄类型—龙山文化—岳石文化。其岳石遗存因陶片破碎，难以分期。与其他地区岳石文化比较，其年代至少延续到了二里岗下层时期，甚至不排除晚到中商二期[1]。潘庙遗址岳石文

---

① 唐际根：《中商文化研究》，《考古学报》1999 年第 4 期。

化的面貌，与北京大学发掘的夏邑清凉山遗址岳石文化面貌相似。清凉山遗址的岳石文化中，也发现一部分与下七垣文化和二里岗期殷商文化相似的遗存，如夹细砂薄胎绳纹鬲、绳纹盆和厚唇盘。看来，豫东地区岳石文化的终结年代晚至二里岗阶段已经没有什么疑问了。换句话说，豫东地区自二里头文化时期至商代二里岗阶段一直是岳石文化分布区。

深刻认识岳石文化在豫东地区的延续与分布，特别是这支文化与典型中商文化与晚商文化的关系，是寻找和定义早商文化和先商文化的重要前提。

宋国是春秋时期的大国。长期以来，我们对宋国的了解仅限于《左传》等历史文献。对于同时期大国如晋、秦、齐、鲁、楚、吴、越，20世纪的考古学均提供了丰富的地下资料，都城、墓葬、手工业作坊几乎一应俱全。然而宋国由于地处黄泛区，其遗迹和遗物长期湮埋在地下。20世纪90年代以前史学界编写的宋国史，极少有考古资料可供利用。商丘项目发现的宋国故城以及潘庙宋国墓地，是东周考古的重大发现。

1996年春，中美双方对老南关周围地区进行大规模的地质考古钻探，最终在商丘老南关钻探出一座古城。

古城呈平行四边形，方向北偏东24度（依东、西墙测量），面积为10.2平方公里。其东南角、西南角和东北角都为弧形。城墙上共发现五处缺口，其中南北墙各一处；西墙三处，应是城门所在。

发掘与钻探表明，城墙的主体是东周时期的，可确定系春秋时期的宋国故城。但城墙下部最早的墙体年代很可能早到西周或者更早。参考鹿邑长子口大墓的发现，这座古城很可能与商王朝末年微子封宋有关。

1994年发掘的东周—西汉墓地，是商丘项目意料之外的一项成果。这是豫东地区首次发掘东周—西汉墓。其中部分墓葬与春秋、战国时期的宋、魏两国有关，属宋、魏两国的墓葬。

潘庙发掘的这批墓葬共43座。这批墓葬有理想的地层关系，而且随葬品十分丰富，为豫东地区东周—西汉墓的分期提供了良好的基础。

分析表明，潘庙墓地的东周—西汉墓可分为五期六段，是一处以春秋中期偏早阶段历经战国直至西汉初期的墓地。不同时期的随葬品组合情况如下：

第 I 期（春秋中期偏早阶段）：唯一有随葬品之墓为"单罐组合"。

第 II 期（春秋晚期或春秋战国之际）："鬲盆豆罐"、"鬲盆豆"和单壶。

第 III 期（战国早期）：流行"单罐组合"。

第 IV 期（战国晚期）：流行"鼎、盒、壶"组合。

第 V 期（战国末至秦汉）：空心砖和小砖开始用于修建墓室，罐和壶成为常见的随葬品。

潘庙东周墓地的形成过程中，出现有多组并排葬入，而且下葬时间基本接近的成对存在的"对子墓"。这种"对子墓"很可能是当时家族墓地的反映，证明潘庙墓地是一种基于亲属关系的"宗族墓地"。

公元前 287 年起，齐国即图谋伐宋[①]，前 286 年宋亡。齐灭宋后，宋地为魏所得。魏在所得地设置大宋、方与两郡，并指其大宋郡系以宋的旧都睢阳（今河南商丘南）为中心。如此，潘庙一带必属魏郡无疑[②]。中原地区东周墓，战国早期流行的是"鼎、豆、壶"组合，与潘庙战国早期墓葬的组合不同。看来宋国被击灭以前，曾有自身独特的葬俗。

宋国故城发现的另一个意义是，它有可能使两周时期豫东地区的古遗存与商王朝更紧密地联系起来。试掘表明，宋国故城 C 块夯土的年代至迟可以到西周初年，甚至不排除商代的可能。考虑到鹿邑长子口墓的发现，这座年代有可能早到西周初年的古城，或即文献记载中的微子封宋所在。这也是为什么我们将该座古城称为"老南关古城"的原因。因为宋国很可能只使用了该座城址的某一个时段，宋国故城固然重要，但它并不能代表古城的全部。

豫东的田野考古成果，使得中美合作商丘项目将载入中国考古学发

---

①② 杨宽：《战国史》（增订本），上海人民出版社 1998 年版，第 388 页。

展的史册。然而科学研究常常是漫长的过程。毋庸讳言，关于豫东地区早商文化与先商文化的问题，商丘项目未能给出答案。豫东地区史前文化的考古学序列，仍然有不够细密之处。例如马庄第五层遗存之上叠压的是龙山文化，但二者间显然存在时间缺环。属于该时间缺环内的遗址，需要在豫东地区进一步寻找。马庄遗址发掘过程中，我们注意到遗址的 5D 层下还有地层堆积，有理由相信，未来我们将发现比马庄类型史前文化更早的考古学文化 [①]。

　　继中美联合考古队之后，郑州大学历史学院考古系组织研究生田野考古实习，来商丘进行考古调查。"2002 年 11 月 7 日至 12 月 6 日，郑州大学历史学院考古系为进一步了解商丘地区夏商时期考古学文化的

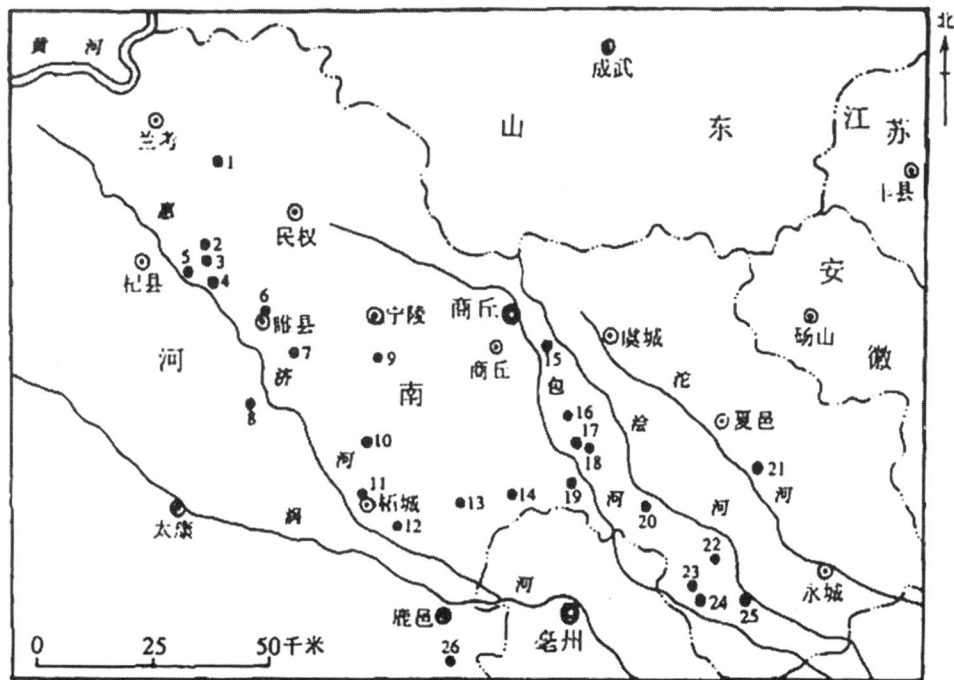

图13　商丘各县古文化遗址分布示意图（2002年郑州大学调查）

[①] 摘自中美联合考古队中方队员唐际根博士为商丘博物馆展厅陈展布置所撰写的中美联合考古队在商丘的考古调查钻探发掘材料。经他本人审核同意摘引，特此说明。

面貌与特征，特别是先商文化和岳石文化在该地区的分布状况，同时结合学术界久讼不决的'南亳'问题的考察，在陈旭教授指导下，作为研究生田野考古实习，我们对以往该地区调查或试掘过、且面积较大有调查价值的 24 处新石器至夏商时期遗址进行了重点复查。（图 13）调查结果表明，24 处遗址中包含有仰韶文化遗存者 3 处，大汶口文化遗存 5 处，龙山文化遗存 23 处，岳石文化遗存 9 处，先商文化遗存 5 处，早商晚期（指白家庄期）遗存 6 处，晚商遗存 18 处以及东周至汉代遗存 22 处（表 3）。"[1]

表 3　商丘各县古文化遗址统计表（2002 年郑州大学调查）

县名	遗址名称	代号	仰韶	大汶口	龙山	岳石	先商	早商（晚期）	晚商	其他
永城	洪福			✓	✓					✓
	赵庄			✓	✓					
	明阳寺			✓		✓				✓
	造律台								✓	
夏邑	蔡楼				✓				✓	✓
	马头			✓	✓	✓		✓	✓	✓
虞城	马庄		✓						✓	✓
	杜集		✓			✓			✓	✓
	营廓寺				✓				✓	✓
	魏堌堆				✓				✓	✓
商丘	平台寺				✓	✓				✓
	半塔		✓		✓				✓	✓
宁陵	丁堌堆				✓					✓

---

[1] 郑州大学历史学院考古系：《豫东商丘地区考古调查简报》，《华夏考古》2005 年第 2 期。

（续表）

县名	遗址名称	代号	仰韶	大汶口	龙山	岳石	先商	早商（晚期）	晚商	其他
柘城	史堌堆				✓		✓		✓	✓
	高庄				✓					✓
	老君堂								✓	✓
	旧北门				✓	✓			✓	✓
睢县	襄台				✓			✓	✓	✓
	犁岗				✓				✓	✓
	乔寨				✓				✓	✓
	周龙岗				✓		✓	✓	✓	✓
民权	吴岗				✓	✓	✓	✓	✓	✓
	李岗				✓	✓		✓	✓	✓
	牛牧岗				✓	✓		✓	✓	✓
合计	24		3	5	23	9	5	6	18	22

第二节　重要考古发现与研究

商丘境内殷商文化比较重要的考古发现有：柘城李庄遗址、柘城孟庄商代遗址、夏邑清凉山遗址、三里堌堆遗址。

李庄遗址，又名山台寺遗址，面积 2.18 万平方米。位于柘城县申桥乡李庄村北，1971 年发现，1985 年正式定名为李庄遗址，2006 年被国务院公布为全国重点文物保护单位。遗址原为高出地面的堌堆，顶部建有寺庙。

1995 年 4 月至 1997 年 6 月，中美联合考古队对该遗址进行了考古发掘，发掘面积 398 平方米，发掘成果显示李庄遗址主要为河南龙山文化晚期和岳石文化遗存。李庄遗址文化层厚约 4 米，文化遗存有东周、商代晚期、岳石文化、龙山文化，尤以龙山文化遗存最为丰厚。龙山

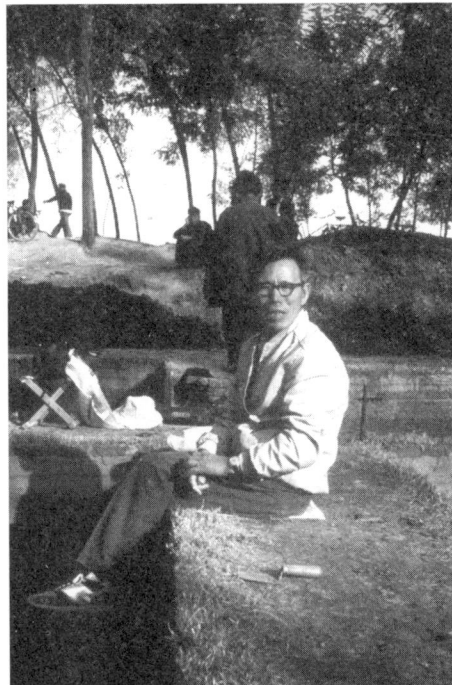

图14　中美联合考古队工作照

文化遗迹中有较大夯土台基，房址有圆形、方形和长方形多种，其中以 F2 的五间排房最为壮观；发现牛坑一座；清理水井一座，井口的四角上各有一个柱洞，表明井口之上原先或许盖有锥形井亭之类的建筑；灰坑 68 座，形制有方形、圆形和不规则形等几种；不完整的木栅栏遗址一座，由 23 个小柱洞连成一段弧线，中间有一宽约 2.5 米的豁口。此外，还清理残窑一座，灶址 2 处。

李庄遗址一个比较重要的发现是在一座五连间排房房基南约 30 米处发现一座圆形祭祀坑，坑内共埋有九头整牛和一个鹿头，这是迄今所见龙山文化时期埋牛最多的特例。（图 15—16）用牛祭祖是商民族的习俗，殷商考古的遗址里常有祭牛的遗迹，牛是大牢（"牢"是关牲畜的圈栏，古时人们把祭祀燕享时用的牲畜叫作"牢"，祭祀时并用牛、羊、猪三牲的叫作"大牢"，也称"太牢"。太牢用于隆重的祭祀，按照古礼规定，一般只有天子、诸侯才能用太牢），一个祭祀坑埋九头牛，表明祭祀的重要及祭祀者的地位非同一般，龙山文化遗址的这个发现是没有先例的，它或许说明龙山文化的一支与其他地方的龙山文化的发展平行，在豫东发展出来由山台寺可以代表的一支特殊的晚期龙山或岳石文化，它就是殷商文明的前身。

李庄遗址新石器时代文化遗存丰富，对于探索和研究豫东地区新石器时期文化发展序列提供了珍贵的实物资料，具有很重要的学术价值。在很小的发掘范围内（不足 400 平方米）清理出大型夯土台基、圆形、方形、长方形不同形式的建筑，主要是还有五间连建的排房、祭祀牛坑、带有亭子的水井，这些发现表明这里应该是当时一处非常重要的聚落遗址，居住者的身份也非同一般，是寻找先商城址的重要线索①。

孟庄遗址，又称心闷寺遗址，位于河南省柘城县岗王乡孟庄村北侧，蒋河南岸。据光绪《柘城县志》记载，土岗上曾有唐代和清嘉庆年间

① 张长寿、张光直：《河南商丘地区殷商文明调查发掘初步报告》，《考古》1997 年第 4 期。

图15　李庄遗址龙山文化房基

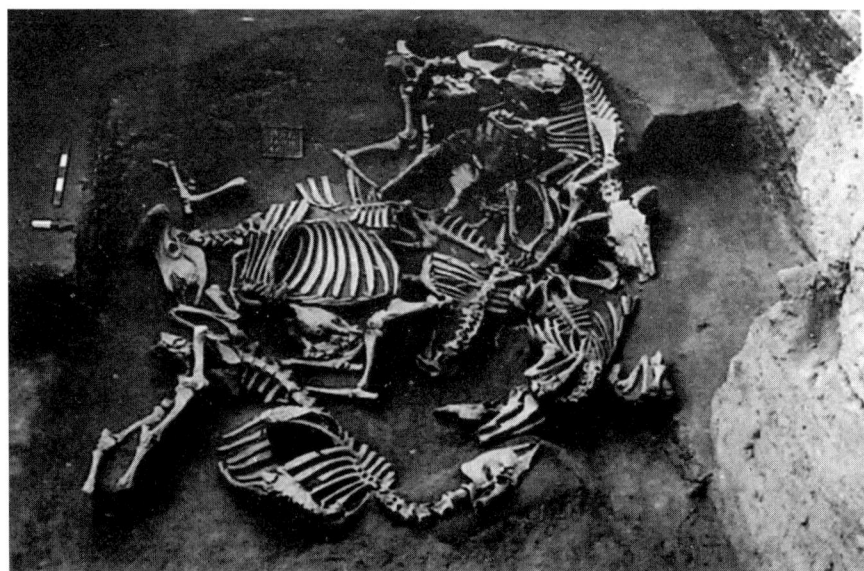

图16　李庄遗址龙山文化祭祀牛坑

两度重修的心闷寺。1961 年文物普查时发现，1976 年被公布为县级文物保护单位，1986 年公布为省级文物保护单位。

遗址平面呈长方形，南北长 280 米，东西宽 110 米，面积约 3 万平方米。柘城至太康的公路从遗址中部穿过，将遗址分成南北两部分。1976 年冬，中国社会科学院考古研究所河南一队在商丘地区文管会、柘城县文物部门配合下对遗址进行考古调查，于 1977 年 5 月，由中国社会科学院考古研究所河南一队和商丘地区文管会联合在遗址北部进行了考古发掘，发掘面积为 400 平方米，发现了丰富的商代二里岗上层时期的文化遗存。

1977 年的考古发掘发现了商代窑址 1 座、冶铸作坊 1 处、窖穴 22 座、房基 8 座、墓葬 7 座、灰坑 3 个，发现 1 处规模较大的夯土台基，残存面积约 250 平方米。在孟庄村和公路之间钻探发现两处夯土台基和异常密集的灰坑，以上现象表明这个商代遗址范围较大且内涵丰富，当属于商代的一个重要居住地。

孟庄遗址共发现房基 9 座，分三类。第一类有 2 座，这类房子是先在地面上夯筑一个台子，然后在夯土台上建造泥墙房屋，其中 F1—F3 保存完整（位于第二地点）。夯土台平面呈长方形，台底略大，底东西残长 14.1 米，南北宽 7 米；台面东西长 13.4 米，南北宽 5.2 米，面积 69.68 平方米。夯土台除西边外，东南北三面为斜坡，当散水使用。在夯土台上是三间为一组的排房建筑，三间房屋紧密相连，两间之间共用一个墙壁，房与房之间室内无相通的门道，中间一间（F2）面积大而高，两侧两间（F1、F3）面积小而低，是东西对称的偏房，或称耳房；排房坐北朝南，以中间房东壁为准，方向南偏西 3°。F2 南北宽 3.3 米，东西长 5.4—5.8 米，面积约 18.48 平方米；F1 北壁长 3.2 米，南壁长 2.7 米，东壁长 2.6 米，西壁长 2.45 米，面积 7.45 平方米；F3 房内东西长 2.6 米，南北宽 2.3—2.7 米，面积 6.5 平方米。（图 17—18）其他还有平地建筑的方形和圆形房子。

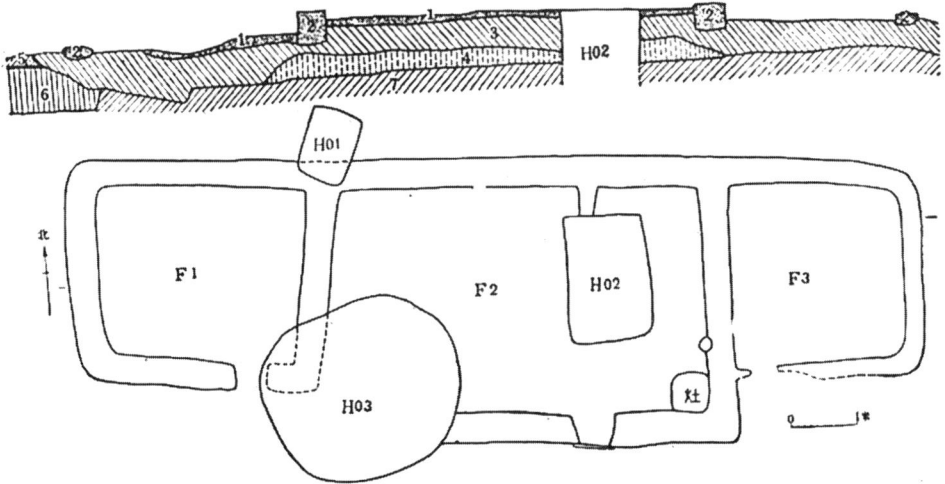

图17　孟庄遗址F1-F3平剖面图

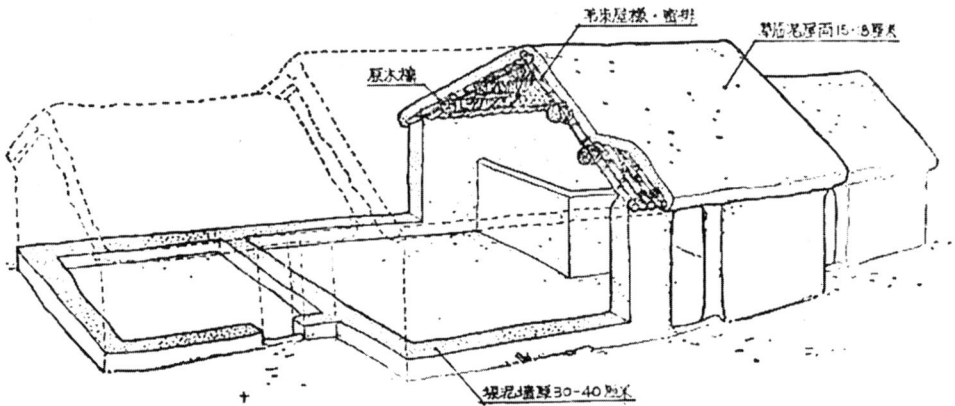

图18　孟庄遗址F1-F3复原透视图

　　根据解剖房基了解，其建筑方法是在夯土台上挖掘墙基槽，基槽挖成后，用黑色草泥土沿墙基槽往上垛成墙壁，泥墙内外壁面经过修平（20世纪七八十年代柘城农村土房也是使用这种方法建造的），墙内壁面抹一层厚 1 厘米的草泥土，表面用火烧成红色或红褐色，然后再涂抹一层黄色泥浆。

　　在遗址第二地点发现一座冶铸作坊基址和一座陶窑（图 19—20），作坊基址出土很多铸铜碎泥范和一些坩埚残片。基址房屋平面为长方形，南北长 3.6 米，东西宽 2.4 米，面积 6.24 平方米。陶窑由火膛、窑箅和窑室组成，陶窑南侧有一个圆形土坑，土坑是烧火活动和堆放燃料的"场地"。

　　商代孟庄人使用的生产工具和武器有：1. 砍伐和切削工具，器型有石斧、石锛、石凿、铜刀。2. 农业生产工具，器型有骨铲、蚌铲、石刀、蚌刀、石镰、蚌镰、角锄、角器。3. 手工业生产的工具，器型有冶铸工具坩埚和泥范、铜斝、铜爵内模；制陶工具陶压锤；制骨工具小磨石；纺织和缝纫工具石、陶纺轮、骨针、骨锥、角锥。4. 渔猎生产的工具，器形有石镞、骨角镞、石网坠、陶网坠。5. 武器，器型有铜镞、石钺。

　　使用的生活用具：1. 陶器，颜色以灰色为主，炊器类有鬲、甗、鼎、甑、圆底深腹罐；食器类有簋、豆、斝、觚、杯、钵、碗、壶、平底盘、圈足盘、小口尊、圆底小罐、浅腹盆；贮器类有尊、大口尊、深腹盆、瓮、缸。2. 釉陶，器型有尊 1 种。3. 青铜器皿，器型有铜爵。4. 骨质生活用具有骨匕。5. 编织生活用具有草鞋底，残存鞋底中段（图 21），系用四经一纬绳子穿编而成，鞋底的编织材料是树皮；蒲席，残存 30×20 平方厘米，系用三根经带和三根纬带平直相交，与平纹右织法同；绳子，直径约 1 厘米，是用两股线拧成。

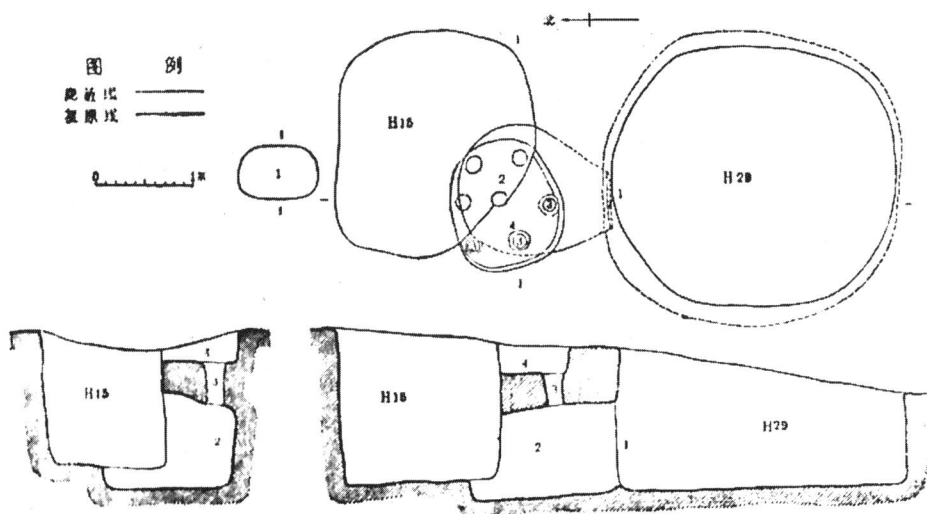

图19　孟庄遗址陶窑H29平剖面图

图20　孟庄遗址陶窑H29复原图

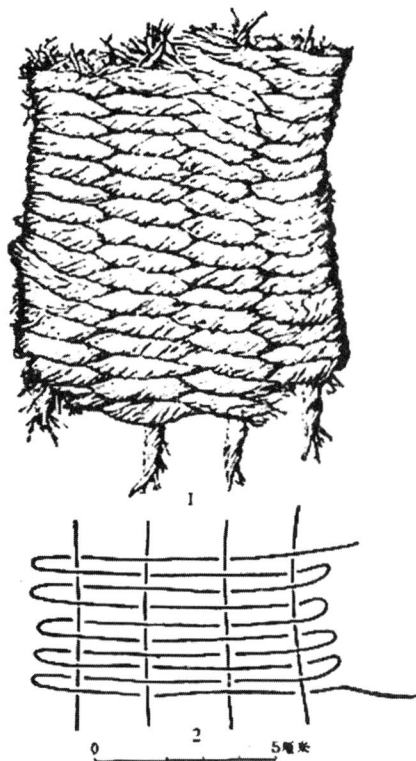

图21　孟庄遗址出土鞋底

　　使用的装饰品：发髻饰物玉笄、骨笄，佩带饰物玉璧、玉玦。

　　埋葬方式：土葬，墓坑为平面长方形，葬式为单人仰身直肢，没有发现葬具，有在死者身上撒朱砂的习俗。

　　在一处商代三间相连的排房建筑，房基下发现有一具人骨架，证实建造房屋时使用活人奠基的现象在我国至少商代前期已经存在。

　　孟庄遗址最重要的考古发现是发现了商代卜骨、陶文（图22）、鞋底等，特别是鞋底的发现，是我国迄今发现年代最早的鞋子，表明在商代前期或更早的时候就有穿鞋的习惯了。该遗址大量殷商文化遗存的发现，是商丘地区殷商文化的典型遗存，是商丘殷商文化重要分布区域的佐证，是研究殷商文化的重要材料。

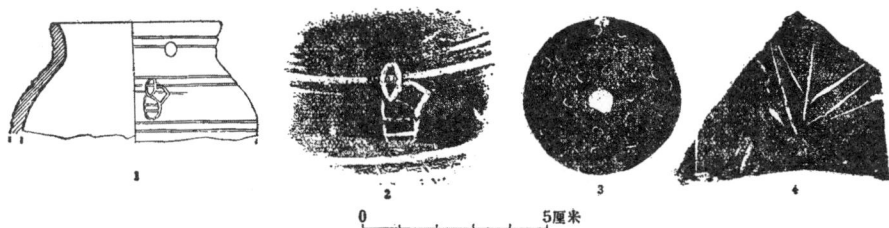

1、2.残陶罐及刻文（T1①）　3.陶纺轮（T1⑧:7）刻文　4.植物图案（H25）

图22　孟庄遗址陶文拓片

宋国故城遗址是我国历史上两周时期的宋国都城遗址，20世纪90年代中美联合考古队豫东考古调查时发现。2006年被国务院公布为全国重点文物保护单位。

宋国故城位于今商丘古城下，平面近方形，东西稍长，东墙在商丘古城东，北起东园前街，南至周台，南北长2900米；北墙在商丘古城北，西起董瓦房东至睢阳区东园街117号民宅，东西长3252米；南墙在老南关，东起周台，西至郑庄，东西长3550米；西墙南起郑庄，北至董瓦房，南北3010米，周长12920米，面积10.2平方公里，比商丘古城大近10倍。城墙为夯土筑成，城墙底部宽25—27米，顶部宽12—15米，高约10米。

城址平面形状很特别（图23），从平面图我们可以看出，四面城墙都很直，但城墙走向不是正南北，东墙西墙走向偏东北和西南，而南墙和北墙则偏东南和西北，东南角和西北角为钝角，西南角和东北角为锐角，这种城墙的定位方式值得研究和探讨。

"总体来看，西部城墙保存较好，而东部很多地段由于晚期建城没能保存下来或保存很差，西墙大部南墙和北墙西段都保存很好，城墙顶部距离地表浅处有的不到1米，宽度大都在12—15米左右。根据横穿南墙西段的地层钻探剖面分析，我们知道城内和城外东周时期的古

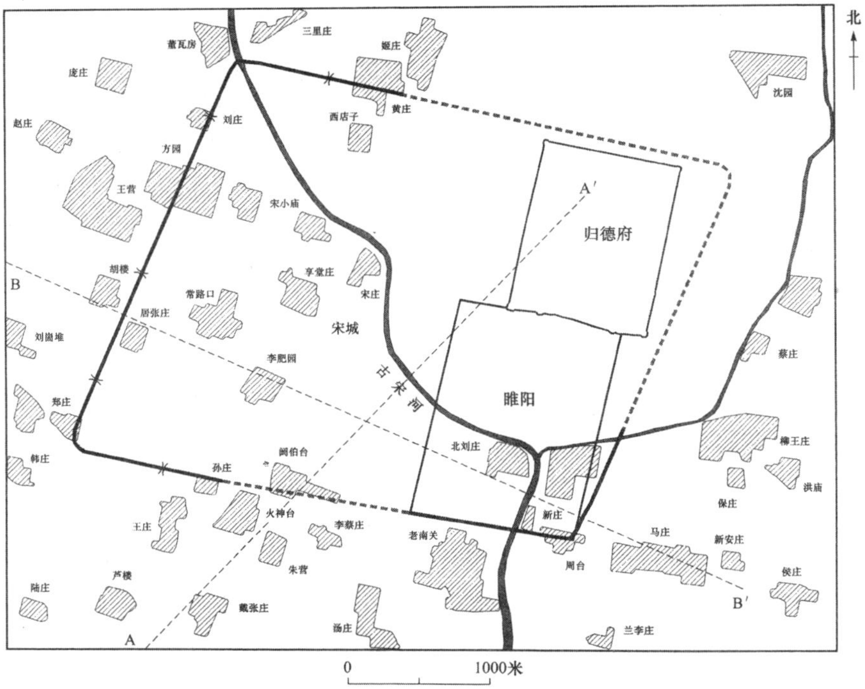

图23　宋国故城平面图

地面一般在 10 米左右，而城墙夯土的根基则一般在 11.5—12 米，这说明有 1—2 米深的基槽。另城墙外深孔钻探结果确证有城壕或城湖的存在。"① 为了解城墙的结构和年代，1997 年秋季，中美联合考古队选择在孙庄村西的南墙西段开探方 T1 对城墙进行解剖发掘，发现这段城墙由三部分不同颜色的夯土组成，第一部分浅褐灰花色夯土是在第二、第三部分夯土基础上，加宽增高修筑利用的。第二部分夯土土色呈黄褐花色。第三部分夯土土色呈深褐花色，质黏，含料礓石极少。这部分当为初始建筑的主体城墙。（图 24）

经钻探，在城墙保存较好的城址西部，包括西墙、南墙和北墙西

① 中国社会科学院考古研究所、美国哈佛大学皮保德博物馆中美联合考古队：《河南商丘县东周城址勘查简报》，《考古》1998 年第 12 期。

T1南墙西段剖面

T3西墙中段剖面

T2第三部分夯土的夯窝

图24 宋国故城城墙夯土及夯窝

段共发现五处缺口，其中南北墙各一处，西墙三处，根据缺口位置、形状和地层堆积特征，可以确定它们应当是城门。史书对宋国都城有较详细的记载，《北征记》载"（宋国城）城方三十七里，南临濊水，二十四门"，清康熙四十四年《商丘县志》引《左传》记载列举了部分宋国都城城门名称："府城"，春秋宋国城也，其城东门曰杨门、东北门曰崇门、南门曰卢门、东南门曰垤泽门、西北门曰曹门、北门曰桐门、外城门曰桑林门。

根据发掘结果判断，上述第一部分年代为汉代；第二部分夯土年代上限可能为春秋时期，下限为战国；第三部分夯土的年代下限似不应晚于春秋时期，而其上限或有可能推至商末周初。

据目前考古资料，该城始建于西周早期，使用于西周、东周（春秋战国）时期，直到公元前286年宋国被楚、齐、魏三家灭亡。西汉梁国迁都睢阳以后沿用了宋国故城城墙，作为汉代梁国都城城墙，考古发现的城墙周长与史书记载的梁孝王筑城30里相吻合。

史书记载，西周初年封微子于宋，"奉其先祀"，说明周灭商，灭国不灭族，封微子于宋地祭祀先祖，使商部族香火延续，从这个意义上讲，宋国故城便成了商人最后的城堡。公元前286年齐楚魏灭宋，三分其地，商族至此灭亡矣。宋国故城的考古发现具有重要意义，为研究和探讨两周时期的列国都城提供了宝贵材料，报告认为它的始建年代在商末周初，这为寻找商丘地区的商代城址提供了线索。

清凉山遗址位于夏邑县城西南30公里的魏庄西北，是一处堌堆形遗址，明代时曾在堌堆上建有一座规模较大的寺院——清凉寺，因此得名，现在在堌堆顶部还有几间新建的寺舍，偶有村民前去进香。遗址北有岳河故道，西南角有挡马沟流过，可见遗址上的村民还是傍水而居的，当时的环境一定是山清水秀。

清凉山遗址是1977年中国社会科学院考古研究所河南二队在豫东调查时发现的，1988年7月，北京大学考古学系为了解商丘地区夏商时期的文化面貌，对该遗址进行复查，发现有龙山文化、岳石文化和殷商文化遗物。同年 9 至 11 月对该遗址进行了为期三个月的考古发掘，发掘面积 150 平方米，发现了丰富的包含有相当庙底沟二期文化和河南龙山文化、岳石文化及殷商文化在内的不同时期的文化遗存。

庙底沟二期文化的陶器（在遗址下层，这次发现年代最早的）器型有陶鼎、陶罐、陶均鬶。

河南龙山文化的遗迹有灰坑、灰沟和残破的房基，遗物有陶器、石器、玉器、骨器、卜骨、蚌器。陶器分为生活用具、工具和装饰品，陶器类型有深腹罐、小口瓮、碗、鼎、甗（古人使用的炊具，下部 3 袋形足，盛水，上部形似罐或鬲，放置食物），还有平底盆、鬶（古人使用的酒器）、豆、大器盖。其中以深腹罐为最多，占器物总数的一半。陶制工具和装饰品有陶拍、陶模、网坠、纺轮、陶珠、陶环等；石器有石镞、石刀、石铲、石锛；玉器有玉铲 1 件；骨器有骨锥、骨簪、骨镞、骨针、骨铲、骨削、骨钻、骨凿、指环等；卜骨 1 件；蚌器有镰、刀、铲、镞。

岳石文化遗迹有灰坑和房基，遗物有陶器、石器、骨角器、卜骨、蚌器和铜器。陶质生活用具主要有盆形小盂、甗、各类夹砂罐、尊形器，次之有豆、器盖、鼎。陶质工具有纺轮和网坠；陶质乐器有陶埙，椭圆形，有孔，可以吹响，属于吹奏乐器。石器有石锛、石纺轮、半月形双孔石刀、石镞、石凿、石铲、砺石；骨角器有骨锥、骨簪、骨镞、骨网坠；卜骨 3 件；蚌器有蚌镰、蚌刀和蚌饰品；铜器有铜镞。

殷商文化遗迹有灰坑、房基和灰沟，遗物有陶器、石器、玉器、骨器、卜甲和卜骨、蚌器。陶质生活用具以鬲和甗为主，约占总数 40％左右，其次为盆、罐、豆、瓮。石器有石斧、石镞、石刀、石镰、石凿、石铲、砺石等。玉器发现玉凿 1 件。骨器有骨锥、骨簪、骨镞、骨匕、骨钻。卜甲 2 片、卜骨 13 片；蚌器有蚌镰、蚌刀、蚌锥。

那么清凉山遗址的先民们是如何生活的呢？从发掘成果看，这里最早的先民生活在相当于中原庙底沟二期时期（年代为公元前 2900—前 2800 年左右。庙底沟二期文化是从仰韶文化到龙山文化过渡阶段的遗存，属于中原地区龙山文化的早期），使用的生活用具是火候较低的夹砂和泥质陶器，陶器颜色是着色不匀的红褐色，器物表面以素面磨光为主，也有较多饰横篮纹的，器型有宽折扁足鼎、宽折沿鼓腹罐、细腰长颈高实足鬶。

龙山文化时期（距今 4200 年左右）先民生活用具主要是陶器，陶器以泥质灰陶为主，也有黑色陶器。陶器多数为轮制，制作精致。器表除素面和磨光外，纹饰有篮纹方格纹和绳纹。器类以深腹罐为主，其次为鼎、小口瓮、大器盖、甗、子口缸、子口瓮、圈足盘、平底盆、碗、鬶等。夹砂陶器壁厚，多数为手制，器形不规整，火候低，这类器物较少。生产工具有石器、骨器和蚌器等。他们的生活遗迹主要有灰坑，有少量灰沟和残破房基。灰坑为椭圆形，居住的房屋为半地穴式圆角长方形建筑。

岳石文化的先民（距今 4080 年左右）使用的生活用具是夹砂和泥质陶器，早期以泥质陶为主，晚期以夹砂陶为主。陶色以灰色为主，另有黑色和褐色，红色较少，纹饰以素面和磨光为主，有一定绳纹，还有少量附加堆纹、旋纹、彩绘等。器型以夹砂甗、罐、鼎、豆、尊形器、器盖为主，其次为各式盆、瓮等。生产工具有陶器、石器、骨器、蚌器等。主要遗迹为灰坑，发现少量残破房基（由于破坏严重，难辨房屋形状）。

夏邑清凉山遗址的发掘，为了解这一地区新石器时代至夏商时期的文化面貌提供了丰富资料。清凉山遗址发现的相当于庙底沟二期的文化遗存虽然比较少，但从文化面貌看，其与豫中地区的庙底沟二期的文化和山东大汶口文化晚期遗存均有相似的文化因素；清凉山遗址发现的龙山文化遗存与以永城王油坊为代表的造律台类型（王油坊类型）同类遗存极为相似，因此这类遗存可以归入造律台类型，它虽然属于中原龙山文化系统，但也含有相当数量与山东龙山文化相同的因素。

岳石文化的发现具有重要意义，在柘城李庄遗址也发现有岳石文化的遗迹和遗物，说明原本是东夷文化的岳石文化在夏代至商初西渐到了今商丘境内。清凉山遗址的岳石文化遗存的文化面貌与鲁西南地区的比较接近，而与胶东半岛的较为疏远，再加上该遗址龙山文化所具有的相当数量的与山东龙山文化相同的因素，以考古资料证明了这一地区是东夷文明与中原文化相互融合的文化遗存，清凉山遗址的考古发现正是夷夏文明的交融见证。

第四章　商丘商部落的居住环境与居址

第一节　居住环境

　　商丘在古代属于豫州之域，汉代以前直到北宋末年，商丘的地形地貌改变都不大。北宋末年黄河南犯夺淮入海以来，受黄河泛滥淤积的影响，商丘的地形地貌与北宋以前，特别是汉代以前有着完全不同的改变，"大约汉代前后，由于自然或人类活动的影响，淮河流域的河流冲积作用开始逐渐加快。商丘一带此时仍处在淮河水系的影响范围之内，沉积作用的加快导致成壤作用的减弱，地貌的不稳定因素也随之增加。季节性的小规模洪水泛滥可能开始影响到人类的聚落活动，但是还不太可能存在大规模或灾难性的洪水泛滥，这一格局一直持续到北宋末年黄河南流入淮。这个阶段平原上沉积的速度每年平均只有2—2.5毫米，1200年间沉积不到2.5米……北宋末年，黄河开始南流会淮入海，以后的700年间黄河频繁的改道、决溢和泛滥彻底改变了商丘一带自然和文化的地貌景观。短短700年间，在老难关一带至少堆积了8—11米的黄泛沉积物，每年的平均加积高达11—15毫米。"[①]

　　商丘在我国商代及其以前的气候和地形地貌完全不是现在的样子，考古资料显示，商丘在我国新石器时代仰韶文化时期就有人类居住，气

---

① 荆志淳、George Rapp Jr、高天麟：《河南商丘全新世地貌演变及其对史前和早期历史考古遗址的影响》，《考古》1997年第5期。

候温暖湿润，"民权县在仰韶文化时期属温暖湿润期，生活在浅水中的
水生生物较多。龙山文化晚期曾因雨水过大遭到特大洪水的淹没。夏商
时期，这一地区仍较温暖"①。在 1976 年调查的基础上，中国社会科学
院考古研究所河南二队在商丘地区文物管理委员会的配合下，1977 年
春对永城王油坊遗址进行了考古发掘，这次发掘意义重大，主要表现
在这样几个方面：第一，这次发掘是商丘地区有史以来以第一次科学的、
大规模的考古发掘；第二，第一次发现堆积深厚、文化内涵极为丰富的
新石器时代龙山文化遗存；第三，在同类古文化遗存中，因为发现较早，
具有代表性，被命名为"河南龙山文化王油坊类型"；第四，科学研究
较多，其中，北京大学李伯谦教授专文论述了这类文化遗存的族属问题，
他认为王油坊（造律台）类型文化是有虞氏创造的文化，在学界影响
较大。

　　王油坊遗址发掘报告认为，通过这次发掘和初步研究，王油坊遗
址有一些值得注意的现象，其中"这里的石器少而蚌器、骨角器较多，
特别是蚌刀、蚌镰尤多，鹿角锄也有一定数量。捕鱼工具陶网坠很多，
在 T26 ④ 层中一个小坑内，整整齐齐堆放着 164 个陶网坠。坑内堆积
有大量的螺壳、蚌壳（以丽蚌为主）以及较多的鱼骨（据鉴定有鲤鱼、
青鱼、草鱼、鲫鱼、黄鳝鱼等）和鹿角（以麋鹿为主）……证明当时这
里气候温润，草木丰茂"②。王油坊遗址为堌堆遗址，北临龙兴渠，东距
浍河 250 米。这一带古文化遗址分布密集，王油坊遗址东约 3 公里为
造律台遗址，东南 1 公里为姜堌堆遗址，西约 3 公里为黑堌堆遗址，稍
远还有肖竹园、红云寺等遗址，说明这一带在古代是人烟比较稠密之地。

　　1988 年 7 月，北京大学考古学系为了解商丘地区夏商时期的文化
面貌，在商丘地区文物管理委员会的配合下，由李伯谦教授带队，对

---

① 郑州大学历史学院考古系、张国硕、赵俊杰编著：《民权牛牧岗与豫东考古》，科学出版社
　2013 年版，第 5 页。
② 中国社会科学院考古研究所河南二队、河南商丘地区文物管理委员会：《河南永城王油坊遗
　址发掘报告》，《考古学集刊》第五集，中国社会科学出版社 1987 年版，第 118 页。

夏邑清凉山遗址进行复查，发现该遗址除包含有龙山文化遗存外，还有岳石文化和殷商文化遗存。同年 9—11 月，对该遗址进行考古发掘，发掘面积 150 平方米，发现了丰富的包含有相当于庙底沟二期文化和河南龙山文化、岳石文化、殷商文化在内不同时期的文化遗存。清凉山遗址也是堌堆遗址，北临岳河故道，西南有挡马沟，分布于近河地带。清凉山遗址岳石文化和殷商文化遗存中均发现大量蚌器，有蚌镰、蚌刀、蚌饰品，说明该遗址当时气候也是温暖湿润。

　　中国社会科学院考古研究所河南一队在商丘地区文物管理委员会的配合下组成考古队，在 1976 年冬季调查的基础上，1977 年春对柘城孟庄商代遗址进行考古发掘，发掘面积约 150 平方米。遗址北靠蒋河，南距小洪河 4 公里，北距浍河 2.4 公里，也是一处近河遗址。

　　综合商丘地区目前考古发现的早于夏文化、先商文化的龙山文化或年代相当于先商时期的岳石文化、孟庄遗址殷商文化，均发现大量蚌壳工具和捕鱼工具，说明夏商时期商丘一带气候温暖湿润，有大量水生物存在。从遗址本身看均是堌堆遗址，文化层堆积深厚，证明了当时的人们择高地而居，随着居住时间的延长，居住遗址逐步抬高，形成了我们现在看到的堌堆遗址。从遗址周边环境看，当时的人们仍然是在近水（河流）的高地上居住。1936 年李景聃一行来豫东考古调查，发现的几处先秦时期的古文化遗址也是分布在浍河沿岸，"浍河就是《水经注》上的涣水，现今浍河经安徽宿县境内尚有临涣集可证，'涣水中经亳城北，东经谷熟城南……又东经酂县城南'"[①]。这些都证明夏商时期生活在商丘的先民们，选择在近水的较高处居住，当时气候温暖湿润，草木茂盛，浅水处水生物丰富。王油坊遗址出土大量捕鱼网坠，说明当时的人们除了从事农业外，也从事狩猎和捕鱼。随着时间的推移，一代又一代的先民们在居住的遗址上留下了不同时期堆积深厚的

---

① 李景聃：《豫东商丘永城调查及造律台、黑堌堆、曹桥三处小发掘》，《考古学报》1947 年第 2 期。

文化层，这为我们探索先民们的经济、社会、文化等提供了宝贵的物质条件。考古发现与研究表明，在豫西晋南夏王朝重要的活动区域，与之对应的文化遗址也分布在近河地带，"推测晋南一带是夏的重要统治区域。相应的考古学文化，在豫西有二里头类型文化，在晋南有东下冯类型的二里头文化。前者的考古遗址已发现 80 余处，主要分布在黄河中游南面的伊、洛二水间洛阳平原，以及汝、颖上游的河谷地带。后者的考古遗址约近 50 处，分布在汾河下游涑、浍二水一带的河谷盆地。居址的环境选择大都位于靠近水源的河边台地或缓坡上，自然地理条件甚优，这与此前的原始聚落择取环境并无根本性区别"[1]。几与夏王朝相始终的商人从始祖契被封于商起，就立足在今豫东、鲁南及鲁西南、冀南一带，选择在近水易于农耕的地段建立聚居点。随着商族改造自然能力的加强以及活动视野的开阔，他们经常迁移活动地点，史载商人"不常厥邑"，"自契至成汤八迁"，《诗经·商颂·长发》载"相土烈烈，海外有截"，由此可见，当时商人迁徙的范围是很大的，居住环境的局限是导致商人屡迁的主要原因。

第二节　居住遗址

商丘关于先商、殷商文化的遗址目前考古发现不多，特别是经过考古发掘的地点更少，但结合全国先商、殷商文化的考古发现及研究情况，可以对商人的居址等情况做一个比较清晰的描述。

一　房基、窖穴与窑址

在讨论殷商文化的居址情况之前，我们先看看早于殷商文化时期生活在商丘境内的原始居民们的居址情况。这一时期的原始居民主要是

---

[1] 宋镇豪著：《夏商社会生活史》，中国社会科学出版社 2007 年版，第 13 页。

仰韶时期、相当于庙底沟二期（是仰韶文化向龙山文化过渡的一种文化类型）、龙山文化以及与先商文化年代基本相当的岳石文化、下七垣文化时期的居民。目前除龙山文化外，其他文化遗存都是些零星发现，居址情况的资料太少，无法进行综合研究，在已经进行考古工作的龙山文化遗存中，地层堆积厚、出土物丰富的遗址当以永城王油坊遗址龙山文化遗存为代表。下面首先介绍一下王油坊遗址等几处龙山文化的房基、窖穴与窑址情况。

（一）王油坊遗址等几处龙山文化的房基、窖穴与窑址

1977 年发掘的永城王油坊遗址，主要是龙山文化遗存，分为上中下三层，碳十四测定（经树轮校正）上层为公元前 2300 年左右，有的更晚一些；中层为公元前 2400 年左右；下层为公元前 2500 年左右。王油坊遗址东西及南北皆长约 100 米，现存文化层厚 3 米，作为龙山文化遗址，其面积是很大的，两次发掘共发现比较完整的房基 20 座，灰坑 44 个，石灰窑 3 座。

永城王油坊遗址下层房基多被破坏，保存完整的不多。房基的土质较硬，房屋形状有圆形和方形两种，室内居住面皆为白灰面。在 T29 第 4 层有一东西向的墙，长 7 米以上，宽 20—25 厘米，残高约 50 厘米，墙的中部南侧及附近的居住面被烧成红色。居住面上有三个圆形直壁小坑（坑径 30 厘米，深约 25 厘米），坑壁被烧得光滑而坚硬，墙北侧有范围很大的白灰面。F9，位于 T12、15 第 4 层，平面近方形，半地穴式建筑，南北长 2 米，东西宽 1.8 米，室内居住面为白灰面，墙为黄褐土，残高约 12 厘米，未见门。F10，被 F9 所压，平面近平行四边形，半地穴式建筑。室内东西长 3.7 米，南北宽 2.7 米。墙和门的情况同 F9，残高 20 厘米。居住面为厚约 1 毫米的白灰面，在中部偏西处有一处范围不大的红烧土。F11，位于 T7 第 6 层，平面椭圆形，地面建筑，室内东西长 3.26 米，南北残存长 3.25 米。墙是青硬土筑成，残高 26—30 厘米，宽 22 厘米左右。居住面为白灰面，极为平整，东部较西部高

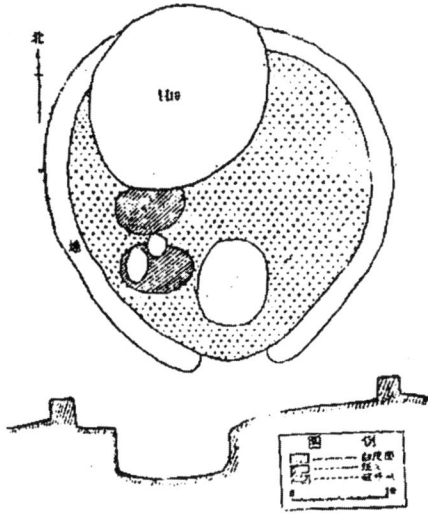

图1　王油坊遗址F11（下层）平剖面图　　图2　王油坊遗址F12（中层）平面图

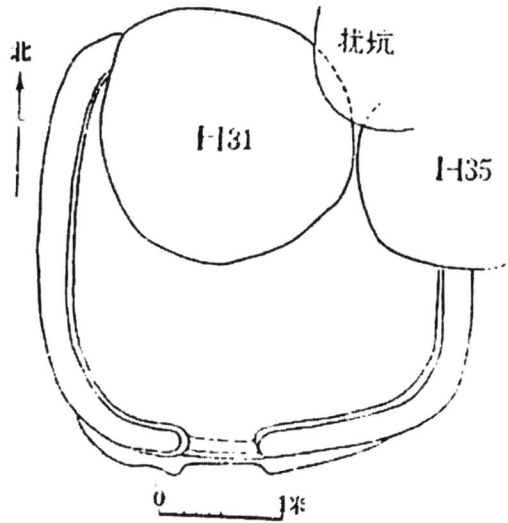

出20厘米，西部有两块红烧土面。白灰面敷在一层草泥土上，南墙有门，门宽70厘米。室外贴墙处有一斜坡，当系加固墙基和做散水之用。（图1）F11上有五层房基（分属上、中、下三层）。

　　中层房基分布较密集，但一般较残破，有圆形和方形两种，皆为地面建筑。居住面以敷白灰面者居多，此外，还有居住面为烧土面及少数在夯土层上敷硬草泥土的，房基较完整的有F12、F15、F20。F12在T27第4层发现，平面圆角方形，东西与南北均为3.5米左右，室内2.95米左右。（图2）墙为黄草泥土层层垛成，泥土中的草长约数十厘米（似当地之槐草）。墙的筑法如现今当地农民"桑囤子"的做法（即将一束束长草和上稀泥以厚10厘米左右一层层往上垛，最后在墙内外涂稠泥），墙的里侧涂一层厚4厘米的平整的青细沙泥；墙外侧涂一层厚4—5厘米的料礓黄泥。此外，在南墙根外侧附一黄料礓土坡，也是为了加固墙基和做散水之用。残墙高约40厘米，第一层居住面以上墙高20厘米，宽25—30厘米。室内垫土分为四层：第一层，青草泥土，厚3—4厘米，在门西侧有红烧土面。第二层，黄土，厚3厘米。第三层，青沙土，厚 5 厘米。第四层，褐细沙泥土，厚 4 厘米，在门西侧有烧土面，说明 F12 至少有两层居住面，居住面北高南低，第一层居住面上，距门约 60 厘米处有一直径 11 厘米、深 24 厘米的柱洞。门在南墙偏西处，宽 56 厘米，门口有宽约 20 厘米、高约 10 厘米的门槛。从门槛的横切面看，它由三层组成，下层黄草泥土，中层青沙土，上层为厚 2 厘米的黄料礓土，此层一直向室内延伸约 1 米。门外地面，先下坡（低处低于室内地面约 8 厘米），再上坡，其上有路土。F15，在 T24 第 3C 层发现，西墙被压在 F14 的东墙下，平面长方形，室内南北长 2.35 米（东部）—2.55 米（西部），东西宽 2.1 米（南部）。墙为黄褐草泥土筑成，墙宽 25—30 厘米，残存高 20 厘米。居住面为一层青草泥土，西南部有一块东西宽 1 米、南北长 1.6 米的烧土面，其东部有一直径 35 厘米的柱洞，门在南墙东头，宽 50 厘米，有宽约 10 厘米的门槛痕。F20，在 T25 第 5 层发现，平面正方形。室内南北长 3.25 米，东西宽 3.35 米。（图 3）墙是用青硬土和褐硬土在地基上直接垒筑而成，宽 25 厘米。墙内涂一层厚约 4 厘米的黄细泥。第一层居住面以上墙残高东为 25 厘米，西为 14 厘米，南为 8 厘米，北为 18 厘米。此居住面以下墙高约 17 厘米。室内居住面共有 7 层，最上一层是白灰面，厚约 3 毫米，表面光滑平整，至墙根处再向上抹高 5 厘米。室内中间高于四周 15—20 厘米，室内偏北处有一灶。灶是在白灰面上加高 2 厘米有开

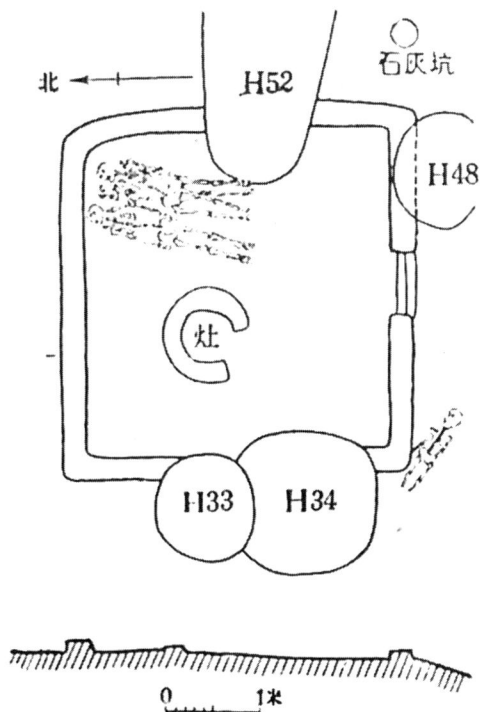

图3 王油坊遗址F20（中层）平剖面图

口的泥圈,其上面再涂白灰。灶壁宽北与东为20厘米,南与西为17厘米。灶外径南北87厘米、东西90厘米,灶面已烧成红色。第二层居住面为烧土面。第三至第七层全为白灰面,第二至第七层居住面间距分别为5、1.5、3.2、2、3.5厘米,到第七层恰与墙根平,此层白灰面往墙上抹高6厘米,第二至第七层居住面间上的烧灶有的与第一层相同,而有的无泥圈而是一片烧土。门在南墙中部,宽60厘米,门口外延有一略高于地面的门槛,为宽约10厘米的青硬土埂,门槛外附以宽10厘米的黄灰硬土。门外地面由墙根处坡下,在门口处坡度明显,门口地面有路土,路土下的底层又分数层,土质都很坚硬,它应是随室内居住面增高而增高的。F20的地基,即第七层居住面及墙基下的土层为带橙、褐、黑等色烧土颗粒的青花硬土,地基也是中间高,四周低。

王油坊遗址上层房基分布也很密集,形状有圆形和圆角方形,以前者为主。皆为地面建筑,在筑好的地基上直接起墙。墙土纯净,色偏黄。墙外多斜坡状,铺若干层料礓黄土或灰土或五花土,作为散水和加固墙基。地基层层铺筑(层厚3—6厘米),层间凸凹不平或有圆窝,有些还有草木灰或垫以长草,每层质地致密而坚硬,为较早的夯土。地基一般多用黄土、黄褐土、黄料礓土、黄草泥土、黄沙土或白沙建成。居住面多为黄草泥土,少数为白灰面,居住面为数层。室内有与居住面相平或略高于居住面的烧土或烧土面。有的室内或室外有用褐硬土或碎陶片层层筑成的巢状柱础。圆形房基直径一般3—4米,方形房基的长度大体相同。墙宽0.16—0.4米,上层往往有若干层房屋相叠压。

F1　位于T4、5、9、10中部偏北,耕土层下,平面圆形,室外径4.16—4.28米,内径3.74—3.78米。(图4)墙由黑褐色草泥土坯砌成,土坯长方形,大小不一,长者50厘米,短者22厘米,宽者26厘米,窄者15厘米,厚者14厘米,薄者6厘米;一般长40厘米,宽20厘米,厚10厘米,墙厚20—28厘米。从第三层居住面至残墙面高20—58厘米。

室内居住面有三层，由上而下
第一层居住面厚 20 厘米左右，
较平整。它由数层厚 3—5 厘
米的黄色或褐色草泥土筑成，
每层土坚硬致密，胜过一般夯
土，层间凸凹不平，并有细长
的草叶痕。此层居住面中部偏
南有一巢状柱础，从平面看由
夯砸过的两圈土组成，里圈直
径 14 厘米，外圈直径 32 厘米，
剖面呈半球形。居住面东北有
一圆形烧灶，直径 42—48 厘
米，西北有一长、宽均约 50
厘米的不规则形烧土面。第二

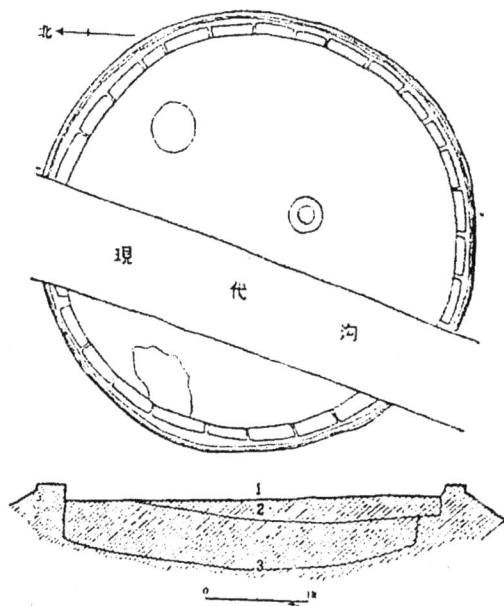

图4　F1（上层）平剖面图

层居住面为黄色草泥土，厚约 3 厘米，其下有厚约 35 厘米的垫土，为
黄料礓土层层筑成，质甚硬。居住面中间略低于四周。中部有一巢状
柱础，直径 20 厘米。其北部有一残破的烧土面。第三层居住面为黄花
土，质极硬，表面较光。其中间低四周高，如锅底状。其东南靠墙处
有一半圆形烧灶，灶周围有一宽近 10 厘米的矮土埂。灶东西宽 50 厘米，
南北长约 60 厘米。门当在前面，由于被现代沟打破，此处土坯中断，
有 50 厘米的缺口，墙外缺口两边各有一填料礓石的圆形硬黄土，直径
约 2.2 米，可能是置门之处。从解剖情况看，F1 的建筑程序是在一层
厚约 10 厘米、范围与房基大小相当的黄土地基上，平砌一周三至四层
土坯，然后再立砌土坯作为墙的主体，同时在土坯墙基内依次垫黄褐土、
黄土；墙基外依次垫上黄褐土、青灰土、料礓黄硬土、褐花土，做成房基，
再在房基上部土坯之外，依次涂一周厚 5—9 厘米的黄草泥土，各厚 3—
5 厘米的黑草泥土和褐草泥土。从平面看，墙由四圈不同颜色的土构成，

室内筑坚硬的黄花土居住面（第三层）；室外斜坡状地面铺料礓黄硬土和黄花土或黄硬土做成散水，墙的土坯砌法是相间压缝，缝内填黄泥土粘合，墙有的部分上宽下窄，在墙内侧出一台。（图5—6）F1地基深入地表下较深，它的使用时间可能较长。

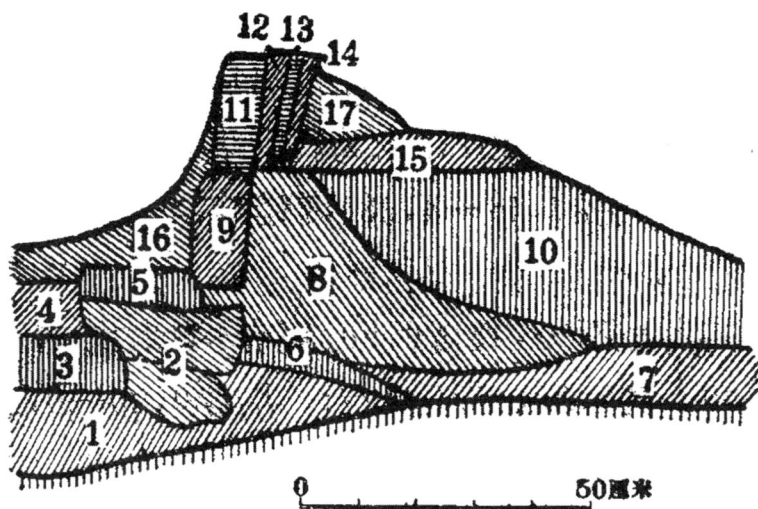

图5　F1东侧剖面图，墙壁（2、5、9、11）、房基（3、4、6、8、10）、散水（12—17）

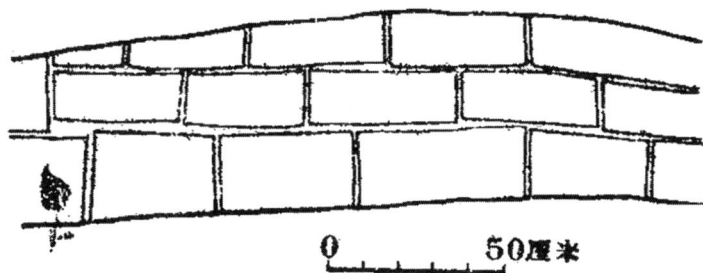

图6　F1墙壁砌法局部侧视图

F13　位于 T24 西部 3A 层,方形,略残。室内南北长 3.05 米(东)—3.25 米（西）,东西宽 3.45 米（北）—3.6 米（南）。东墙较整齐,墙内涂两层厚约 0.5 厘米的细泥,墙宽 30—40 厘米,残高 25—35 厘米。北墙外有斜坡状褐灰土散水。居住面是在两层共厚约 10 厘米的青褐土之上加工而成的硬面,其西南角有一块红烧土面,其上靠屋角有两个直径 28 厘米、高 7 厘米的圆柱形烧土,与烧灶有关。屋中部有直径 90 厘米近似于圆形的烧土面,烧土面中部有直径约 30 厘米、深 15 厘米的虚土坑。室内居住面以上是一层厚约 24 厘米的青花料礓土,其偏北处有一巢状柱础,此柱础由数层经过锤砸的黄褐细泥土间以料礓石、碎石筑成。门在南墙偏西处,门宽 65 厘米,门口有一高约 2 厘米、宽 17 厘米的黄褐硬土门槛。

F14　位于 T24 西部 3B 层,方形,保存较好。建在青、灰硬土的台基之上,屋外地面微成斜坡状,室内东西长 3.7 米,南北宽 3.3 米。(图 7) 墙为褐色草泥土,墙壁较直,第一层居住面以上墙高 10—15 厘米,墙基以上通高 20—30 厘米,宽 25—30 厘米,北墙外有散水。居住面为一层厚约 1 厘米的黄草泥土,室内西南及中部的居住面上各有一块红烧土。居住面之下还垫有

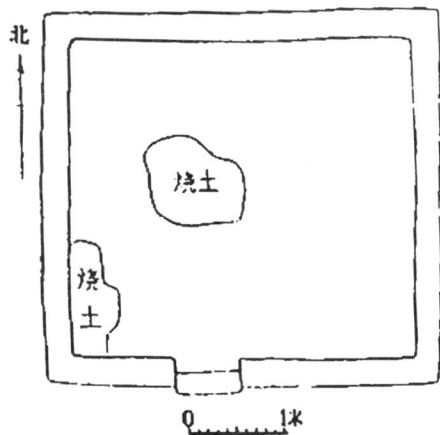

图7　F14（上层）平面图

黄花土、黄褐硬土、青褐草泥土等土层,每层都很平整,这些土层里夹有烧土面。门开在南墙偏西处,门宽约 70 厘米,门口有一稍高于室内地面、宽约 20 厘米的黄褐硬土门槛。

F16—F19　房基坐北朝南,为 4 间连排房,长方形,除东墙遭破坏不存,其他保存完好。房基南墙和北墙一线相连,每两间房共用隔

墙，东西残长 15.1 米，南北宽 4—4.1 米。室内面积 F16 为 4.05（东西）×3.5 米（南北），F17 为 3.3×3.6 米，F18 为 3.8×3.3 米，F19 面积与 F18 基本相当。墙均为净黄土或黄花土，质较致密。墙的内外侧（北墙中西段外侧除外）皆涂有一层厚约 1 厘米的褐色沙土面。墙外侧一部分有斜坡，北墙的拐角为圆角，墙宽 20—34 厘米，居住面以上残高 5—31 厘米。四间房屋的居住面不在一个平面上，F18 最高，略向东北倾斜；F16 最低，其南北高而中间低。F19 的居住面四周高中间低，F17 的居住面较平。F16 的居住面分数层，从上而下依次为褐色土，厚约 1 厘米；黄花硬土，十分坚硬，厚 3—5 厘米；浅灰沙面土，厚约 1 厘米；白灰面，厚约 1 厘米，它是涂在厚约 1 厘米的褐沙土上的，至墙根处又向墙上涂高 7 厘米。室内偏西北有一圆形烧灶，呈台状，周边很整齐，台面径 90 厘米。台分两层：上层为厚 1—2 厘米的青灰色烧土；下层厚约 1 厘米，表面涂白灰面。F17 的居住面为褐沙土面，北半部烧成紫黑色，此墙内侧全部烧成红色，西北部对门处有一烧灶，灶直径约 90 厘米，灶面为特硬的紫黑色烧土。F18 的居住面土质与 F17 的居住面相同，大部分被烧成黑色，这种烧土居住面有三层，室内偏东北正对门处有一直径 95 厘米的圆形烧灶，灶面呈青灰色，烧灶亦分三层，均为草泥土筑成。F19 的居住面土质与 F17、F18 的相同，原可能涂有白灰面，在西墙根处和墙上发现残存白灰面，室内东北有一直径约 95 厘米的圆形烧土。F16、F19 的门已被破坏。F17 的门在西南，门宽 80 厘米。F18 的门在东南，被晚期墓破坏，宽度不详。估计 F16 的门在西南角，F19 的门在东南角。

　　F21　在 T29 第二层，圆角方形，东西长 5 米，南北宽 4.7 米。室内东西长 4.5 米，南北宽 4.2 米，墙用黄草泥垛成，墙内侧敷一层厚约 8 厘米的褐草泥土。墙体保存最高处约 13 厘米，墙宽 22—30 厘米。居住面有三层，第一层为厚约 4 厘米的黄褐细草泥（北部被破坏），其下垫有厚 10 厘米的黄料礓土，在南门内东侧有一片较大的烧土面，室内南部距南门约 80 厘米处有一巢状柱础，础径 40 厘米，柱础中间是坚硬的黄料礓土，其外衬以两圈青土。第二层居住面土质与第一层相同，厚约 7 厘米，其下垫有 12 厘米的青土，此层烧土面位置同上。房基底部为第三层居住面，东南角有烧土面，东南有一巢状柱础（柱础 2）。居住面下的垫土有多层，每层厚约 2—3 厘米，表面均有明显的夯砸痕。F21 有两个门，一在南墙偏东，门宽 80 厘米；一在西墙北头，宽 52 厘米，门口有一宽约 8 厘米略高于地面的门槛。

　　1995 年，中美联合考古队在柘城山台寺（李庄）遗址龙山文化层发现一处五间东西相连的房基，有一间房子地面涂满了白灰，墙是用木骨夯土筑成，基部抹得精细光滑。在这排房子南约 30 米处发现一座圆形祭祀坑，坑内埋有九头整牛和一个鹿头，有的牛已经肢解。"这个牛坑使山台寺的龙山文化遗址与殷商文明搭上了关系……殷代先祖与家牛这种密切的关系，是别的朝代的祖先所没有的。殷商考古的遗址里常有祭牛的遗迹，牛是大牢，一个祭坑里有九条牛，表现祭祀重要与祭祀者的地位非同一般。龙山文化遗址里面这个发现是没有前例的，它或许说明龙山文化的一支，与其他地方的龙山文化向岳石文化的发展平行，在豫东发展出来由山台寺可以代表的一支特殊的晚期龙山或岳石文化，它就是殷商文明的前身……从上面种种看来，商丘地区的龙山文化和岳石文化要广泛和深入地研究，它们可能就是早商和先商，也可能是早商和先商的近祖。"[1]1977 年春天发掘的商丘县坞墙遗址发现龙山文化房基五座，全部为圆形建筑，其中 F4 保存较好，残墙高约 30 厘米，厚 26 厘米。墙体为棕褐色草泥土堆砌，墙内壁再施一层厚约 4 厘米细而较硬的黄泥土，室内有烧土面，居住面较硬。居住面下垫土分两层，土质密结，似经过夯打。居住面中间有一直径 27 厘米的柱洞。由于破坏严重，门向不清。据残房基推测，居住面直

---

[1] 张长寿、张光直：《河南商丘地区殷商文明调查发掘初步报告》，《考古》1997 年第 4 期。

径 3 米左右，房子为平地建起，但室内居住面低于原地面 [①]。

（二）清凉山遗址等殷商文化的房基、窖穴与窑址

1988 年 9—11 月北京大学考古学系对夏邑清凉山遗址进行发掘 [②]，发现有岳石文化和殷商文化的房基、灰坑建筑遗迹。岳石文化的房基由于遭破坏严重，无法了解全貌，属于第一期的房基只残留两处红烧土面和一个小坑；一处红烧土为椭圆形，黑红色硬面，表面较为光滑；另一处红烧土压在 T1 下，暴露部分呈半圆形，表面为不均匀的黑红褐色；小坑可能为灶坑。殷商文化的灰坑共发现 29 个，其中属于第一期的 2 个，均为圆形；属于第二期的 12 个，多为椭圆形，其次为圆形；属于第三期的 15 个，除 4 个形状不明外，以椭圆形最多，圆形次之。房基仅见于第二、三期，第二期发现 3 处房基，均为地面建筑，编号为 F2、F3、F5。F2 残存部分墙基、灶膛、烟道和居住地面，墙基用黄胶泥夹砂礓石夯筑，残存北部一段，长 260 厘米，厚 60 厘米，高 10 厘米。灶膛保存完整，略呈长方形，长 110 厘米，宽 80 厘米，灶壁用草拌泥堆砌，有烧火口和烟道，灶膛中间有一直径 17 厘米、深 5 厘米的圆坑，色黑红且质坚硬，可能为灶坑。F3、F5 与 F2 的情况基本相同。第三期发现 3 处房基，编号为 F1、F4、F7。以长方形为多，圆形次之。半地穴式多见，地面建筑少。F1 圆形半地穴式房基，居住面平整，上面铺垫一层硬黄土，壁上抹有草拌泥。房基直径 285 厘米，深 50 厘米，房基填土为灰黄色。F4、F7 是两个平行的半地穴式长方形房基。F4 壁较整齐，填土疏松，呈灰黑色。F7 壁亦较整齐，上抹一层西黄草拌泥，近底处有一周红黑烧土印痕。东壁偏北处有一片红烧土面，房基内有两层填土。

1977 年春，商丘地区文物管理委员会、中国社会科学院考古研究所河南一队联合组成发掘队，对柘城孟庄商代遗址进行发掘，发现商代

[①] 商丘地区文物管理委员会、中国社会科学院考古研究所河南二队：《河南商丘县坞墙遗址试掘简报》，《考古》1983 年第 2 期。

[②] 北京大学考古学系、商丘地区文管会：《河南夏邑清凉山遗址发掘报告》，《考古学研究》（四），科学出版社 2000 年版，第 443 页。

房基 9 座。9 座房基可分成三类：第一类，2 座。这类房子的建筑方法是先在地面上夯筑一个台子，然后在夯土台上建造泥墙房屋。F1—F3 发现于耕土层下（原地面被破坏），夯土台平面长方形，底部略大，底部东西残长 14.1 米，南北宽 7 米。台顶东西长 13.4 米，南北宽 5.2 米，面积 69.68 平方米。夯土台除西边缘外，东、南、北三边缘均为斜坡，当散水使用。台子夯土为黄褐色，厚 20—74 厘米，层厚约 15—18 厘米，夯打坚硬。夯土台下面多为黄生土，部分地方则压着殷商文化堆积。

在夯土台上发掘出三间一组的排房基址，自西向东依次编号为 F1、F2、F3。F1 与 F2、F2 与 F3 房基之间隔墙共用，各房之间无内门沟通，其中 F2 居中，为正房，面积较大，平面东西长方形，F1、F3 面积小而略低于 F2，平面近正方形，是 F2 的东西两侧的偏房，或称配房。排房坐北面南，以正房东墙为准，方向南偏西 3 度。发掘资料显示该排房的建筑方法是：在夯土台上挖掘墙基槽，槽地平整，墙基槽宽约 40—50 厘米，深约 6—10 厘米，房屋基槽挖成后，便用黑色草泥土沿房基槽向上垛成墙壁。泥墙内外壁面经过修平（20 世纪 70 年代，遗址所在地孟庄村有些房子的墙壁仍然沿用这种筑墙方法），墙内壁面厚 1 厘米的草泥土，表面烧烤呈红色或红褐色，然后再涂抹一层黄色泥浆。F2 南北宽 3.3 米，东西长 5.4—5.8 米，面积约 18.48 平方米。东、南、北三面墙残高 10 厘米，西墙残高 20 厘米。东西两面墙厚 40 厘米，南北两面墙厚 50 厘米。F2 房内距东墙 1.53 米处有一个南北向泥墙（室内隔墙）。房门开在南墙偏东处，门道内宽 70 厘米，外窄 40 厘米。门口用草泥土筑成一道半圆形门槛，高 8 厘米，厚 10 厘米，在门道地面上有一层厚约 0.5 厘米的路土通往室外。室内居住面分两层：上层是垫在下层居住面上的黄土，厚 10—20 厘米。有一个长方形灶坑位于室内东南角，南北长 80 厘米，东西宽 60 厘米，深 20 厘米，灶坑周壁被烧成青灰色；下层居住面是抹在夯土台顶面上的一层厚约 8—12 厘米的草泥土。上下两层居住面均用火烧过，表面呈红色或红褐色。下层灶坑与上层位置相对，平面为圆角方形，边长 60 厘米，深 25 厘米，四壁与上层灶坑一样被烧成青灰色。上下层居住面的路土面厚约 0.3 厘米。F3 平面近方形，房内东西长 2.6 米，南北宽 2.3—2.7 米，面积 6.5 平方米。房门开在南墙略偏西处，门道宽 40 厘米，房内有两层被烧成红色的居住面，没发现灶坑。以下层居住面为准，西墙残高 20 厘米，其他墙残高 10 厘米，四面墙厚度不同：西墙 40 厘米，北墙 33 厘米，东墙 30 厘米，南墙 10—30 厘米。F1 形制及建筑方法与 F3 相同，北边长 3.2 米，南边长 2.7 米，东边长 2.6 米，西边长 2.45 米，面积约 7.45 平方米。在 F1 房内地坪上发现很多房顶经火烧倒塌后遗留下的红烧草泥土块，土块厚 15—18 厘米，有的土块上面抹光，下面密布 6 厘米或 12 厘米直径的芦苇束印痕，芦苇束印痕均作南北向。另外在草泥土块堆里，还发现多处东西向倾斜的圆木炭块，炭块直径 6—12 厘米。"正房地坪高面积大，而东西偏房地坪低面积小，因此我们估计正房房顶略高于偏房房顶，再从 F1 残存的房顶遗留判断，排房当为两面坡顶。它的结构是：排房山墙中间高于两旁，若等腰三角形，F2 的圆木檩东西放置在山墙上。F1 和 F3 两个偏房的木檩一头放在山墙上，一头则插入 F2 的山墙之中。在木檩上密布南北向的芦苇束，然后在芦苇束上面覆盖 15—18 厘米厚的草泥土，并加工压平抹光。由于在各房间都没有发现安置木门的迹象，估计房门约略是使用垂帘一类来遮挡的。"[①] 另一座夯土台基平面长方形，东西长 28 米，西端宽 12 米，东端残宽 3.5—5.6 米不等，残存面积约 250 平方米，估计原来面积更大约 336 平方米。夯土台残厚 1—1.5 米。从解剖夯土了解到，台子是从生土地面上逐层垫土筑起来的，其南缘呈斜坡状，夯土的质地、颜色、层厚等特征与 F1-F3 的夯土台相同。

第二类房基 4 座，编号 F6—F9，这类房基下没有发现夯土台基，均发现于这次发掘的第二地点，因均是保存房基局部，形状与尺寸等不详，F7 残墙长 2.2 米，厚 34 厘米。（图 8）

---

① 商丘地区文管会：《河南柘城孟庄商代遗址》，《考古学报》1982 年第 1 期。

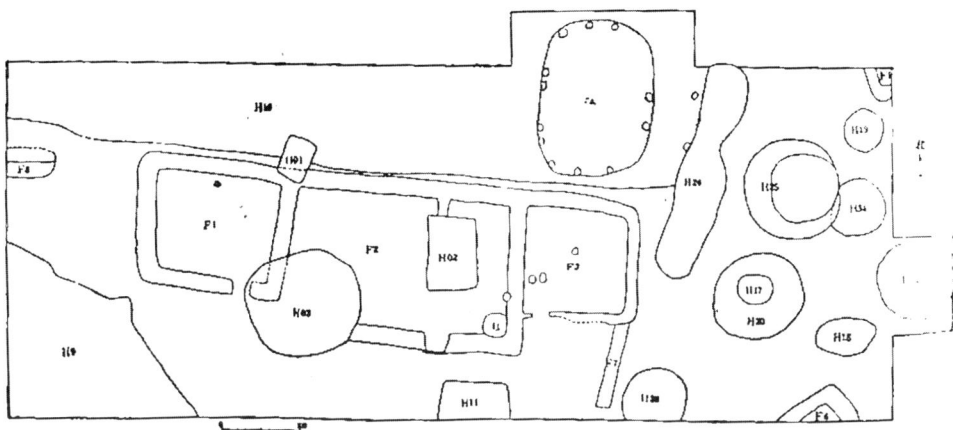

图8　孟庄遗址F6—F9遗迹平面图

第三类房基 1 座，编号 F5，平面圆形，直径约 2.6 米。（图 9）房子建于生土上，房基周边多被年代偏晚的殷商文化堆积破坏，仅存东南边缘和两个柱洞，柱洞直径 4 厘米，深 5 厘米。房屋居住面平坦，表面有一层厚 0.5 厘米的路土，房内偏南处有一个圆形灶坑，灶坑周壁被火烧成青灰色，直径 30 厘米，深 10 厘米，房子门向不清楚。

2007 年 9—12 月，郑州大学历史学院考古系对民权县双塔乡牛牧岗遗址进行考古发掘，发现龙山至唐宋时期的文化堆积，其中发现 1 座殷商时期的房基（F5）[1]，平面呈圆角长方形，长 2.8 米，宽 2.4 米；墙基宽 30 厘米，深 15 厘米。（图 10）门道位于东墙中部，宽度不详，墙基南段有两个柱洞，西段偏南有一个柱洞，推测墙体为木骨泥墙。房内居住面为纯净的黄土，居住面北部有一圆形灶坑。

1995 年中美联合考古队在柘城山台寺（李庄）遗址龙山文化地层，"在很小的范围里发现了东西相连的房基，有一间房子地面涂满了白灰，墙是用木骨夯土筑成，基部抹得精细光滑"[2]。柘城孟庄殷商文化遗址考

---

[1] 郑州大学历史学院考古系、张国硕、赵俊杰编著：《民权牛牧岗与豫东考古》，科学出版社 2013 年版，第 61—62 页。
[2] 张长寿、张光直：《河南商丘地区殷商文明调查发掘初步报告》，《考古》1997 年第 4 期。

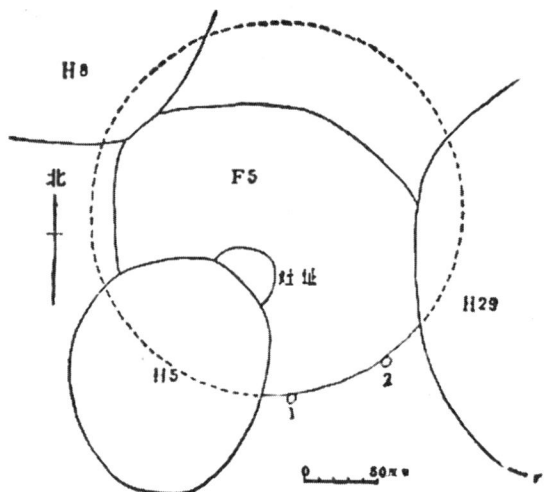

图9　孟庄遗址房屋（F5）平面图　　图10　牛牧岗遗址房基F5平剖面图

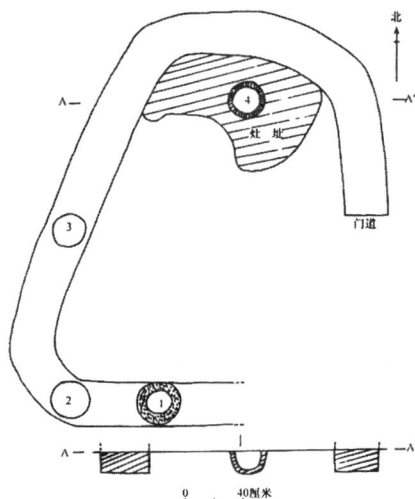

古发现商代窖穴 25 座，其中口小底大袋状坑 20 座，这种穴形制固定，穴口有一段直壁，或称颈部，起到防止穴口塌落的作用，颈部以下坑壁向外扩大若圆形覆斗状；口大底小圆形坑 2 座，形制较小，H6 口径 1.8 米，底径 1.5 米，残深 90 厘米；直壁圆形坑 1 座（H19），直径 1 米，残深 1 米；直壁椭圆形坑 1 座（H27），直径 1.3—2.3 米，残深 1.3 米；直壁方形坑（H7），长 1.5 米，宽 1 米，残深 1.3 米。

柘城孟庄殷商文化遗址考古发现商代窖址和冶铸作坊基址各 1 座。作坊基址发现于第二地点（此次共发掘两个地点），基址发现于耕土层下，遭破坏严重，仅残存 1 座房基，房基平面长方形，南北 3.6 米，东西 2.4 米，面积约 6.24 平方米。在房基四边发现 12 个圆形柱洞，柱洞直径 13—18 厘米，深 16—40 厘米。房内地坪凹陷，地表被火烧烤成红色，房内堆满灰土，内夹杂很多碎铸范和残陶片，出土一些坩埚残片，个别残片上有铜渣和大量草泥土铸范遗迹。

烧陶窖址 1 座，发现于 3 号探方，保存基本完整，可复原。窖址分为两部分：窖本体和烧窖活动及堆放燃料的土坑（H29）。土坑为直壁圆筒形，底部平坦，底径 2.8 米，北壁残高 1.4 米，南壁残高 90 厘米，坑底残存有路土，坑壁残留挖掘工具印痕。陶窑由火膛、窑箅和窑室组成。从窑壁残存有 0.8 厘米厚的青灰色硬面看，该窑是经过长期使用的。火膛建在生土层里，是从窑前土坑北壁向外掏掘的横洞，洞口即火膛的门口，圆角长方形，高 80 厘米，宽 42 厘米，火膛为穹窿顶，周壁有弧度，底面南缘高于北缘约 10 厘米，平面近椭圆形，南北长 1.5 米，东西宽 1.26 米。底部发现厚约 20 厘米烧陶燃料的残余灰烬。窑箅平面为圆形，厚薄不匀，周边厚 46 厘米，中间和靠火门部分厚 34 厘米，有 5 个箅孔，箅孔上大下小，上面孔径 20 厘米，下部 14 厘米。窑室是一个鼓腹圆形土坑，从地面向下挖掘而成，底径 1.14 米，残高 20—34 厘米。这是目前商丘考古发现商代最完整的陶窑遗址，是研究当时陶器烧制技术的珍贵材料。

二　建筑技术

夏商时期，居住在今商丘的古代先民们已经掌握了很先进的建筑技术。主要表现在以下几个方面：1. 在距今 4500 年前的永城王油坊遗址的先民们已经掌握了烧制石灰技术，并用于居室建筑。永城王油坊遗址上、中、下三层的房基大部分居住面都涂白灰面。在遗址上层发现 3 座石灰窑，编号为 Y1、Y2、Y3。三座窑由北向南略呈直线排列，石灰窑建筑在硬黄土即房基土之上，窑堂为直壁平底圆坑。Y1 直径 1.6 米，壁残高 6–10 厘米，周壁烧土厚 8—10 厘米，坑内出土较多白灰块和似炼渣之物，还有一些未烧透的石灰石，窑底部有一层草木灰；Y2 北距 Y1 约 80 厘米，窑口直径 1.4 米，壁残高 3—8 厘米，周壁烧土厚 5—8 厘米，坑内有石灰块，并有大量灰土和一些烧土块；Y3 东北距 Y2 约 2.5 米，口径 1.3 米，壁残高 5—7 厘米，周壁烧土厚 5—8 厘米，坑内有一些白灰块和石灰石块。"反映当时人们建筑技术的提高和居住条件的改善，这时已能烧制石灰。王油坊中层发现有装满石灰的圆坑和装在鼬中的石灰膏，上层发现有烧制石灰的石灰窑，这在解决我国石灰的起源问题上是个很重要的资料。"①2．永城王油坊遗址的先民们已经掌握了土坯制造技术，并采用错缝砌筑的方式建筑房屋墙壁。永城王油坊遗址上层发现一座圆形房基（F1），从解剖情况看，该房基的建筑程序是在一层厚约 10 厘米、范围与房基大小相当的黄土地基上，平砌一周三至四层土坯，然后再立砌土坯，作为墙的主体。同时在土坯墙基内依次垫上黄褐土、黄土；墙基外侧依次垫上黄褐土、青灰土、料礓黄硬土、褐花土做成房基，然后在墙基上部土坯之外，依次涂一周厚 5—9 厘米的黄草泥土，各厚 3—5 厘米的黑草泥和褐草泥土。从平面看，墙由四圈不同颜色的土构成，室内筑坚硬的黄花土居住面，室外斜坡状地面铺料礓黄硬土、黄花土或黄硬土做成散水。墙的土坯砌法是相间压缝，缝内填黄泥粘合。"为使房基坚固，选用纯净致密的土铺筑房基，并逐渐使用夯筑技术，还出现用土坯相间压缝的砌墙技术，这些在我国建筑史上都是比较新鲜的资料。"②3．柘城孟庄商代遗址发现两处夯土台建筑，一处位于第二地点，面积约 70 平方米；另一处位于第一地点和古河道之间，残存面积 250 平方米。这类房子是先在地面上夯筑一个台子，然后在夯土台上建造泥墙房屋。这是商丘地区目前发现面积最大的商代建筑。

商丘市经过考古调查的古文化遗址中包含有殷商文化遗存堆积的遗址有 30 余处，但经过考古发掘的比较有代表性的商代文化遗存目前只有柘城孟庄商代遗址和夏邑清凉山遗址，是商丘境内比较大型的聚落遗址。通过两处聚落的分布情况，可以了解当时人们的居住情况。

夏邑清凉山遗址位于夏邑县城西南 30 公里的魏庄西北角，1988 年的发掘面积只有 150 平方米，在第二、三期各发现 3 座房基，房基又

---

① 中国社会科学院考古研究所河南二队、河南商丘地区文物管理委员会：《河南永城王油坊遗址发掘报告》，《考古学集刊》第五集，中国社会科学出版社 1987 年版，第 118 页。
② 中国社会科学院考古研究所河南二队、河南商丘地区文物管理委员会：《河南永城王油坊遗址发掘报告》，《考古学集刊》第五集，中国社会科学出版社 1987 年版，第 118 页。

遭严重破坏，所以很难判断清凉山商代人当时的聚落分布情况，但从房屋建筑面积不大分析，此处应是当时一个普通商代人聚居地。

经钻探查明，柘城孟庄商代遗址平面近长方形，南北长 280 米，东西宽 110 米，面积 3 万平方米。1977 年的发掘发现多处夯土台基，其中一个夯土台基面积较大，残存 250 平方米，估计原有面积可达 300 余平方米。发现有冶铸作坊、制陶窑址、异常密集分布的灰坑，还曾出土三件青铜礼器，以上这些现象表明这个商代遗址范围较大而内涵丰富，当属于商代的一个重要居住地。

第五章　商丘商部落的社会生产与生活

第一节　社会生产

一　农业与手工业

（一）相关遗存的考古发现

商丘是商族的主要发祥地，由于历史上长期受黄河泛滥淤积影响，丰富多彩的古文化遗存被埋在了堆积深厚的漫漫黄沙之下。尽管如此，20世纪七八十年代以来，经过几代考古人的艰苦卓绝的努力，在商丘境内发现数十处包含有殷商文化遗存的古遗址。特别是2000年以来，郑州大学、北京大学、河南省文物考古研究院等单位在商丘又进行了大范围的考古调查，发现了岳石文化、二里头文化、下七垣文化、先商文化二里岗遗存，为在豫东寻找先商文化提供了线索。

20世纪七八十年代，中国社会科学院考古研究所河南一、二队在商丘地方文化、文物部门配合下，在商丘进行了历史上第一次大规模田野考古调查和发掘，先后发掘了两处比较重要的商代文化遗存——柘城孟庄商代遗址、夏邑清凉山遗址。下面以这两处遗址为重点，结合其他考古调查，介绍一下商丘境内考古发现与商代农业、手工业生产有关的遗存情况。

夏邑清凉山遗址出土商代农具主要有石器、蚌器。石器数量较少，为青石质；制法以磨制为主，多为局部磨光；种类有斧、刀、镰、铲。

石斧，第三期（清凉山遗址这次发掘的殷商文化共分为三期）出土 1 件（编号：T4④:4），平面圆角长方形，顶部残，两面刃，中有对钻孔。残长 9.6 厘米，最厚 2 厘米，最宽 5 厘米。（图 1）石镰，第二期出土 2 件、第三期出土 1 件。标本 T4⑤:5，单面刃，长 14.8 厘米，最宽 5.4 厘米，最厚 0.6 厘米；标本 H9:2，单面刃，长 8.6 厘米，最宽 3 厘米，最厚 0.3 厘米。（图 2）

蚌器系蚌壳切割磨制而成，发现数量较多，种类有蚌镰、刀。蚌镰分有齿和无齿两类，仅见于第二、三期，共 37 件。无齿蚌镰，标本 H42:1，弯背曲刃，头窄尾宽，圆尖左向，方尾，长 11.6 厘米，宽 5.8 厘米；标本 H26:4，弯背曲刃，头窄尾宽，方尖右向，方尾，长 10.6 厘米，宽 7.3 厘米；标本 T2⑤:16，弯背曲刃，头窄尾宽，圆尖左向，尾残，长 10.6 厘米，宽 7.3 厘米。（图 3）有齿蚌镰，标本 T1⑤:30，弯背曲刃，刃部有锯齿，头窄尾宽，方尖左向，方尾，长 22 厘米，宽 9.4 厘米；标本 H71:1，弯背曲刃，刃部有锯齿，头窄中宽，圆尖左向，方尾，长 12.2 厘米，宽 7 厘米；标本 T5②:6，弯背曲刃，锯齿形刃口，尾残，锐尖左向，长 14.2 厘米，宽 5.4 厘米。（图 4）

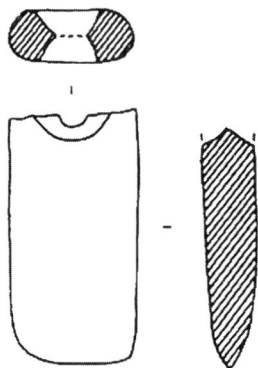

图1　石斧

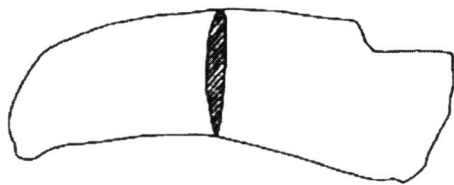

图2　石镰

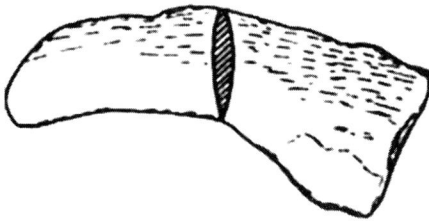

图3　蚌镰

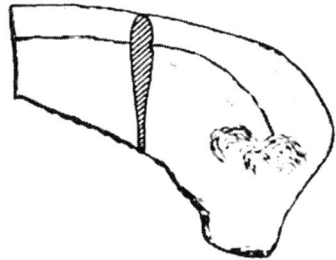

图4　蚌镰

蚌刀，在第二、三期各发现 1 件。标本 G1:2，曲背弧刃，残长 6.6 厘米，宽 4.3 厘米；标本 T7 ②:18，曲背直刃，近背部钻二孔，长 9 厘米，宽 3.4 厘米，孔径 0.3 厘米。（图 5）

夏邑清凉山遗址出土商代手工业生产工具主要有石器（石凿和砺石）、玉器（玉凿）、骨器（锥、匕、钻）及蚌锥。石凿有 2 件，均发现于第二期，平面略呈长方形，单面刃，磨制精细。标本 T4 ⑥:7，顶与刃同宽，体薄，黑色，长 4.4 厘米，宽 1.55 厘米，厚 0.5 厘米；标本 T4 ⑥:8，窄顶宽刃，体较厚，灰褐色，长 3.2 厘米，宽 1.65 厘米，厚 1.2 厘米。（图 6）玉凿，在第三期出土一件，标本 T2 ③:6，平面呈长方形，窄顶宽刃，为一面刃，深黄色，通体磨光，制作精致，长 3.4 厘米，宽 1.2 厘米，厚 0.7 厘米。（图 7）

图5　蚌刀

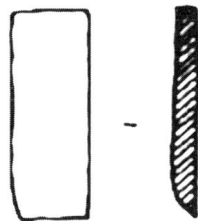

图6　石凿

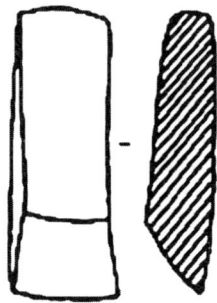

图7　玉凿　　　　　　图8　骨锥

骨质手工业生产工具出土较多，骨锥 10 件，根据锥体横截面形状分为 A、B 二型，A 型锥体横截面呈半圆形或弧形，尖部磨制锋利。标本 F7：3，尖部尖锐，全长 9.1 厘米，最宽 1.5 厘米；标本 T2 ③：39，系兽骨劈半磨制而成，尖部锋锐，长 9.2 厘米；标本 T2 ③：12，系鸟管骨磨成，长 22.3 厘米。B 型锥体横截面呈圆形，锥杆和上端保持骨的原状，仅在锥尖部分加工磨制锐利。标本 H26：6，圆柱形杆，尖残，磨制精细，残长 8.4 厘米；标本 T5 ③：53，仅在近尖部磨制，尖残，残长 11.3 厘米（图 8）。骨匕 4 件，系用管骨切磨而成，外表似匕形，体宽而扁，尖部锋锐，呈三角形。标本 F7：4，一面微凸，一面有凹槽，磨制精致，长 22.3 厘米，宽 4.4 厘米；标本 F7：5，横截面呈扁平椭圆形，长 16.2 厘米，宽 4.7 厘米（图 9）；蚌锥 5 件，标本 H1：1，利用蚌壳的脊切磨而成，尖锐，长 9.4 厘米。（图 10）

柘城孟庄遗址出土商代农具主要有骨铲、蚌铲、石刀、蚌刀、石镰、蚌镰等。骨铲 1 件，兽类肩胛骨磨制，长条形，T3：1：5，长 12.8 厘米，刃宽 5.2 厘米。蚌铲 4 件，分三式：I 式，于半边蚌壳一边磨刃，H22：15，长 12.7 厘米，刃宽 5 厘米；II 式，梯形，T2：2：12，长 10.3 厘米，刃宽 6.9 厘米；III 式，长条形，T2：2：13，长 17.2 厘米，刃宽 2.2 厘米。石刀 3 件，岩石磨成，分二式：I 式，半月形，凹刃，

双孔，H30:3，长 8.1 厘米，厚 0.9 厘米；Ⅱ式，
长方形，单孔，H22:9，残长 6.9 厘米，厚 1.1
厘米。蚌刀 5 件，分三式：Ⅰ式，半月形，单
孔，T3：2：5，长 12.5 厘米；Ⅱ式，长条形，
双孔，H22：10，残长 11.2 厘米；Ⅲ式，磨制，
长方形，上、下两面各刻一道浅凹槽，中间穿
透，H7:1，长 7 厘米，宽 4.9 厘米。石镰 33 件，
分二式：Ⅰ式 29 件，岩石磨成，长条形凹刃，
H30：4，长 10.9 厘米。T3：3：4，顶端宽而
中部两侧有缺口，长 9.6 厘米（图 11）；Ⅱ式，

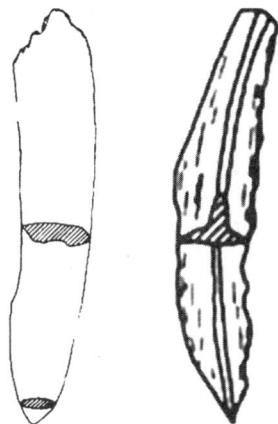

图9　骨匕　　图10　蚌锥

4 件皆残，长条形，直刃，H9：13，残长 8.7 厘米。蚌镰 7 件分二式：
Ⅰ式 6 件，打制成形，略磨刃，长条形，T6：1：1，长 14.5 厘米；Ⅱ
式，1 件，用蚌壳打制成形后略加研磨，长条形，有曲弯的把柄，H1：
6，残长 10.4 厘米。角镰 1 件，牛角磨成，两端皆残，H21:5，残长 7.3
厘米。角器 1 件，编号 H10:7，其中一角切断后略磨刃，上有一小圆孔，
在龙山和西周的遗址中发现过类似工具，疑似松土或点种谷物的农具。
（图 12）

图11　石镰

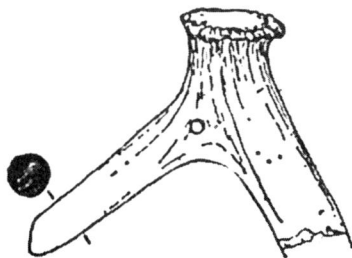

图12　角器

柘城孟庄遗址出土商代手工业生产工具主要有冶铸工具、制陶工具、制骨工具、纺织和缝纫工具。

1. 冶铸工具。计有坩埚和泥范两种。坩埚，均为碎片，不能复原。出土时器外壁有一层细泥草泥土，内壁偶有小铜渣。有两种形式：一种是着横绳纹缸形，一种是"将军盔"。（图13）铜斝内模，1件，编号H30:25，草泥土做成，手制。圆柱状，上端粗，下端细，底附3个乳足，顶径15.6厘米，底径12厘米，高14厘米；铜爵内模，3件皆残，草泥土做成，手制，长条椭圆柱状，编号H30:21，残高12.6厘米，径6.1—7.1厘米。

2. 制陶工具。出土陶压锤5件。其中编号H3：1，泥灰陶，手制。椭圆形，表面光整，中间略隆起。背面有一条宽銎，长7.5厘米，宽6.5厘米，厚4.05厘米。（图14）

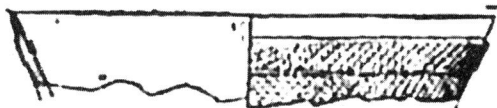

图13　坩埚残片

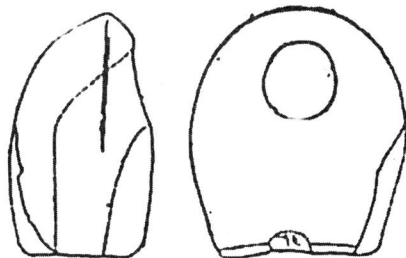

图14　陶压锤

3. 制骨工具。出土10件形状各不相同的制骨用的小磨石。标本H9：1，砂岩，扁平梯形，正反两面中间有凹坑，长10.4厘米，厚1.7厘米。标本H1：15，岩石，平面呈梯形，窄小一端厚于另一端。正反两面有研磨痕，长6.4厘米，厚2.6—3.1厘米。

4. 纺织和缝纫工具。出土有石纺轮、陶纺轮、骨针、骨锥、角锥，其中石纺轮皆圆形，扁平，中间有穿，直径4.7厘米，厚1.3厘米。

（二）生产情况

商代时期农业已经有了高度的文明，农业是商代社会经济的主体，由于商代农业的发展，有了一定的剩余粮食，社会分工精细化成为可能。根据史料记载，早在商先人相土、王亥时期，社会分工已经完成了农业与畜牧业的分离。商汤灭夏，商人进入以农业为主要生产部门的时代，随着农业经济的发展，发生了第二次社会大分工——手工业从农业中分离出来。除了农业与手工业的分离，随着农业剩余产品的出现，先商时期的部族首领带领部族成员开始从事与其他部落以物易物的交换活动，这就是中国商业的起源。史书记载，商人的第七位先公王亥就是带领部族人从事以物易物交换的代表人物，被后世誉为"商人"的始祖。因为商人善于经商，到周代，周王让商人继续从事他们擅长的物品交易，每每周人看到从事物品交易的人群或车队来了，就说"商人"来了，所以也就把"从事物品交易的人"称为"商人"，交易的物品称为"商品"，这个行业也就被称为"商业"。商丘是商部族的发源地，所以，商丘也成为"三商之源"。不从事社会生产而专门从事产品交换的商人集团的出现，从另外一个角度证明了商代农业发展水平有了很大提高。郭沫若根据甲骨卜辞中"朋""贝"的使用情况，认为"中国古代的贸易行为必始于商人"[①]。城市的崛起和城市人口的增加、商代用于维护国家安全的军队人数的增加、战争的频繁、酿酒业的发展以及商代饮酒的盛行等，也从一个侧面证明了商代农业的发达。

商代农作物的种类都有哪些呢？据史料记载加上考古发现，商代主要农作物有：黍，商代种黍较多，范围也广，在河北邢台曹演庄商代遗址发现有黍的遗存；稷，黍的一种，也称"粟"，今天俗称谷子，是一种种植最广泛的旱地农作物，古代被封为百谷之长，帝王奉祀为谷神；麦，分为大麦、小麦；稻，分为旱稻、水稻；麻，古代以雄麻子为食物。

---

① 郭沫若：《中国古代社会研究》，人民出版社 1955 年版，第 240 页。

商代农作物目前能考见的就是上述五种，也可以称为商代的"五谷"。

种植农作物必须有工具，考古发现商代农业生产工具主要有：用于启土、松土的犁或耒，单尖刃的耒，《释名》解释为"插地启土"，实际为手犁，后世发展为耕犁；双叉刃状的"耒耜"；平刃状的铲、锸。主要用于开荒、开沟、中耕等铲土、挖土等农事的铲在古代使用最为普遍，以石、蚌铲最多，青铜铲也发现较多；长条形弧背平刃铚、弧背凹刃或锯齿的镰、相同形制的刀，主要用于收割庄稼，镰用于截割庄稼秸秆，铚用于截取庄稼的穗。刀、斧之类除作为农具外，手工业等也使用。关于农具的材质，大部分是石、蚌制，其次为木制，少部分使用青铜。其中，镰、铚、铲、刀石蚌制为多，殷墟曾经两次发掘出土 1500 把镰、铚、刀，都是石制的。

关于耕作技术，商代耕作技术已经发展到一个新阶段。王贵民在《商代农业概述》一文中对商代农业耕作技术的发展总结为以下六项：一是重视农田基本建设，新开垦的土地必须经过整治才能种植农作物。商王派出称作"尹"的官员去督率生产者造作大面积田亩。田间开垄，垄的两边开沟，形成横直成行的"井田"。既用作面积、劳动量、赋税等计算单位，也显示田畴的规整形状。二是土地深耕。现有甲骨卜辞记录"耤"的活动将近 30 例，耤就是启土深耕。从有记录月份的卜辞来看多是在冬春之际，当是播种以前的深耕。三是农田灌溉。甲骨文中有关雨水的占卜占有很大篇幅，其中有攘除水害和盼望雨水的情形。商代人治理水害是有经验的，商人的先祖冥勤其官而水死，据说是治水殉职。商代人井田中的沟洫排水作用是很明显的。四是中耕除草。甲骨文中有关于商人在田间除草的记载。五是施肥。商代人施肥的种类有绿肥、粪肥、草木灰肥等，商代有豢养牲畜的牢、厩，有养猪的圈，使用粪肥应该是可能的。六是治虫。商代人已经对农作物虫害有了初步认识，学术界近年来对商代农业治虫研究有了初步探索。①

　　商代对农业有了一定管理，商"王室设有一系列的农官，分掌各种农事行政，专司耕耤的有'小耤臣'，专管主要生产者众人的有'小众人臣'，专司收割的有'小稽臣'，在甸地还有管理刍牧饲养的'奠臣''多奠'，管捕鱼的有'司渔'，外地垦牧的有'牧'，等等。和同时别的部门官职比较，农业经济中的官吏是比较全的"②。

　　一般来说，既然商代已进入农业生产比较发达的时期，那么商代的农业亩产量有多少呢？耕地面积有多少呢？人均拥有多少耕地呢？刘兴林在《论商代农业的发展》一文中对商代粮食亩产及耕地面积给出了一个大致推测的结论：商代末期粮食亩产已达到 61.28 斤，耕地面积 6873.37 亩。③宋镇豪在《夏商人口初探》一文中认为商末全国人口780 万。④按照这个数字，当时人均拥有耕地约合 8.81 亩。

　　柘城孟庄商代遗址是目前商丘考古发现、发掘面积较大的一处商代遗址，遗存年代大致与郑州二里岗期相当，出土生产工具有砍伐和切削工具类的石斧、石锛、石凿、铜刀，农业生产工具类的骨铲、蚌铲、石刀、蚌刀、石镰、蚌镰、角镰、角器（是松土或点种谷物的农具）⑤。前面讲到商代农业有了快速发展，粮食剩余产品的增加，使社会大分工的进一步精细化成为可能，手工业者、专门从事物物交易的商人群体是粮食产品的纯消费者，只有粮食生产有足够的剩余，才可能保证这些阶层人的粮食供应。从文献记载、考古发现和甲骨文所反映的情况看，商代手工业已经自成体系，形成规模，门类齐全，很多大型商代遗址都发现有手工业作坊遗址。"李济先生把殷商手工业分为如下的几组：①石制业，产品包括所有的石制品，

①②　王贵民：《商代农业概述》，《农业考古》1985 年第 2 期。

③　刘兴林：《论商代农业的发展》，《中国农史》1995 年第4期。

④　宋镇豪：《夏商人口初探》，《历史研究》1989 年第 4 期。

⑤　中国社会科学院考古研究所河南一队、商丘地区文物管理委员会：《河南柘城孟庄商代遗址》，《考古学报》1982 年第 1 期。

既有装饰品也有实用器物；②制陶业，产品包括所有的陶器；③制
骨业；④青铜业；⑤其他重要工业，包括纺织、建筑和交通运输等。
根据出土器物的质料和卜辞文字材料，细分起来，这几大类手工业
部门应包含土工、木工、石工、泥水工、船工、车工、旗工、织工
和兵器制造工等等……不惟分工细密，商代手工业的规模也相当可
观，这其中又以青铜冶铸业规模最为宏大。殷墟 B 区发掘一次出土
铜范逾百，铸锅数十。"[1]柘城孟庄商代遗址出土的手工业生产工具有：
冶铸工具坩埚和泥范；制陶工具陶压锤；制骨工具小磨石；纺织和
缝纫工具陶纺轮、石纺轮、骨针、骨锥、角锥。

二　狩猎与捕鱼

商代是我国历史上第二个奴隶制国家，社会生产以农业为主，但狩
猎与捕鱼仍然是获取食物来源的重要手段。在商丘商代文化遗存中就
发现大量与狩猎和捕鱼有关的武器和用具，现将各遗址的文物出土情
况介绍如下。

（一）柘城孟庄商代遗址

柘城孟庄商代遗址出土与狩猎和捕鱼
有关的武器和用具有：

石镞　1 件（H9：4）。黑碳石磨制，
三棱刃，残长 5.3 厘米。（图 15）

骨角镞　48 件。剖面或为三棱、椭圆、
扁平，关、铤也有差别。（图 16）

石网坠　1 件（T13 ③：48）。砂石磨制，
杏核形，有一斜穿。直径 2.5—3.2 厘米，
穿径 0.6 厘米。

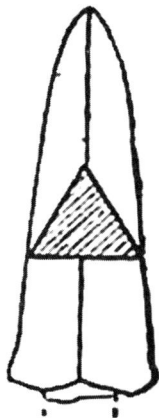

图15　石镞　　图16　骨角镞

① 刘兴林：《论商代农业的发展》，《中国农史》1995 年第 4 期。

陶网坠　10件。H1：5 泥灰陶，椭圆柱状，两端和正、反两面有系绳凹槽，长 5.7 厘米，径 1.5—2 厘米。H7：3 近方柱形，直凹槽刻于两侧边，长 4.2 厘米，宽 2.5 厘米，厚 1.6 厘米。

此外遗址中还出土很多鹿角和螺壳等渔猎食后残余。在第一地点 T2：2 堆积中还发现一尾鱼，只留下鱼骨灰和鳞片，长约 20 厘米。

（二）夏邑清凉山遗址

夏邑清凉山遗址出土与狩猎和捕鱼有关的用具有：

陶网坠　134 件。网坠为渔业工具，发现数量较多，依其形状不同可分 A、B 两型。

A 型　83 件。圆球体，形小，中部有对称的凹槽以系绳用。标本 T5 ⑤：27，泥质红褐陶，素面，直径 3.6 厘米。标本 T1 ④：21，泥质灰陶，素面，直径 2.2 厘米。（图 17）

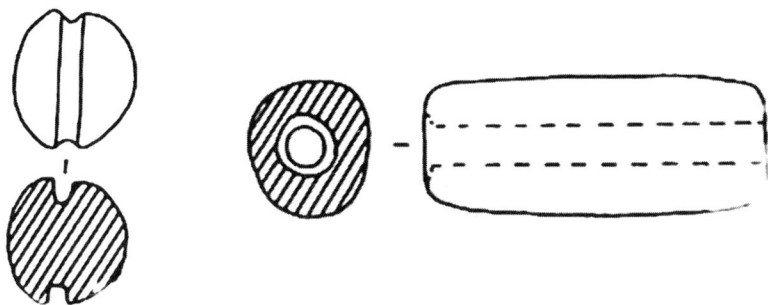

图17　陶网坠

B 型　51 件。略呈圆柱体，中有一管穿圆孔以系绳，依其形状又分为 a、b、c 三个亚型。

Ba 型　30 件。标本 H27：1，泥质红褐陶，素面，长 6.4 厘米，孔径 1 厘米，直径 3 厘米，标本 H5:1，泥质深灰陶，素面，长 9.2 厘米，直径 3.8 厘米，孔径 0.9 厘米。标本 T7 ②：4，泥质橙黄陶，素面，长 9.7 厘米，直径 4 厘米，孔径 1.2 厘米。

Bb 型　10 件。器型中间大，两头小，形体较大，制作较规整。标本 H38：1 泥质深灰陶，素面，长 8 厘米，最大直径 3.5 厘米，孔径 1 厘米。F5：1，泥质灰陶，素面，残长 6.8 厘米，最大直径 5.2 厘米，孔径 1.1 厘米。

Bc 型　11 件。制作不规整，体小。标本 T1 ⑤：32，泥质黑陶，素面，长 6.5 厘米，最大直径 1.7 厘米，孔径 0.4 厘米。H26：15，中间鼓，两头小，长 4.3 厘米，最大直径 2.5 厘米，孔径 1 厘米。

石镞　2 件。均属于第二期，为三棱式，镞身横剖面为等边三角形，三面磨成利刃，圆锥形铤。标本 F5：11，铤与身分界明显，青石，磨光。全长 6 厘米，身长 4.2 厘米，铤长 1.8 厘米。（图 18）

骨镞　出土较多，多为三棱式镞，镞身与铤分界明显。可分为 A、B 二型。

A 型，三棱式，圆锥形铤，又分为 a、b、c、d 四个亚型。

Aa 型　1 件，属于第二期。　镞身一面圆弧，一面略显脊线，铤长，为圆锥形。标本 H8：1，尖残，身长 4.8 厘米，铤长 4.8 厘米。（图 19）

Ab 型　4 件，第二、三期各 2 件。镞身横断面呈菱形，铤为圆锥形。标本 H42：5，身长 5.2 厘米，铤长 2.4 厘米。（图 20）标本 T1②：9，尖残，身长 4.9 厘米，铤长 2.4 厘米。

Ac 型　1 件，属于第三期。镞身断面为梯形。标本 F7：2，尖残，身长 6 厘米，铤长 2.2 厘米。

Ad 型　11 件，第二期 4 件、第三期 7 件。镞身断面为等腰三角形，三棱较尖锐，圆锥形短铤。标本 H52：3，镞身断面为等边三角形，身长 5.8 厘米，铤长 2 厘米。标本 H52：4，镞身二平面，一面微鼓，身长 4.5 厘米，铤长 2.1 厘米。标本 H59：1，镞身二平面，一面微鼓，身长 6.3 厘米，铤长 2.3 厘米。（图 21）

B 型　第三期 1 件。镞身横断面圆形，铤为圆柱形，铤与身分界明显。标本 T1②：8，尖残，身长 6.4 厘米，铤长 0.8 厘米。

从上述两处商丘较大规模的商代遗址文化遗存看，出土的渔猎用具

图18　石镞

图19　骨镞

图20　骨镞

图21　骨镞

还是比较多的，器物类型多，说明当时渔猎技术已经有了很大发展。

第二节　社会生活

一　生活用具的考古发现

商代人的社会生活特别是到商代中期以后，已经发展到很丰富的程度，下面以出土商代遗物较多的夏邑清凉山遗址和柘城孟庄遗址为代表，介绍商丘出土的商人使用的生活用具。

（一）夏邑清凉山遗址

该遗址出土的商代生活用具有陶、石、玉、骨、蚌类。夏邑清凉山遗址出土商代陶器数量较多，但完整的少，在第一、二、三期殷商文化遗存中，均以泥质陶为主，灰陶数量最多，另外有夹砂灰陶、夹砂褐陶、夹砂黑陶、泥质黑陶、红陶等。第三期器物纹饰有变化，其中第一期以绳纹为主，尤以细绳纹最多，占总数的 66%。素面和磨光占12%，中绳纹和粗绳纹较少。还有少量篮纹和云雷纹。器类以鬲和甗为主，约占 40% 左右，其次为盆、罐、豆、瓮等。第二期泥质陶数量有增加，夹砂陶数量有所减少。器物纹饰的变化是细绳纹减少，中绳纹数量大增，约占 47%。器类仍以鬲、甗为主，数量较第一期略有增加，其次为瓮、盆、罐等，还有少量大口尊、敞口大缸。第三期仍以泥质陶为主，数量较第二期又有增加，约占 65%。器物纹饰以中绳纹为主，约占 40% 以上。器类仍以鬲、甗为主，其次为盆，小口瓮、罐也不少。

陶质生活用具有：

1. 鬲　鬲是夏邑清凉山遗址殷商文化最常见的器物之一。均为夹砂陶，陶色以红褐色为主，其次为灰色。口、颈素面，颈以下饰绳纹。口径一般为 13—20 厘米，分档袋足，略有实足根。依其形状不同，分为 A、B、C、D 四型。

A 型　翻沿方唇，分六式：A I—AVI。（图 22）

B 型　侈口圆唇。可分为 Ba、Bb 两个亚型。Ba 分为Ⅰ、Ⅱ式，Bb 分为Ⅰ、Ⅱ、Ⅲ式。（图 23）

C 型　凹方唇，束颈，均为夹细砂陶。多为灰色，口、颈素面，颈下多饰细绳纹，胎较薄，制作精致。分为Ⅰ、Ⅱ、Ⅲ式。（图 24）

D 型　方唇宽而厚，束颈，均为夹粗砂陶。多为红褐色，颈下饰粗绳纹。分为Ⅰ、Ⅱ、Ⅲ式。（图 25）

2．甗　甗是该遗址中最常见的器物之一，颜色以红褐色为主，灰色较少。上腹为盆形，多泥质，口径一般为 24—26 厘米。下部有三分档袋足，多夹砂。除口径、足尖无纹饰外，余皆饰绳纹。依其形制不同分为 A、B、C 三型。

A 型　翻沿方唇，可分Ⅰ、Ⅱ、Ⅲ、Ⅳ式。（图 26）

B 型　侈口圆唇或圆方唇，均属于第三期，分Ⅰ、Ⅱ式。

C 型　方唇宽而厚，颈微束，沿面内凹，有两道凹槽，口径大于腹最大径，夹粗砂红褐陶。

3．盆　盆的数量也较多，大口，鼓腹内收，平底。多为泥质陶，口、颈多经抹光，颈下多饰绳纹，制作较精细。依其形制不同，分为 A、B、C 三型。

A 型　侈沿盆，口径大于腹最大径，分为 a、b、c 三个亚型。

Aa 型　颈下有一周附加堆纹，可分为Ⅰ、Ⅱ、Ⅲ式。

Ab 型　特征与 Aa 型相同，颈下无附加堆纹，可分为Ⅰ、Ⅱ、Ⅲ式。

Ac 型　尖唇，侈沿微卷，口径略等于腹最大径，束颈鼓腹，腹较深，口、颈素面或抹光，之下饰旋断中偏细绳纹。

B 型　折沿盆。可分为Ⅰ、Ⅱ、Ⅲ式。（图 27）

C 型　窄沿素面盆。

4．小口瓮　常见器物，均为泥质陶，陶色以灰色为主。颈以下饰旋断绳纹。小口，口径一般为 16—20 厘米，鼓肩，小平底。可分Ⅰ、Ⅱ、Ⅲ、Ⅳ式。（图 28）

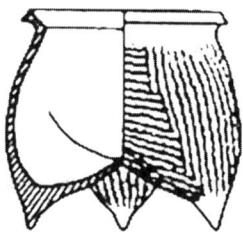

图22　AI式鬲

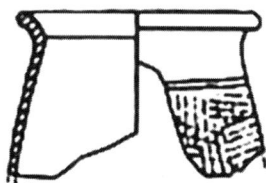

图23　BaII式鬲

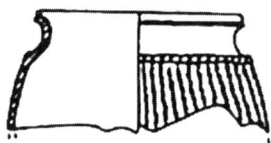

图24　CII式鬲

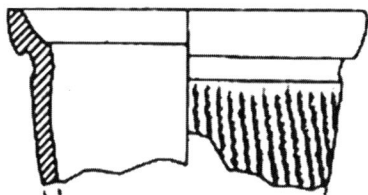

图25　DII式鬲

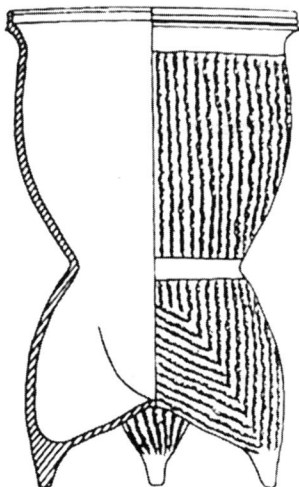

图26　AII式甑

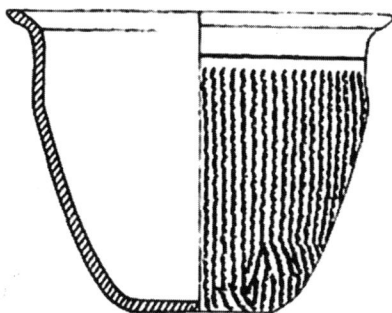

图27　BII式盆

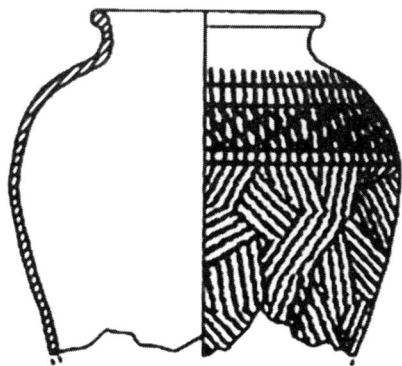

图28　Ⅲ式小口瓮　　　　　　　　　　　图29　大口瓮

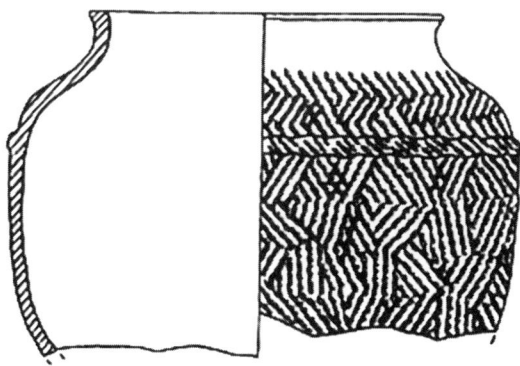

5 .大口瓮　数量较少，见于第三期，大口，矮颈，鼓腹。（图 29）

其他的器物还有罐、豆、豆盘、豆圈足、簋、敛口钵、印纹硬陶尊、大口尊等。

石器有石凿，平面略呈长方形，单面刃，磨制精细。（见本章图 6）

玉器　有玉凿 1 件，第三期出土。标本 T2 ③：6，平面呈长方形，窄顶宽刃，为一面刃，深黄色，通体磨光，制作精致。长 3.4 厘米，最宽 1.2 厘米，最厚 0.7 厘米。（见本章图 7）

该遗址出土骨制生活用具有骨锥、骨簪、骨匕。骨锥多系兽的肢骨或肋骨制成，分 A、B 二型。A 型，扁体，横断面呈半圆形或弧形，尖部磨制锋利；B 型，横断面呈圆形，锥杆和上端保持骨的原状，仅在锥尖部分加工磨制，使其锐利。骨簪多用兽骨磨制而成，顶端较粗，下端纤细带尖，制作精致。标本 T1 ⑤：35，横断面为圆形，尖残，残长 7.1 厘米；H16：5，横断面为椭圆形，尖残，残长 3.5 厘米。（图 30）骨匕系用管骨切磨而成，外表似匕形，体宽而扁，尖部锋锐，呈三角形。标本 F7：4，一面微凸，一面有凹槽，磨制精致，长 22.3 厘米，宽 4.4 厘米；标本 F7：5，横断面呈扁平椭

图30　骨簪

圆形,长 16.2 厘米,宽 4.7 厘米(见本章图 9)。另外还有蚌刀和蚌锥。

(二)柘城孟庄商代遗址

该遗址出土的商代生活用具有陶、铜、骨、编织类,还有与生活密切相关的"纺织和缝纫的工具""装饰品和雕塑物"。

1. 生活陶器有夹砂、泥质、细泥三种。据第二地点所出陶片初步统计,夹砂陶占 45%,泥质陶占 54%,细泥陶只占 1%。颜色以灰陶为主,占 90%;灰陶的颜色一般都作青灰色,红陶以红褐色多见。制法有泥条盘筑法、模制和轮制。三足器都模制,口沿、附耳、鼎足都是另外做成接上去的。圈足器及形制粗大的器皿,都采用泥条盘筑成。陶器表面除素面和磨光的以外,计有绳纹、弦纹、附加堆纹、凹沟纹、印纹和划纹六种。以绳纹为主,约占 80% 以上。

器型可分为三足器、圆底器、平底器、圈足器、器盖等。按照器皿的功能可分为炊器、食器、贮器、器盖。炊器有鬲、甗、鼎、甑、圆底深腹罐。鬲分两式:Ⅰ式,敛颈,袋足附圆锥形足根,鬲腹和袋足无分界线,袋足剖面呈桃形;Ⅱ式,腹壁和袋足有分界线,袋足剖面呈圆形。(图 31)甗残破无法复原,器身由两部分组成,上部是一个大口鼓腹的透底盆,下连一个鬲形器,中间细腰为甗箅。(图 32)鼎仅见残片和鼎足。甑分四式:Ⅰ—Ⅲ式平底上都有三个橄榄形孔(图 33),Ⅳ式是圆底形甑。圆底深腹罐夹砂灰陶,底部有烟炱,敛颈,下腹外鼓,圆底。

食器有簋、豆、斝、觚、杯、钵、碗、壶、平底盘、圈足盘、圆底小罐、罐、浅腹盆。

簋 分五式。(图 34)

豆 分三式,高 16 厘米左右。(图 35)

斝 敛口,唇内折,附扁平泥条鋬,残高 16.5 厘米,口径 10.5 厘米。(图 36)

钵 分五式。Ⅰ式,敛口,圆底,近底饰绳纹,上腹有一周弦纹,高 7.7 厘米;Ⅱ式,腹较深,施绳纹,高 8.2 厘米;Ⅲ式,厚唇,平底,施绳纹,

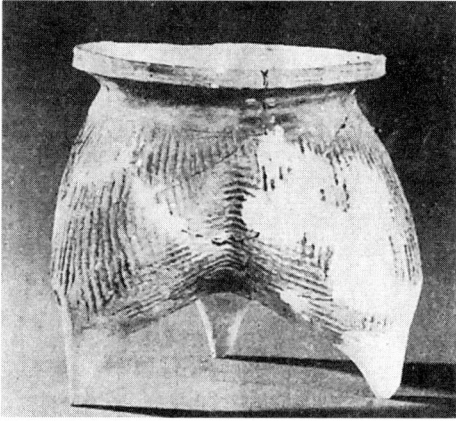

图31　I式鬲

图32　瓻

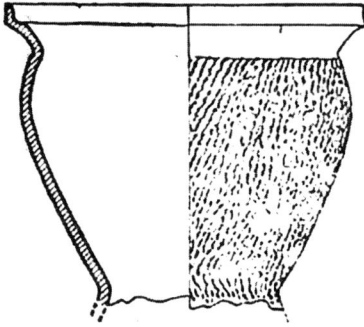

图33　I式甑

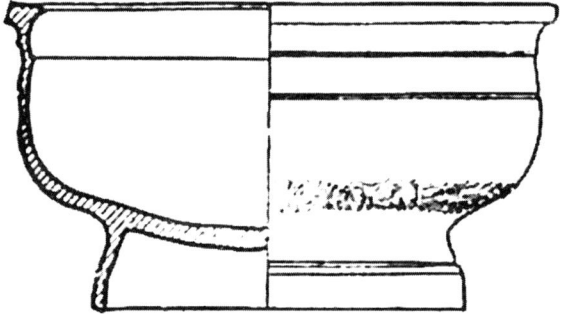

图34　簋

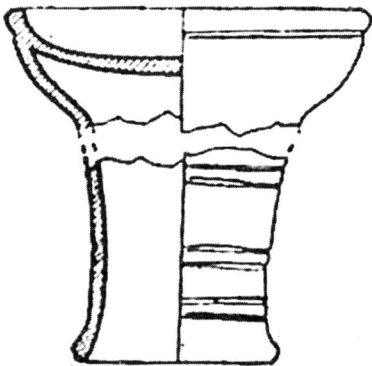

图35　豆

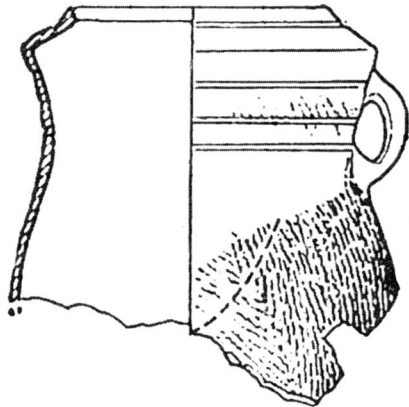

图36　斝

高 7.6 厘米；Ⅳ式，近Ⅲ式，腹稍深，高 10 厘米；Ⅴ式，口沿向外撇，腹较深，平底，素面，高 7.6 厘米。（图 37）

碗　圆筒形，平底，素面。高 4.8 厘米，底径 8.6 厘米。

壶　分二式。Ⅰ式，口较小，下腹圆鼓，矮圈足，圈足有两个小孔，素面，高 16.2 厘米；Ⅱ式，较Ⅰ式口沿微外撇，腹壁瘦长，施绳纹。

平底盘　浅腹，平底，素面。高 3.8 厘米，口径 21.6 厘米。（图 38）

圈足盘　分两式。Ⅰ式，浅盘，平底，圈足残，素面，口径 33.6 厘米；Ⅱ式，大口，浅腹，圜底，圈足残，施绳纹，口径 26.5 厘米。（图 39）

小口尊　小口，短颈，深腹，口沿外侧有两三个手捏痕，腹壁施绳纹。分三式：Ⅰ式，腹部微鼓，圜底，器形瘦长，高 19.5 厘米，口径 14 厘米；Ⅱ式，圆鼓腹，圜底，器形粗壮，高 17 厘米，口径 16.4 厘米；Ⅲ式，圆鼓腹，平底，高 20.5 厘米，口径 14.4 厘米。（图 40）

圜底小罐　分两式：Ⅰ式，大口，侈沿，微鼓腹，圜底，施绳纹，高 15.5 厘米，口径 18 厘米；Ⅱ式，小口，短颈圆鼓腹，圜底，施横绳纹，高 10 厘米，口径 10.8 厘米。（图 41）

罐　分三式：Ⅰ式，直口，短颈，广肩，腹壁近直，凹底，上腹磨光施以弦纹，下腹着绳纹，高 25 厘米，口径 15 厘米；Ⅱ式，侈沿，上鼓腹，平底；Ⅲ式，敛口，腹上刻一圈雷纹，罐耳塑成怪兽头形。

勺　椭圆形，圆柱柄，素面。长 14.4 厘米，柄长 4.4 厘米。

浅腹盆　分三式：Ⅰ式，斜腹壁，平底，施绳纹，高 12 厘米，口径 32.8 厘米；Ⅱ式，上腹微鼓，平底，施绳纹，高 9.6 厘米，口径 31 厘米；Ⅲ式，腹壁向下渐收缩，圜底，施绳纹和弦纹，高 12.5 厘米，口径 35.6 厘米。（图 42）

贮器类有尊、大口尊、深腹盆、瓮、缸。

尊　1 件。口外撇，长颈，凸肩，圆鼓腹，圜底。磨光，施弦纹。残高 30 厘米，口径 28.8 厘米。（图 43）

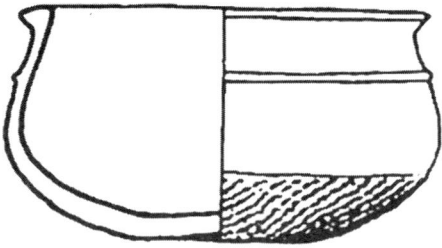

图37　钵

图38　平底盘

图39　圈足盘

图40　小口尊

图41　圜底小罐

图42　浅腹盆

图43　尊

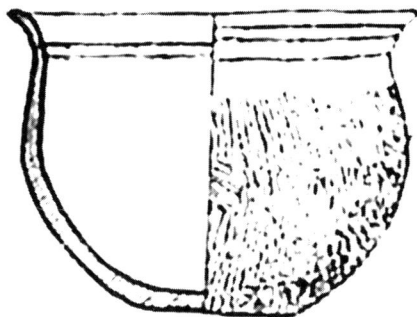

图44　深腹盆

大口尊　仅出土残片。

深腹盆　分五式：Ⅰ式，侈沿，腹壁近直，凹底，下腹施绳纹，高20.5厘米，口径25厘米；Ⅱ式，折沿，小平底，施绳纹，高20厘米，口径28厘米；Ⅲ式，大口，腹较浅，器形粗壮，高17.5厘米，口径32厘米；Ⅳ式，侈沿，鼓腹，平底，施绳纹，高19厘米，口径26.5厘米；Ⅴ式，薄胎，细泥橙黄陶，轮制，下腹施竖绳纹，绳纹中间划几道弦纹。（图44）

瓮　分二式：Ⅰ式，卷沿，短颈，斜腹平底，最大腹径在肩部，颈以下施绳纹，肩下部施一周附加堆纹，高56厘米，口径32厘米；Ⅱ式，敛口，广肩，腹壁近直，肩上附对称双耳，上腹磨光后施弦纹，下腹施绳纹，残高30厘米，口径22.2厘米。（图45）

缸　出土陶片较多，不能复原，有夹砂灰陶、泥黑陶，敛颈，腹壁近直，一件残高24厘米，口径31.5厘米；另一件残

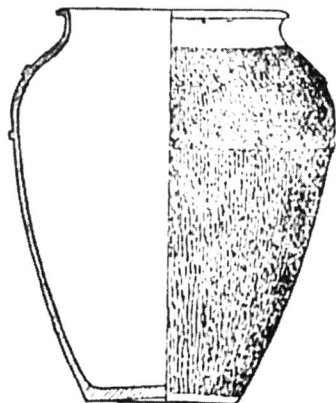

图45　瓮

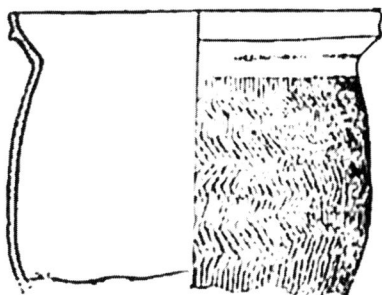
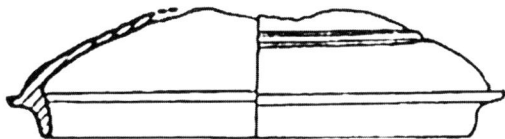

图46　缸　　　　　　　　　　　　　　　图47　器盖

高 18 厘米，口径 31.5 厘米。（图 46）

器盖　盖面圆鼓，顶部有一个空心捉手，磨光后施以弦纹。H30 出土的一件盖面圆鼓，子母口，施两周弦纹，残高 4.5 厘米，径 18 厘米；H25：20 盖面近平，子母口，素面，高 4 厘米，径 12 厘米。（图 47）

2．釉陶　出土 10 余片釉陶残片，陶质细腻，里面羼入白色和灰色的细沙粒，胎呈青灰色，器表涂一层淡黄绿色釉。可看出器型的有尊，与郑州二里岗出土的一件相似。

3．青铜器皿　H20：2 出土一件铜爵足，长条三棱形，长 7.35 厘米。

4．骨质生活用具　两件骨匕，形制相同，H10：1，将兽类肋骨劈开两半后磨制，顶端有穿，另一端为扁尖状，长 13.6 厘米，宽 2.5 厘米，厚 0.15 厘米，穿径 0.6 厘米。

5．编织生活用具

鞋　残存鞋底中断，出土于第 21 号灰坑。鞋底形状与现在的草鞋相似，束腰。系用四经一纬绳子穿编而成，绳子用两股线拧成，经线粗 0.5 厘米，纬线剖面为椭圆形，直径 0.5—0.7 厘米（见第三章图 21）。

鞋底发掘出土后，样品曾送北京造纸研究所检验，检验报告称"样品已经炭化，用各种方法处理均分散不开，只有在光学显微镜下直接分散。初步观察印象是：1．纤维较粗；2．视野中无禾草类杂细胞，均为纤维状纤维。鉴定为韧皮类纤维，属树皮的可能性较大"[1]。

蒲席　出土于第一地点第 23 号灰坑内，残存 30×20 平方厘米。已腐朽，呈黄色。蒲草为扁条状，宽 0.25 厘米。系用三根经带和三根纬带平直相交，与平纹布织法相同。北京造纸研究所的检验报告称"样品经碘氯化锌染色，在光学显微镜下观察，初步印象是：1. 纤维较细；2. 杂细胞较少。与蒲草图谱对照，较类似"[2]。

绳子　发现时捆绑在人骨架上，已腐朽成黑灰，但绳子纤维及其拧法尚清楚，绳子直径约 1 厘米，用两股线拧成。

（三）民权牛牧岗遗址

2007 年 9—12 月，郑州大学历史学院考古系在地方文物部门的配合下，对民权县双塔乡牛牧岗遗址进行发掘，出土有二里岗文化和殷墟文化陶器。

二里岗殷商文化陶器的陶质包括泥质和夹砂两类。陶色中，浅灰色占 70.37%。纹饰中以中绳纹为主，达 81%，多竖直行。器型有鬲、罐、甗、盆、大口尊，其中鬲、罐数量占 81.48%。

鬲　均为夹砂，灰陶，折沿方唇，沿面较宽，部分沿下呈倒钩状。（图 48）

甗　均为夹砂，多子母口，口部特征与鬲接近。

罐　泥质，折沿或卷沿，瘦腹，器身施有绳纹，均为残器。（图 49）

大口尊　泥质灰陶。标本Ⅳ T1201 ④：18，敛口，小尖唇，唇下施若干弦纹，口径 30 厘米，残高 4 厘米。

盆　泥质，多折沿。

殷墟殷商文化陶器的陶质包括泥质和夹细砂两类。炊器夹砂者

---

[1][2] 中国社会科学院考古研究所河南一队、商丘地区文物管理委员会：《河南柘城孟庄商代遗址》，《考古学报》1982 年第 1 期。

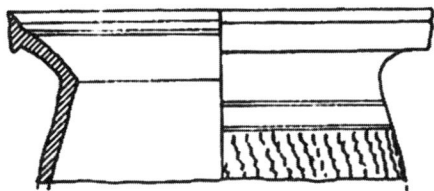
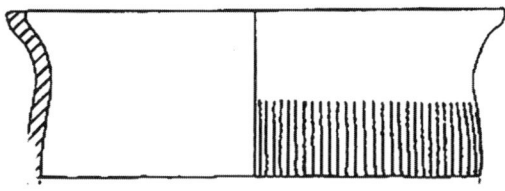

图48 鬲   图49 罐

比例较大，占 92.86%。盛储器泥质者比例较大。陶色中，浅灰色占 22.55%，深灰色 26.03%，褐色 30.14%，红褐色 23.28%。纹饰中以粗绳纹和中绳纹为主。器类中，鬲的数量最多，还有少量簋、罐、甑等。

鬲 夹砂，分为三式。

甑 夹砂褐陶，侈口方唇，沿面内凹，微折沿，粗绳纹。

簋 泥质灰陶，折沿方唇，唇部较厚。

罐 夹砂灰陶，折沿。

二 生活习俗

商人的生活习俗已经十分丰富，包括居住习俗、宗教信仰、天文气象、生活用具的改进、服饰文化、婚丧习俗，等等。

商人的居住习俗是择高地而居，这在全国商代遗址中有很丰富的考古发现，在柘城李庄遗址、孟庄遗址都发现有大面积的夯土台基，前文中已有介绍，不再赘述。

商代人的宗教信仰以祖先崇拜为主，还有自然崇拜、动植物崇拜等。商人认为死去的祖先可以护佑后人的生活，所以商王做任何事情，特别是像战争之类的大事必事先占卜，拜问先人是否可行。旱季祈求苍天降下甘霖也要占卜，祈求来年农业有个好收成也要祭拜苍天，进行占卜。大量甲骨文就是记载商王拜问先人、祈求苍天的卜问记录。

商人开启了我国天象观测的先河。商人的先祖阏伯被帝喾封于商丘任"火正"，观星授时，观察大火星运行位置的不同，以安排农时。后人为了纪念阏伯的功绩，在他观星的土台上建立阏伯庙，史称"阏伯台"或"火神台"。在其台前举行纪念活动的阏伯台庙会起源很早，现在每年正月初一至二月初二仍有一个月的会期，火神台已经发展成为河南较大型的庙会。

商代生活用具的改进主要表现在大量青铜生活用具的出现和使用。商代是我国夏、商、周三代文明中承上启下的重要时期，在三代文明形成发展过程中发挥了重要作用，上世纪50年代以来，在全国大型商代遗址中均出土数量可观的青铜器物，生活用具是主要方面，尤以酒器为最多。

商代服饰文化丰富多彩，服装式样种类繁多，还有不同的等级差别，"以代表王妃一级的妇好墓为例，出土的玉类装饰品多达426件，品种相当复杂，有用作佩戴或镶嵌的饰品，有用作头饰的笄，有镯类的臂腕饰品，有衣服上的坠饰，有珠管项链，还有圆箍形饰和杂饰等等。饰品的造型有龙、虎、熊、象、马、牛、羊等27种……47件绿晶、玛瑙、绿松石、孔雀石等宝石类饰品……代表商代王室上层贵显一级的服饰品类，可以1977年小屯北地发现的18号属5套觚爵等列的墓为例，墓主头上有排列齐整、相互叠压的骨笄25件，玉笄2件……代表中等权贵一级的有1984年殷墟戚家庄269号墓，为3套觚爵等列墓。出土大型丝织彩绘帷帐，织物经纬细密，绘有兽面纹图案……代表一般贵族的服饰品类，可参见以下几座2套觚爵等列墓的考古发现……1959年大司空村发掘的101号墓，出有较粗的麻布花土，白黄色相间，上用黑色线条绘以兽面花纹……殷墟西区M1052一座出土一套铅觚爵的墓葬发现材料，有助于了解当时末流贵族或上层平民的服饰状况。人架上有数层彩绘布，厚3—4毫米，上绘蝉形图案，以红色为地，黑线勾勒，填以白黄色。……商代还有大量中层以下平民墓葬，一般有棺，或随葬陶器数件，有的人架附有质粗色单的织物痕，有装饰品者也无非是质地低贱的水产生物介壳之类"①。另有地域不同的差别。装饰品也有玉、石、骨、牙等不同质地。

商代的婚制为一夫一妻制，是在父权制下的族外婚姻形态中逐渐形成的。这种婚制产生的家庭，主要作为一种人口再生产单位而存在，在经济上的独立程度还很有限。此外还有一种现象，有相当一批平民并无固定配偶，更谈不上个体婚姻家庭。《周礼·地官·媒氏》说："仲春之月，令会男女。于是时也，奔者不禁。"社会习俗约定，一年中的某个特定季节，男女可以自由结合而不受制约，这种非固定性的男女临时婚媾，可能在这部分人中流行，既然称"奔者不禁"，应在异族间进行。这无需婚姻礼仪。但商代贵族婚姻是有一定礼仪程序的，主要有议婚、订婚、请期和亲迎四个议程。"商代贵族婚姻受崇神思想支配，求吉之卜贯穿始终，然婚嫁形式渐趋礼仪化，婚姻'中于人事'。议婚、订婚由当事男女双方家族基于各自的功利目的而合好，有使者为之媒妁，男女本人无选择对象之自由。请期诹吉日一般以择于二月某一丁日为多，日期大都由政治实力雄厚一方选定，不限专出男方家族。亲迎之礼，嫁有女媵，娶女有迎。媵用私臣或家族成员，'媵用娣侄'实乃后制。迎有等级规格之异，一般为'婿亲迎'，男先于女，然殷商王室娶女，则以使者往逆。婚后又有长辈见新妇之礼。"②

商人的葬俗与夏及其前代有较大区别，比如使用棺椁、腰坑并以狗放于坑内陪葬，贵族墓还有二层台、头厢边厢随葬器物，等等。考古发现有夫妇二人同穴合葬、并穴合葬、单人葬等多种，多数为长方形竖穴土坑墓。在柘城孟庄商代遗址发现两座长方形竖穴土坑墓（编号 M5、M6），葬式为单人仰身直肢葬，均为女性，M5 方向 178°，没有发现葬具，有陶片随葬，器型有鬲、罐、豆、簋。M6 方向 287°，没有发现随葬品，墓穴南壁残留白色棺灰。

① 宋镇豪著：《夏商社会生活史》，中国社会科学出版社 2007 年版，第 311—312 页。
② 宋镇豪著：《夏商社会生活史》，中国社会科学出版社 2007 年版，第 143 页。

第六章　两周宋国——商人最后的家园

第一节　概述

两周宋国是指西周灭商后，为了安抚商遗民，也为了巩固西周王朝的统治，封殷纣王的庶兄微子启于商人故地（今商丘）建立的宋国。公元前 286 年，宋国被齐、楚、魏三家所灭，立国近八百年。

公元前 1046 年牧野之战，武王灭商，建立了西周王朝。封纣王子武庚（即禄父）为诸侯，居殷旧都，治理商遗民。又分商地为三部分，命自己的兄弟管叔姬鲜、蔡叔姬度、霍叔姬处，各领一部，以监视武庚，号称"三监"。西周建立仅两年时间，武王病逝，由其年幼的儿子姬诵继位（周初即实行父死子继的王位继承制），是为成王。成王年幼，由周公（姬旦）辅政，三监不满于周公摄政，于是武庚、蔡叔等勾结东方商的旧属国奄（今山东曲阜）、蒲姑（今山东博兴）及徐夷、淮夷等部落，起兵叛周。周公率兵平叛，杀武庚及管叔，放蔡叔，周公东征取得空前胜利。之后，周公遵循"兴灭继绝"（语出《论语·尧曰》："兴灭国，继绝世，举逸民，天下之民归心焉。"意思是说："复兴灭亡了的国家，接续断绝了的世族，推举起用前代被遗落的德才之士，天下民心就归服了。"）的传统，封殷纣王的庶兄微子启于商朝故地建立宋国（前1040—前286），爵位为公爵，都睢阳（《世本》说："宋更曰睢阳"，今商丘市睢阳区有宋国故城遗址）。宋为周朝的一个子姓诸侯国，其统治殷商遗民，史书记载微子启建宋国为"奉其先祀"。

周公封殷纣王之庶兄微子启于宋，"微"是封地，一说在今山东微山湖，有微子墓；一说在今山西潞城县东北；一说在今陕西西周京畿附近。"子"是姓，"启"是名，称宋公，公是一等爵，足见宋国在当时西周诸封国中地位的重要。《公羊传》隐公三年何休注："宋称公者，殷后也。王者封二王后，地方百里，爵称公，客而不臣也。"宋是商人宗邑所在，封微子启于宋的目的是为了让其奉其先祀，更好地统领商遗民，从而巩固周王朝的统治。宋国立国久长，几与两周王朝相始终。在其第十四世国君宋襄公兹甫在位时期是宋国发展的鼎盛时期，曾经称霸诸侯，是著名的春秋五霸之一。

宋国从微子封宋建国（前1040年，中国社会科学院考古研究所编《中国历史年表》"周成王元年为前1042年"之后，周公东征三年平定"三监"叛乱，封微子于宋），直到公元前286年最后一位国君——国王偃被杀，齐、楚、魏三家灭宋，宋国共经历26世，32位国君，立国753年。另一说宋国建立应在公元前1054年。朱绍侯主编《中国古代史》引赵光贤《从天象上推断武王伐纣之年》一文认为武王克商的时间是公元前1057年，并认为同年4月便胜利班师，回到镐京，正式建立了周王朝。再经过三年苦战，相继平定了东方诸国。按此计算，封微子于宋的时间应该是公元前1054年或晚一两年，宋立国768年。

宋国地位特殊，与周为客，被周天子尊为"三恪"（周初封前代三王朝的子孙以王侯名号，称三恪，以示敬重。周封三朝说法有二，一说封虞、夏、商之后于陈、杞、宋，一说封黄帝、尧、舜之后于蓟、祝、陈）之一。春秋时期，宋襄公在齐国内乱时，帮助齐公子复国，代齐作为盟主，成为春秋五霸之一。公元前638年，宋、楚泓水之战时，宋襄公实行不切实际的"仁义"，结果被楚军击败。战国时期，宋国末代国君宋康王"行王政"，即实行政治改革，宋国强盛起来。他东败齐，南败楚，受到齐、楚等大国的忌恨，公元前 286 年，齐国、楚国与魏国联手灭掉宋国，三国瓜分宋国领土。

宋国版图最大时是在春秋时期，疆域跨有今河南东部、江苏西北部、安徽北部和山东西南端之间，面积约有十万平方公里，皆膏腴之地。"由此可知，宋之封域，东到今江苏徐州地区，南到今安徽宿州，西到今商丘地区西部，北到今山东荷泽、定陶一带，地跨今河南、山东、江苏、安徽四省。"① 宋国是华夏圣贤文化的源头，处于中国传统文化核心地位的儒家、墨家、道家、名家四大学派，以及孔子、墨子、庄子和惠子四位圣人皆出自宋国，可见商宋故地的商丘是我国历史上圣人文化圈的核心地区。

宋国的主要城市有睢阳（今商丘市睢阳区宋国故城遗址）、相城（今安徽省淮北市相山区）、蒙邑（今商丘市东北梁园区蒙墙寺一带）、彭城（今江苏省徐州市西）、丰邑（今徐州市西北部）、吕邑（今商丘市夏邑县）等。

睢阳不仅是宋国的政治中心，也是宋国头等的商业城市，宋国人善于经商，在继承与发展殷商文化，特别是商业文化方面，功不可没。宋国殷商文化繁荣昌盛，首先表现在城市的发展。当时，睢水北岸的宋都睢阳、济水北岸的陶丘，商业都很发达。陶朱公范蠡，辅佐越王勾践复国后就隐居在陶地经商而富甲一方。陶是"天下之中"（陶地东邻齐、鲁，西接秦、郑，北通晋、燕，南连楚、越，司马迁称定陶为"天下之中"）的最佳经商之地，范蠡操计然之术（根据时节、气候、民情、风俗等，人弃我取、人取我予，顺其自然、待机而动）以治产，没过几年，经商积资又成巨富，被后世誉为"商圣"。获水和泗水交汇处的彭城，也是极为繁荣的商业都会。《史记·货殖列传》说："陶、睢阳（即宋城）亦一都会也……彭城亦江东一都会也。"

20 世纪 90 年代，中美联合考古队在今商丘市睢阳区考古发现了两

---

① 朱凤祥：《宋国的都城和疆域考略》，《商丘师范学院学报》2016 年第 5 期。

周宋国都城——睢阳城遗址，考古探明睢阳城城墙周长 12920 米，面积 10.2 平方公里，相当于现存明代所建归德府城的 10 倍。据相关材料记载，当时人口约在 10 万人以上，聚居着本地众多的手工业工匠和外地商人，专门设有贸易市场，"百工居肆"，店铺林立，除粮坊、油坊、车市外，还出售丝麻织品、木器、漆器、玉器、陶器、鞋、帽等各种货物。政府专设"褚市"（一种官吏名称）管理市场，一派繁荣景象。

陶丘（今山东定陶县西北）原是春秋曹国都城，于鲁哀公八年（前 487）亡于宋人之手。此处土地平阔，开发较早，"昔尧作于成阳，舜渔于雷泽"（《史记·货殖列传》），人口比较集中，客商云集，店铺鳞次栉比。

彭城（今江苏徐州），获水与泗水两大河流在此汇合，交通发达，南贾苏州，北贾临淄，"东有海盐之饶，章山之铜，三江五湖之利"，商业也极为繁荣。

这三个都会各相距不过一二百里，其间有大道和水运相通，"马驰人趋，不待倦而至"，形成了内则互补、外则通达、三足鼎立的货物集散格局。这一商贸优势，在当时各诸侯国中是很少见的。

宋国商业文化的繁荣昌盛，还表现在一批富商大贾的出现及其精明的经营之道。从宋国地域商业发展的历史看，古商国时期这里诞生了中国第一位商人王亥，但是商业还基本上依附于农业和畜牧业；到了商代，出现了商业专业户，但还处于"肇牵牛远服贾，用孝养厥父母"（《尚书·酒诰》）的状态。发展到宋国时期，情况有了一个飞跃，出现了一批以盈利为目的、自备资本进行经营活动的大商人，形成了真正意义上的第三产业，实现了第三次社会大分工，并且诞生了中国第一位商业理论家计然。

《商颂》是宋国国君颂扬商朝先祖的诗，记载了商人的古代传说。宋绣源于宋国的国都睢阳。早在商汤灭夏前，这块土地上就已发展有养蚕、缫丝、刺绣业了。据《管子·轻重甲》记载，商汤时，夏桀骄奢淫逸，挥霍无度，仅女乐就有三万人，而且"无不服文绣衣裳者"。为了削弱夏的力量，商汤采用大臣伊尹的策略，命令自己部族的妇女日夜赶制"文绣"，用来换取夏人的粮食。通过发展商业贸易，商族的粮食日益增多，国力日渐强盛，最后一举灭夏，建立商朝。

第二节　宋国的疆域

西周建立之初，为了尽快巩固新政权，分封了许多小诸侯国。"周公东征取得彻底胜利，朝歌以东广大疆土皆入版图，周人为巩固其统治，就必须分封他的亲属子弟镇抚其地。《左传·定公四年》称魏大夫祝鮀说：'昔武王克商，成王定之，选建明德，以藩屏周。'《荀子·儒效》周公'兼制天下立七十一国，姬姓独居五十三人焉，周之子孙苟不狂惑者，莫不为天下之显诸侯'。"① 从这里看，西周初年分封了 71 个诸侯国。《史记·汉兴以来诸侯王年表》："周封五等：公、侯、伯、子、男……武王、成、康所封数百，而同姓五十五，地上不过百里，下三十里，以辅卫王室。"《吕氏春秋·先识览·观世》："此周之所封四百余，服国八百余，今无存者矣。"

宋国初封时疆域很小，仅在宋城及其附近大约方圆百里左右，即《史记·汉兴以来诸侯王年表》所讲的"地上不过百里"。所以，宋国初封时的疆域就在商丘及附近地区，大致范围在今商丘市境内。春秋时期宋国疆域是相当大的。宋楚泓水之战时，"宋国当时国土，广袤约各 300 余里。东接彭城（今江苏省铜山县），与泗上诸侯之藤（今山东省藤县），薛（藤县南五十里），鄫（今山东省峄县东南），偪阳（峄县西南五十里），萧（今江苏省萧县），徐（今安徽省宿县符离集）等国为临。西方则与郑（今河南省新郑县）之东疆接壤于杞国（今河南省杞县）之北，并隔

---

① 徐中舒著：《先秦史十讲》，中华书局 2014 年版，第 80 页。

阴沟水（今惠济河）与杞,陈（今河南省淮阳县）毗境相连。南邻于胡（今安徽省阜阳县西北二里胡城）,沈（今安徽省临泉县）二国。北接鲁（今山东省曲阜县）,曹（今山东省定陶县）,卫（今河南省滑县）三国。所谓襟带河济,屏蔽徐淮,舟车四达,商务辐辏之国也。其国土地势平坦,无险可扼,为四战之衢地。惟因其为中原交通之中枢,故在春秋时期中,凡争中原霸权者,必先争宋国"①。（图1）

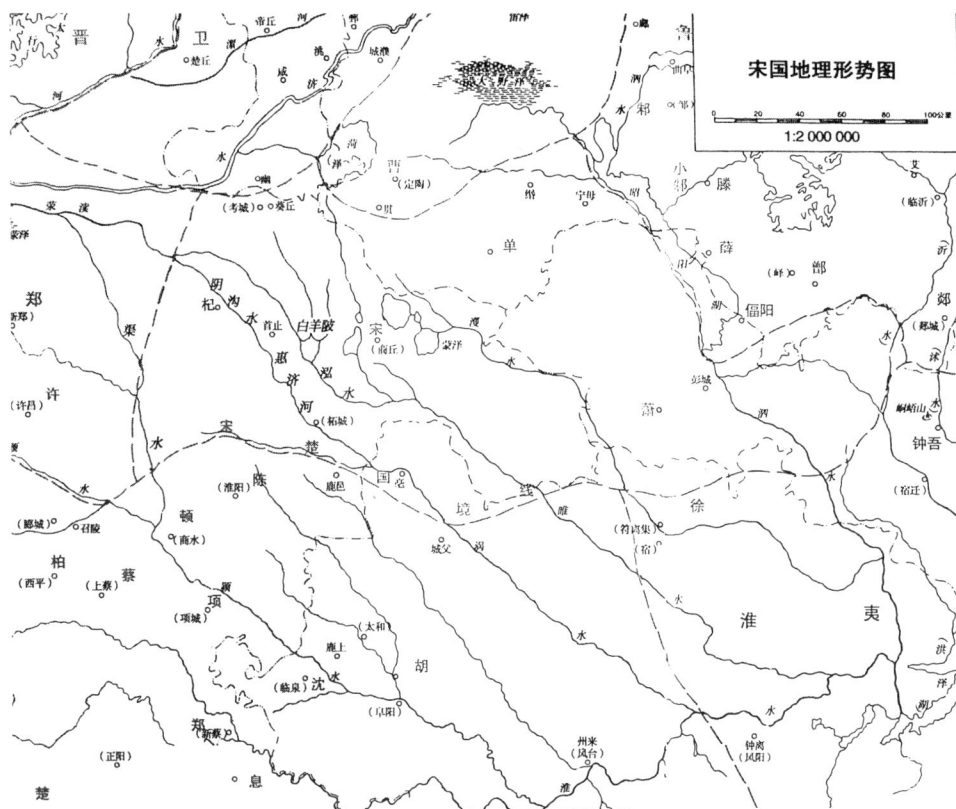

图1　宋国地理形势图

---

① 台湾三军大学编著:《中国历代战争史地图册》第 1 册上古—春秋（上）,中信出版社 2016 年版,第 151 页,附图:1—13。

《汉书·地理志》云："宋地，房、心之分野也。今之沛、梁、楚、山阳、济阴、东平及东郡之须昌、寿张，皆宋分也。"宋国版图跨有今河南东部、江苏西北部、安徽北部和山东西南端之间，面积约有十万平方公里，皆膏腴之地。

"据现代学者钱书林考证：至春秋末年，宋国的疆域达到了'今河南开封通许、扶沟以东；河南鹿邑、安徽宿州市以北；江苏邳州市、山东鱼台县以西；北边超过今山东定陶，并一度到达河南濮阳境'，可见宋国疆域之广……战国末期，在宋王偃（宋康王）的经略下，宋国出现了复兴的景象。在军事上，宋国曾'东败齐，取五城；南败楚，取地三百里'，并'灭滕，伐薛，取淮北之地'，使宋的国境深入山东南部。此时宋国势力达到了开国以来的顶峰，疆域大大扩展，一跃成为五千乘的'大国'，人称'五千乘劲宋'。但是，宋国的强盛只是昙花一现，最终在公元前286年被齐、楚、魏三分其国，结束了其延续近七百多年的历史。"[①]

第三节　宋国的都城

一　宋国都城睢阳和彭城

（一）宋都睢阳

据《史记·宋微子世家》记载："周公既承成王命，诛武庚，杀管叔，放蔡叔，乃命微子开[②]代殷后，奉其先祀，作微子之命以申之，国于宋。"《集解》引《世本》曰"宋更曰睢阳"，王国维《观堂集林·说商》："则宋之国都，确为昭明相土故地，杜预《春秋释地》以商丘为梁国睢阳（今河南归德府商丘县），又云：'宋、商、商丘三名一地'，其说是也，始以地名为国号，继以为天下之号。"

---

① 朱凤祥：《宋国的都城和疆域考略》，《商丘师范学院学报》2016年第5期。
② 即微子启，今此名开者，避汉景帝刘启讳。

清康熙四十四年《商丘县志·城池》记载："府城，春秋宋国城也，其城东门曰杨门，又东北曰蒙门，南门曰卢门，东南门曰垤泽门，西北门曰曹门，北门曰桐门，又外城门曰桑林门。"

《北征记》："城方三十七里，南临濊水，即睢水。凡二十四门。"《左传·桓公十四年》："以大宫之椽归，为卢门之椽。"又昭公二十一年："华氏居卢门，以南里叛。"杜预注："睢阳有卢门亭。"

《括地志》："宋城东南门曰泽门。"

《左传·襄公十七年》："宋皇国父为大宰，为平公筑台……筑者讴曰'泽门之皙，实兴我役'"。杨伯峻注："泽门即《孟子·尽心上》之垤泽之门，宋东城南门也。"①

《左传·成公十八年》："郑伯侵宋，及曹门外。"

《左传·襄公十年》："六月，楚子囊、郑子耳伐宋，师于訾毋。庚午，围宋，门于桐门。"訾毋，宋地，当在今河南鹿邑县南，说明当时老子活动的鹿邑是属于宋国②。

《左传·昭公二十五年》："二十五年，春，叔孙婼聘于宋，桐门右师见之。"杜注："右师，乐大心，居桐门。"

《左传·哀公二十六年》："宋景公无子，取公孙周之子得与启畜诸公宫……得梦启北首而寝于卢门之外，已为乌而集于其上，咮加于南门，尾加于桐门。"杜注："桐门，北门。"

《左传·昭公二十一年》："宋城旧鄘及桑林之门而守之。"

上述所列文献如《左传》《括地志》分别记载了宋国故城城门的名称。《商丘县志》说"府城，春秋宋国城也"。这就是说归德府城就是两周宋国都城所在地，《史记·宋微子世家》上说微子"国于宋"，晋人杜预在《春秋释地》中讲"宋、商、商丘三名一地，梁国睢阳县也"，王国维在《观堂集林·说商》中讲"其说是也，始以地名为国号，

---

① 杨伯峻编著：《春秋左传注》下，中华书局 2018 年版，第 890 页。
② 杨伯峻编著：《春秋左传注》下，中华书局 2018 年版，第 841 页。

继以为天下之号"。

（二）宋都彭城

持宋国都彭城说的代表人物有杨宽、钱穆。《史记·韩世家》："文侯二年，伐郑，取阳城。伐宋，到彭城，执宋君。""据杨宽考证，此被执'宋君'当为宋悼公，并说，宋'在战国初期宋昭公、宋悼公时可能迁都彭城'。钱穆先生在其所著《先秦诸子系年》中指出：宋之东迁，初'非在文公之晚世，即共公之初年矣'，共公初迁相，战国之后则迁彭城，他还列出十五证并二事，以为战国时'宋都彭城，不都睢阳，段可定矣'。"①

二　宋都睢阳城的考古发现

（一）宋都睢阳城的位置

史书记载西周初年封微子启于宋，建立宋公国，但没有记载宋都睢阳城的具体位置。为了探索商丘境内的先商文化，已故美籍华人张光直教授（张光直根据古籍记载结合近代学者的考证，认为商丘是商昭明以降十一个先公先王的经营地）②促成美国哈佛大学皮保德博物馆和中国社会科学院考古研究所联合组建中美联合考古队。中美联合考古队从 1990 年春到 1997 年底，在商丘进行了长达八年的田野考古调查，其中一项最重要的成果就是在商丘古城下发现了宋都睢阳城遗址，探清了城墙的四至范围，并对城墙进行了多处考古试发掘。

中美联合考古队在商丘古城附近钻探发现了宋国故城城墙。西墙南起古宋乡郑庄村，北至古宋乡董互房村东南；北墙西起董瓦房村东南与西墙交汇处，东到古宋乡东园前街 117 号民宅东 40 米处；东墙北起北墙最东端，南至古宋乡周台村东；南墙东起周台村东与东城墙交汇处，西至郑庄与西城墙交汇处。（图 2）

---

① 朱凤祥：《宋国的都城和疆域考略》，《商丘师范学院学报》2016 年第 5 期。
② 高天麟、慕容捷、荆志淳、牛世山：《河南商丘县东周城址勘查简报》，《考古》1998 年第 12 期。

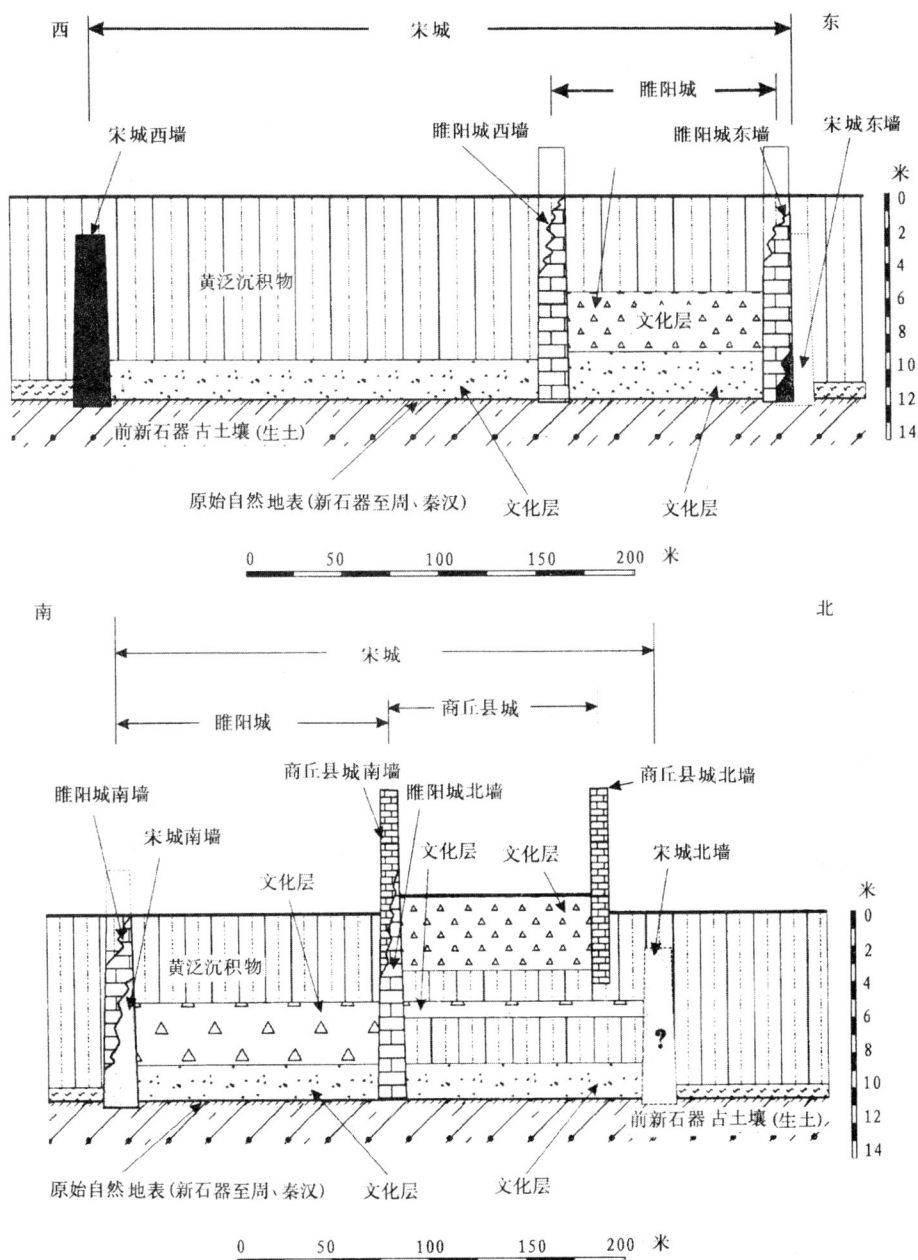

图2　宋城、睢阳城和商丘县城叠压关系图

（二）宋都睢阳城城墙

1. 城墙的平面形状与夯土构成

1996 年 5 月 2 日，中美联合考古队最先在古宋乡王营至胡楼一带钻探时发现了宋都睢阳城西墙中段。直到 1997 年春钻探确定了城墙的方位、大小和基本结构。

钻探资料表明，睢阳城城墙平面近圆角方形，西墙长 3010 米，北墙长 3252 米，东墙长 2900 米，南墙长 3550 米，周长 12920 米，面积 10.2 平方公里，东南角、西南角、西北角均为弧形，东北角未调查清楚，只是推测为弧形。"四周城墙都很直，但城墙走向不是正南北。东南角和西北角为钝角，而西南角和东北角则为锐角。这种城墙的定位方式值得研究和探索。"[①]

西墙南起郑庄，北至董瓦房村，全长 3010 米，其中郑庄至胡楼村东，方园村南至董瓦房村两段保存较好，胡楼村东至方园村南约 330 米长的一段钻探没有发现城墙。西墙顶部距地表一般在 3 米左右，深者 5—6 米，浅处不足 1 米。从郑庄到刘庄南西墙夯土呈深褐灰花色，土质较硬；从刘庄到董瓦房东南，城墙土色为黄花，近于生土，土质亦较硬。

北墙西起董瓦房村东南与西墙交接处，东到东园前街 117 号民宅东 40 米与东墙北端交接处，全长 3252 米。这段城墙顶部距地表 2—3 米，深者达 7.2 米，土质土色与刘庄以南的西墙相同。

东墙北起东园前街 117 号民宅东 40 米与北墙交接处，南到周台村东，与晚期睢阳城东南角相重合，全长 2900 米。东墙夯土保存很差，分布断断续续，主要发现离东南角较近的睢阳城墙之下，多半离地表 7—8 米，深者达 10 米，夯土为青灰色或黄花色夹细沙，土质较硬。

南墙东起周台村村东与东墙交汇处，西到郑庄村南，全长 3550 米，南墙西段保存较好，从郑庄村南向东到孙庄村东长 1100 米，距地表深

[①] 高天麟、慕容捷、荆志淳、牛世山:《河南商丘县东周城址勘察简报》,《考古》1998 年第 12 期。

多在 2—3 米左右，浅处仅几十厘米（多在地面低处），孙庄村东至老南关村西北地 1300 米长的一段没有钻探到城墙，由老南关村西北地到周台村的一段城墙压在晚期睢阳城城墙下，探明长度为 1150 米，距地表深 3.5—9.5 米，土质较硬，土色为深灰色。

城墙顶部宽大，都在 12—15 米左右，底部宽 25—27 米，城墙底部有 1—2 米深的墙基槽。根据横穿南墙西段的地层钻探剖面分析，城内外东周时期的古地面深度一般为 10 米，城外有城壕或城湖的遗存。睢阳城夯筑城墙的土方工程是很大的，钻探报告进行了大致估算，"假设城墙平均高 10 米，墙顶宽为 15 米，底宽 25 米，整个城墙的土方工程则为 2597000 平方米"[①]。

2. 城墙的结构

为了弄清楚宋都睢阳城城墙的结构，中美联合考古队在孙庄村西的南墙西段、郑庄村南的西墙南段、西墙中段偏北处开挖了三条探沟（编号分别为 T1、T2、T3）。从三处探沟解剖看，城墙由三部分不同土色的夯土构成，且都有明显的增补接缝。

第一部分浅灰花色夯土是在第二、第三部分夯土基础上，加宽增高修筑利用的，该部分夯土现存厚度（结合钻探提供的）约 9.6 米，顶部宽 5—6 米。第一部分夯土内含料礓石较多，夯土明显且厚薄不一，最厚者达 18—20 厘米，薄者为 8—10 厘米，一般在 12—15 厘米。夯窝为圆形平底，窝径约 9 厘米。随后发掘揭露部分的墙的宽度为 21 米左右，面按外侧坡度估计，其底部宽度当在 25 米至 27 米之间。

第二部分夯土的土色呈黄褐花，含料礓石略少。其南侧呈斜直边，第一部分夯土附在其外侧；北侧呈曲尺状，附着于第三部分夯土之外侧，第二部分夯土现存部分上宽下窄，夯层厚薄不一，一般在 10—14 厘米之间；夯窝有圆形弧底，窝径在 4 厘米左右，亦有圆形平底，窝径

① 高天麟、慕容捷、荆志淳、牛世山：《河南商丘县东周城址勘察简报》，《考古》1998 年第 12 期。

约 7 厘米。

第三部分夯土土色呈深褐色，质粘，含料礓石极少，这部分夯土主要为红黄枯土和呈块状的黑土，掺和夯砸面成。这部分夯土的北边略呈坡状，南边则呈阶梯状。夯层厚一般在 8 厘米左右，夯窝直径多为 4 厘米，有成组的夯窝，这可能与木棍束集成捆做夯具有关。T2 的第三部分夯土当为初始建筑的主体城墙，现存厚度约 5.9 米，在距地表 6.4 米处，它的宽度为 11.5 米，顶部宽约 2 米。

3. 城门

目前，宋国故城城门（报告称之为城墙缺口）共发现 5 处，西墙 3 个，南墙 1 个，北墙 1 个。

西墙南门，位于郑庄村北十字路口北面新建砖窑下，距故城西南角 490 米左右，呈上部大（大于 30 米），下部小（小于 8 米）的 V 形，缺口内被晚期黄河泥沙所充填，缺口中心黄泛泥沙之下为较松散夹杂有晚期泥沙的夯土块，其下又压有一层路土，路土下则为生土，这种地层关系说明此缺口应是西墙的一个城门。

西墙中门，位于胡楼村东北丁字路北，王营村东之丁字路以南，距西南角约 1500 米，处于西墙中心位置，宽 330 米。这里原应是城门，后来被破坏形成如此宽的缺口。

西墙北门，位于刘庄村北路口与民房交界处，离城墙西北角 480 米，缺口上宽 20 米左右，向下逐渐变小，地层堆积情况类似南缺口，缺口坐落的位置和距离与西南门相似，故此缺口可能是西墙之北门。

南墙西门，位于孙庄西北，西距故城西南角 650 米左右，缺口宽 12 米，两侧为土质坚硬的夯土，缺口内有多孔探至 11.6 米不见夯土，个别孔 6.2 米见青灰土，7.6 米见夯土块，8.9 米见灰土夹夯土块，其坐落位置恰好在南墙西段，因此有可能是城门缺口。

北墙西门，位于黄庄西地，西距故城西北角 650 米，与南墙西门南北对应，缺口上宽 53 米，下口宽 24.8 米，应是城门被破坏后留下的缺口。

其他城门的位置有待于将来钻探调查。

4. 护城河（城壕或城湖）

南墙西段城墙外深孔钻探结果确证有城壕或城湖的存在。根据《河南商丘县东周城址勘察简报》（《考古》1998年第12期）报告23页图二宋城南墙段钻探横剖测量，这一部分护城河横剖面近Ｖ形，底部很窄，直斜坡，口宽约120.8米，深4米。

城址的年代：考古发掘三条探沟的资料显示，宋都睢阳城城墙堆积有三个部分组成，第一部分年代属于汉代；第二部分年代属于春秋、战国；第三部分年代下限似不应晚于春秋时期，其上限或有可能推至商末、周初。"根据历史文献，春秋的宋城与商有历史渊源关系。那么宋城城址的始建年代会早到何时？探沟揭示的Ｃ块夯土（第三部分）的建筑年代是我们探索这个问题的关键……Ｃ块夯土中包含的陶片虽然很少，但这些陶片的时代，晚于当地的龙山文化，似乎与二里头文化的年代相接近，除个别遗物会到商代，再没有比这更晚的遗物，因此我们不能排除它的始建年代可以到商代或者更早。"[①] 这说明宋都睢阳城城墙可能始建于商代或更早，周初微子启封宋，以此为都城，春秋战国时期一直在使用。汉代梁国都城城墙是利用了宋国都城城墙而修建的。

第四节　与宋国有关的考古发现

一　侯庄夯土建筑基址

（一）夯土建筑的基本情况

1996年春，中美联合考古队在宋城东南1.5公里的侯庄村，钻探发现一处大型夯土台基，夯土台东西长100余米，南北宽80余米，总面积8000平方米左右。夯土台子大部分压在侯庄村下，只有北部边缘

[①] 中国社会科学院考古研究所、美国哈佛大学皮保德博物馆编著：《豫东考古报告》，科学出版社2017年版，第343页。

在村外，夯土台周边显得很破碎，保存情况较差。

夯土台顶部最浅处距地表约 2 米，深者 6 米多，夯土土色为黄花色，质量较好。

（二）夯土台基的时代

从钻探探孔中带出夯土层中包含的陶片看，时代不晚于东周，还有少数时代更早的陶片。发掘简报根据钻探情况认为"其年代大体与城址的年代相近，因此它有可能是与城址（宋国故城）同时的一个建筑基址，基于城址曾有多次修补利用的情况，故该基址也不排除后来被汉代继续使用的可能"[①]。

二　传世出土的宋国青铜器

传世出土的宋国青铜器共有八件。

永城市博物馆藏宋国青铜匜　1985 年 3 月，永城市文物管理委员会在永城市陈集乡丁集窑场征集一件青铜匜[②]，该铜匜残缺一足，通长 35 厘米，高 15 厘米，残重 3.3 千克。兽首形四足，夔龙形鋬，下饰窃曲纹一周，腹部饰瓦纹，器物内底部有铭文三行，连重文共十七字，铭文为"（郑）白（伯）乍（作）宋孟姬媵（媵）匜，其子子孙孙永宝用之"，"白"即郑伯，指郑国的国君，"宋孟姬"为本器的主人，"姬"是器主人母家之姓（郑国为姬姓国），"孟"是指她在同辈中的排行，"宋"是指夫家所在的国名，"媵"是指女孩出嫁时陪嫁的嫁妆。据河南省文史馆馆员王子超考证，"宋孟姬"青铜

图3　永城出土的西周青铜匜

① 高天麟、慕容捷、荆志淳、牛世山：《河南商丘县东周城址勘察简报》，《考古》1998 年第 12 期。
② 李俊山：《永城出土西周宋国青铜匜》，《中原文物》1990 年第 1 期。

匜应是西周末年之遗物，是郑国国君郑桓公出嫁长女宋孟姬于宋国国君宋戴公（在位时间为公元前 799 年—前 766 年）之子宋武公司空（在位时间为公元前 765 年—前 748 年）的陪嫁器 [①]。（图 3）

宋平公青铜编钟　　李学勤教授在《论几件宋国青铜器》（《商丘师专学报》1985 年第 1 期）一文列举宋国从春秋晚期到战国早期四位国君的七件青铜器，其中一件是宋平公编钟，钟铭云"宋公戍之歌钟"。

北京市文物工作队藏宋元公青铜戈（宋公差戈）[②]　　1980 年 4 月间，北京铜厂的工人在即将回炉的废铜堆里发现铜戈一件，经北京市文物工作队鉴定收藏。戈援长 13.6 厘米，宽 3 厘米；内长 7.6 厘米，宽 3.5 厘米；胡长 6 厘米。援略上扬，中央有脊。内部平直，中有一横穿。胡部阑侧三穿，援、胡均有刃，下齿端微残，戈身有绿斑锈痕。戈胡部正面铸铭文两行九字："宋公差之所赌（造）※□戈"。（图 4）

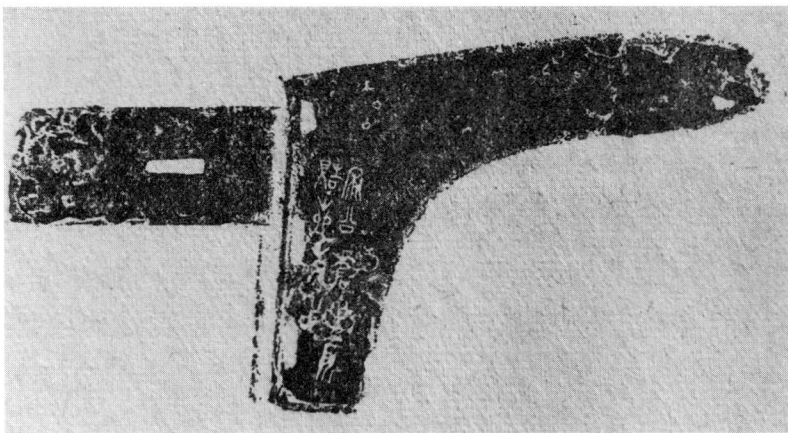

图4　宋公差戈

---

① 王子超：《一件涉及宋郑早期关系的青铜器——"宋孟姬"考释》，《黄淮学刊》（社会科学版）1989 年第 2 期。

② 程长新：《北京发现商龟鱼纹盘及春秋宋国公差戈》，《文物》1981 年第 8 期。

戈铭宋公差应即宋元公佐。元公佐在公元前531年即位，在位十五年，此戈应是当时所造。刘体智《小校经阁金文拓本》卷十收有"宋公差之所造丕易族戈"一件，和此戈极为相似，戈铭的排列及写法也相同。此戈铭中的"㷠"字可释为柳。按《左传》昭公十年，宋元公有寺人柳，元公为太子时欲杀之，即位后又加宠信，戈铭之柳，可能就是指此人。柳后一字不清，与"宋公差之所造丕易族戈"相较，此字当为族字。盖柳为元公近侍之臣，宋元公命造此戈而由柳、丕易之部属执用，则此戈全文可释"宋公差之所造柳族戈"。

包含此戈的废铜，据了解来自河南等地。宋国建都于河南商丘一带，此戈原出于河南是十分可能的。

宋景公青铜戈、青铜簠　　中国国家博物馆藏宋景公青铜戈一件，戈上为错金铭文，铭文曰："宋公之造戈"。（图5）

图5　宋景公（栾）青铜戈

1978年3—4月发掘的河南信阳固始县侯堌堆一号墓陪葬坑，出土大量青铜礼器，其中两件青铜簠形制相同。器表饰云雷纹，两耳是仰首卷尾兽形，器、盖可分置。器内有铭文："有殷天乙唐（汤）孙宋公乍（作）其妹勾敔夫人季子塍（簠）"，宋公即宋景公。《春秋》称景公名栾，《史记》作"头曼"。发掘报告称："据河南医学院初步鉴定，该墓主系一30岁左右的女性，根据出土簠铭所提宋公亦为嫁

其妹……，死者很可能就是宋景公的妹妹勾敔夫人。"①（图6）

图6　宋景公（栾）青铜簠

宋昭公青铜戈　　日本收藏一件宋昭公时期的青铜戈，有错金铭文六字"宋公得之造戈"（按："得"字《史记》作"特"，《左传》作"德"），是景公之后昭公之物②。

青铜簋　　1件，睢阳区博物馆收藏。簋，侈口，深腹，直壁外附两兽首环耳，耳下有长方形垂珥，圜底，高圈足。口沿下有浮雕兽首及涡纹与变形夔纹相间，腹部饰竖弦纹，圈足饰涡纹与兽面纹相间。据说出土于永城市。（图7）

图7　周代青铜簋

---

① 固始侯墓堆一号墓发掘队：《河南固始侯古堆一号墓发掘简报》，《文物》1981 年第 1 期。
② 程长新：《北京发现商龟鱼纹盘及春秋宋国公差戈》，《文物》1981 年第 8 期。

　　宋共公鼎　　2009 年 5 月，在山东枣庄峄城区徐楼村西 1500 米一处建筑工地发现两座东周墓（编号：M1、M2），其中 M1 出土三件青铜鼎（宋公鼎），形制、纹饰及铭文俱同，只是大小有别，年代在春秋中期偏晚。标本 M1:39，口径 32.8 厘米，腹深 12.4 厘米，通高 26 厘米。

　　鼎盖面及腹壁内均铸有相同铭文 5 行 28 字，重文 2 字："有殷天乙唐（汤）孙宋公□乍（作）□弔（叔）子□鼎，其眉寿万年，子子孙孙永保用之。"铭文大意为：宋公固（宋共公名固或瑕）为出嫁的女儿滥叔子（私名或为永）做的一件媵器，希望子子孙孙永远视若珍宝。

　　此鼎的出土可以证明宋、滥两国曾通婚，也证明了邾曾分三国（邾、小邾、滥），为研究滥史提供了重要证据。[①]（图 8）

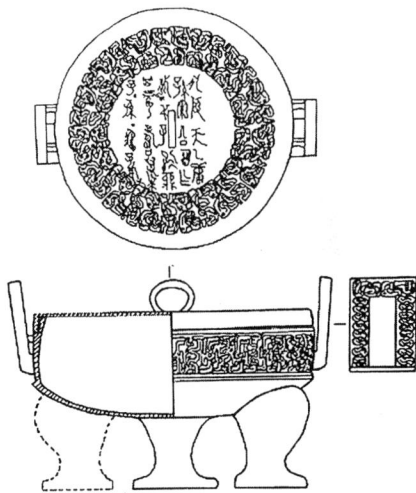

图8　宋共公鼎

三　宋国贵族墓

商丘境内现存的宋国贵族墓，主要有宋微子墓和宋襄公墓。

（一）宋微子墓

宋微子墓位于睢阳区路河乡青岗寺，保存有低矮的封土墓冢，墓前立一块明代万历四十四年（1616）的墓碑，碑高 3 米，宽 1 米，碑正面阴刻"殷微子之墓"五个大字。2000 年春，睢阳区人民政府引资在微子墓东侧建微子祠，新建微子祠由中院和东西两跨院组成，西院内偏北是微子墓，墓前立一青石碑，碑刻"殷微子之墓"五字，院中部有

①枣庄市博物馆等：《山东枣庄徐楼东周墓发掘简报》，《文物》2014 年第 1 期。

灰瓦四柱亭子一座，亭内立"殷微子之墓"青石碑，墓前神道两侧置新刻石象生（微子墓前不应该有石象生，我国已知最早的墓前置石象生始于汉代）。中院正殿为庑殿式建筑，覆黄色琉璃瓦，东西庑为廊式建筑。中院近山门处有"忠孝节义"照壁，顶覆绿色琉璃瓦，山门为三开间硬山式建筑，青砖，绿色琉璃瓦。东院有正房三间，东西庑为廊式建筑，覆绿色琉璃瓦。

清康熙四十四年《商丘县志》记载："宋公微子墓，在城西南二十五里青岗庙，碑云十二里，以旧城近南故也。"

宋微子墓还有山东济宁市微山湖微山岛说和河南周口鹿邑说。

（1）微山湖说

微子墓位于山东省济宁市微山县微山湖微山岛西部的一个小山上，海拔91.6米，山因墓而得名，县也因山而冠名。

微子墓为圆形，高10米，底径7.5米，墓前有石碑4幢，中间石碑高2.23米，宽0.18米，正文为汉丞相匡衡题字"殷微子墓"，南昌尉梅福篆字横额"仁参箕比"，语出《论语·微子》："微子去之，箕子为之奴，比干谏而死，孔子曰：'殷有三仁焉。'"碑阴有小字，难以辨认。墓上翠柏丛丛，清翠凝绿，墓前殿堂亭记。

（2）河南周口鹿邑说

"鹿邑太清宫长子口墓位于河南省鹿邑县太清宫镇的太清宫遗址上。该墓出土铜礼器多带有铭文'长子口'三字。经考证，长子口应是墓主人的名字，按照惯例，可称之为长子口墓。"[1]（图9）

太清宫西距鹿邑县5公里，是我国古代伟大的思想家老子的诞生地。1997年上半年河南省文物研究所在周口市文化局的配合下，围绕"探寻太清宫的悠久的历史、寻找历代帝王和民间祭祀老子的有关遗迹"两个主题，在太清宫遗址进行考古发掘。长子口墓平面为两个斜坡，墓

---

[1] 河南省文物考古研究所、周口市文化局：《鹿邑太清宫长子口墓》，中州古籍出版社2000年版，第1页。

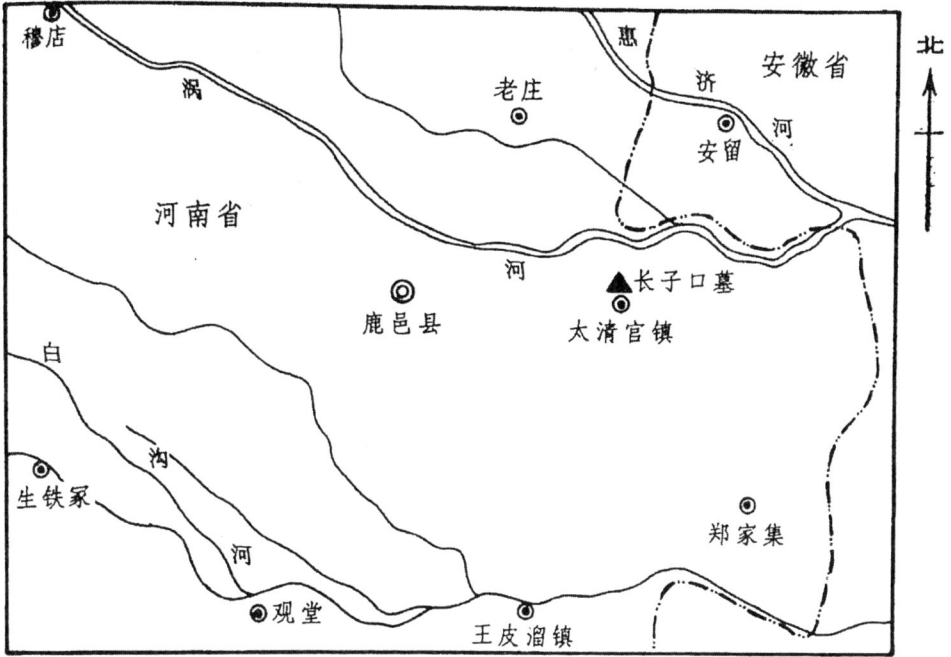

图9　长子口墓位置图

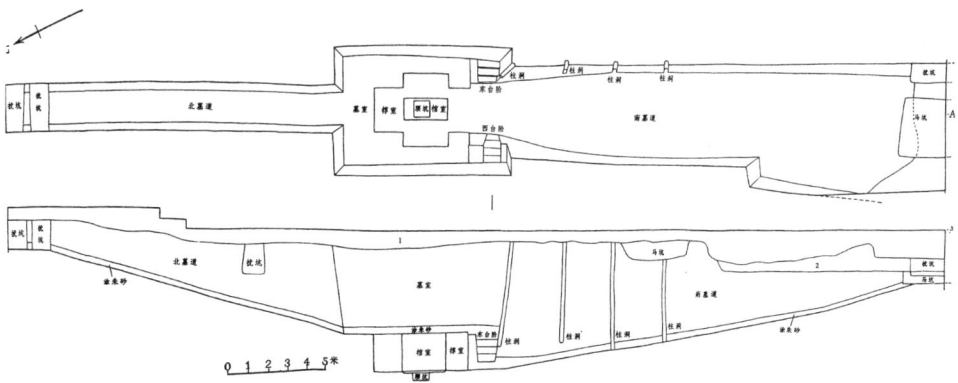

图10　长子口墓平剖面图

道的中字形大墓，残长 49.5 米，最宽处 7 米，墓口距地表深 8 米。墓为一椁重棺，皆为木质，椁为亚字形，在南墓道填土中，东西二层台，墓室南部、腰坑内都有殉人，共有 14 具殉人。墓主人为男性，年龄 60 岁左右。（图 10）

墓葬出土文物近两千件，其中陶器 209 件、青铜器 235 件、玉器 104 件、骨牙器 500 余件，蚌、贝器 1198 件。（图 11—12）

报告认为长子口墓的时代为西周初年，并推断墓主人为长国国君，"长子口不论是辛甲，还是箕子，有一点是可以肯定的，即长子口是殷遗民，生活在商末周初时期，在商是高级贵族，与商王朝关系密切，在周初仍有很高的社会地位，为一地的封君"①。除报告所持的观点外，关于长子口墓的墓主人还有一种意见，即认为墓主人是西周初年被封于宋的微子启或微仲衍，铭文中的"长"字为"微"的误释。日本学者松丸道雄力主此说。张长寿、高天麟在《商丘——商文化的源头》一文中说"且不论是否误释，《吕氏春秋·诚廉》中提到一则故事，周武王灭殷前，曾使召公与微子开盟于共头之下，曰'世为长侯，守殷常祀，相奉桑林，宜私孟诸'。桑林一说谓殷天子之乐名，孟诸乃宋之泽名，实指封微子于商丘"。山东省博物馆王恩田研究员在《中原文物》2002 年第 4 期发表《鹿邑太清宫西周大墓与微子封宋》一文，文中从年代、墓主人身份、族属、国别与长、微纠葛五个方面进行研究，在结语中指出："鹿邑太清宫西周大墓是西周宋国国君的墓葬。墓内遗物，特别是铜器大多属于殷代晚期，墓葬仍保持殷末的葬俗，墓主年龄 60 多岁，这位跨越殷周两个朝代的墓主，只能是宋国君主微子启或其弟微仲衍，以微子启的可能性最大。"

（二）宋襄公墓

宋襄公墓位于睢县北湖风景区内，又称襄陵。唐人李吉甫《元和郡

---

① 河南省文物考古研究所、周口市文化局：《鹿邑太清宫长子口墓》，中州古籍出版社 2000 年版，第 210 页。

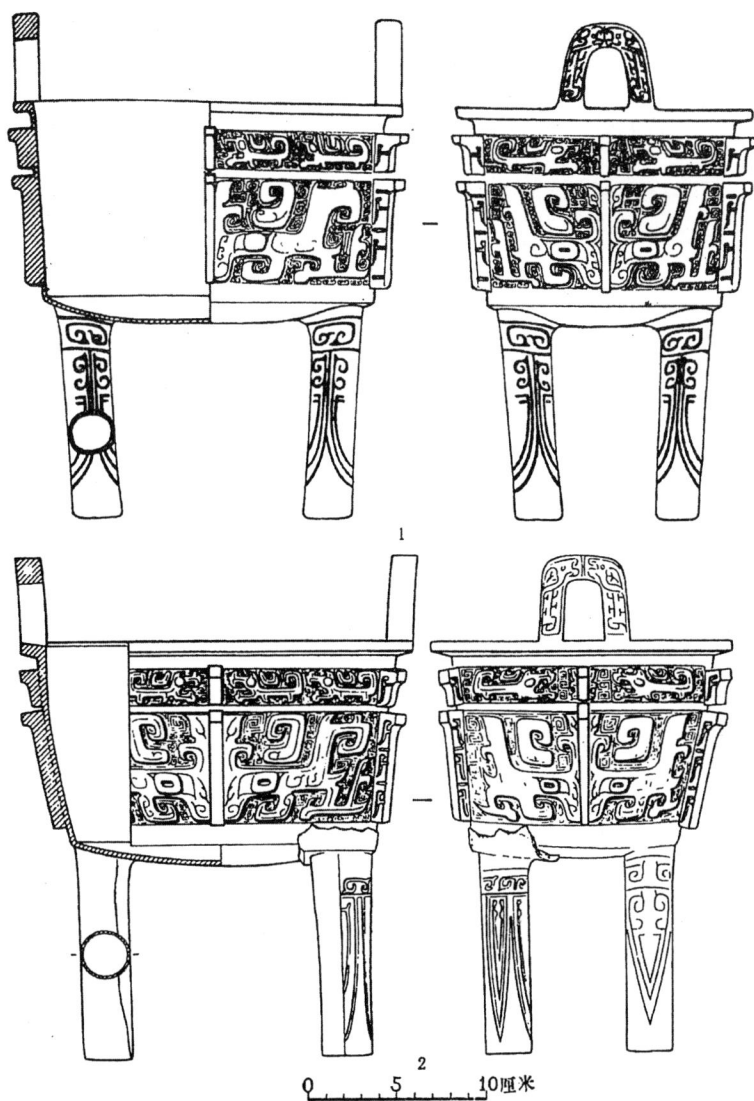

图 11 长子口墓出土铜方鼎

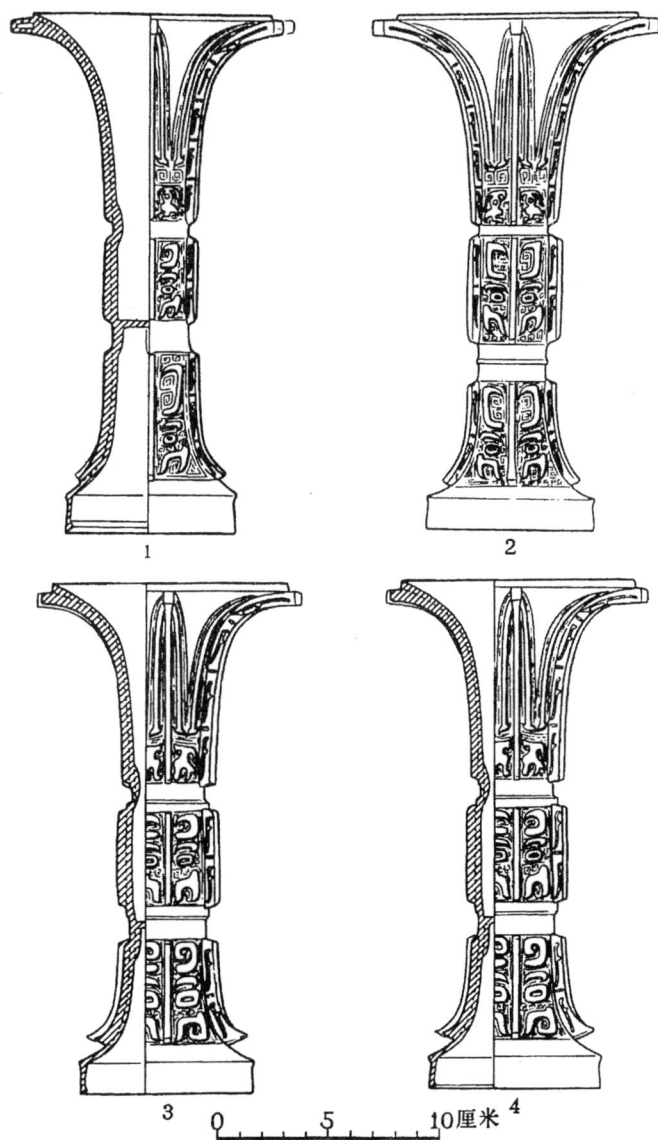

图12　长子口墓出土铜方觚

县图志》载："宋襄公墓，在县城中东隅，故号襄陵。"墓冢封土呈圆锥形，高 6 米，墓基占地面积 152 平方米。睢县古为襄牛地，秦统一全国后分三十六个郡，郡下设县，置襄邑县。《元和郡县图志》载："襄邑县，本汉旧县，即春秋时宋襄牛地也。秦始皇徙承匡县于襄陵，改为襄邑县。"北宋乐史《太平寰宇记》载："襄邑县，春秋时宋襄牛地也。宋襄公葬焉，故曰襄陵。今墓在县西北隅。秦始皇以承匡县卑湿，遂徙县于襄陵，改为襄邑县。"

宋襄公，春秋时宋国国君，名兹父或兹甫，宋桓公御说之子。生年不详，卒于公元前 637 年，在位 14 年（前 650—前 637）。宋襄公在位时期，宋国跻身春秋五霸之一。《左传·僖公二十三年》载："夏五月庚寅，宋公兹父卒。"

齐桓公死后，宋襄公曾一心想赢得霸主地位，称霸诸侯。宋襄公十二年（前 639），宋襄公以发起者的身份会诸侯于鹿上（今安徽阜阳县南），楚成王不服，劫走宋襄公，之后放襄公回国。襄公十三年（前 638）夏，宋攻打郑国，楚军进攻宋以救郑国。冬十一月，楚宋两军战于泓水（今河南柘城西南），由于宋襄公指挥失当，宋军大败，襄公腿部受重伤，到宋襄牛地（今睢县）行宫疗伤。第二年五月，宋襄公腿部伤势恶化而死。其子王臣继位，是为宋成公。

四　宋国蒙城遗址

宋国蒙地位于今河南省商丘市东北梁园区李庄乡蒙墙寺村一带。蒙地原本是个名不见经传的小城，秦汉时期置县，蒙县是西汉梁国属县，梁国国家监狱设于蒙县。这里是我国古代著名哲学家、思想家、文学家庄子的出生地，《史记》记载："庄子者，蒙人也，名周。周尝为蒙漆园吏，与梁惠王、齐宣王同时。其学无所不窥，然其要本归于老子之言。故其著书十余万言，大抵率寓言也。作《渔父》《盗跖》《胠箧》，以诋訿孔子之徒，以明老子之术。"司马迁只说庄子蒙人，没有记载蒙的国属。西汉晚期的刘向在《别录》中注明庄子为"宋之蒙人"。《汉书·艺文志》记载庄子"名周，宋人"。宋国是春秋五霸之一，都睢阳（今河南商丘）。《汉书·地理志》云："宋地，房、心之分野也。今之沛、梁、楚、山阳、济阴、东平及东郡之须昌、寿张，皆宋分也。"《辞海》："庄子（约前369—前286），战国时哲学家，名周。宋国蒙（今河南商丘东北）人。做过蒙地方的漆园吏。家贫，曾借粟于临河侯（官名）。但拒绝了楚威王的厚币礼聘。他继承和发展了老子'道法自然'的观点。"中国著名史学家范文澜的《中国通史简编》中说："庄周，宋国蒙（河南商丘县东北）人。"

清康熙四十四年《商丘县志》记载："蒙城：在城东北四十里，亦曰大蒙城。《国语》：楚申无宇曰：'宋有萧蒙。'又有蒙泽在城东北三十五里。《左传·庄公十二年》：宋万弑闵公于蒙泽。汉置县，属梁国，晋因之。"包括近现代学者研究，很多人都赞同庄子出生的蒙就是汉代蒙县，即现在的蒙墙寺村，其位于商丘市北约10余公里的明代黄河故堤南侧，包括堤南堤北两个村庄。其地属于梁园区李庄乡，这是一个古老的村庄，因有一座古寺而得名。蒙墙寺始建于何时，不得而知。据《黄河变迁史》载：金大定年间黄河流经此地，后改道北移，而黄河大堤修到蒙墙寺时，为保护寺庙，在此向北拐了个弯，从遗址发现的陶瓷片看，宋、元、明时期的都有，说明蒙墙寺在宋代已经有了，在村内遗址上保存有明成化四年（1468）关于重建蒙墙弥陀寺的石碑一通，碑记上说古寺原名蒙城寺，是蒙城最大的一个寺院。从村中收集的有关该寺庙的建筑构件看，蒙墙寺曾经是一座规模较大的建筑群。当时的规模有多大，人们说不清楚了。据村上的老人们回忆，直到新中国成立前夕，寺里的僧人还有几百人，如今堤南堤北两个村庄耕种的土地都是当时古寺的田产。当地百姓至今还流传着古寺易名的原因：隋朝末年，起义军名将秦叔宝、罗成和程咬金常带兵在这一带与隋军打仗，古寺曾是他们的一个据点。将士们每次经过激战后，都到古寺里歇息，卸去汗水淋淋的盔甲和衣服，搭在寺院的墙上晾晒，把整个寺院的墙壁都蒙住了。这样的事发生的次数多了，将士们和当地百姓便称古寺为"蒙墙寺"，之后便沿袭下来。1982年，商丘县人民政府将蒙墙寺村列入县级文物保护单位。2001年被列为商丘市重点文物保护单位。

1982年12月商丘县人民政府为蒙墙寺遗址树立的保护标志碑的碑文上说："该文化遗址为战国时宋国蒙县和汉代梁国的蒙县遗址。经考证也是古代大哲学家、思想家庄子的出生地，此遗址曾先后出土过不少文物，但大多数失散民间。可幸存的还有：汉代古城墙遗址、汉代古井、汉代砖雕、古代大殿明柱礅、古建筑龙纹琉璃大脊等……该文化遗址现被列为县级重点文物保护单位……"

第五节　宋国历史名人

宋微子启　微子是宋国（今商丘）开国远祖，第一代国君，子姓，名启，世称微子、微子启。为避汉景帝刘启的讳，又称微子开。微子是商王帝乙的长子，纣王的庶兄。死后葬于宋国故地的睢阳区，建有微子祠。

孔父嘉　宋国（今商丘）人，孔子的六世祖。宋穆公、殇公时任大司马，主持国政。

宋襄公（？—前637）　宋国（今商丘）君主，"春秋五霸"之一，宋桓公的次子，子姓，名兹甫，谥号襄，于前650年至前637年在位，为春秋中前期颇有作为的政治家，以仁义见称。

叔梁纥（前622—前549）　孔子的生父，70岁时生孔子。叔梁纥是公元前11世纪周代诸侯国——宋国君主的后代，流亡到鲁国的昌平陬邑（今山东曲阜市）。他人品出众，博学多才，兼会武功，又是陬邑的大夫。

宋文公　名鲍，中国古代十大美男子之一，宋成公之子，宋昭公之庶弟。昭公九年（前611），宋襄公夫人使人杀死宋昭公于孟诸（今商丘市东北）之薮，立公子鲍，是为宋文公。隔年（宋文公元年，即前610年），晋灵公即派大将荀林父与诸侯出兵伐宋，追究此事。但因宋文公得民心，又贿诸侯，诸侯反承认其地位合法，此事遂不了了之。

子罕　宋国（今商丘）人，政治家，宋戴公六世孙。宋平公时任司城，继华元主持国政，为宋国正卿，位列六卿。

亓官氏（？—前485）　宋国（今商丘）人，为孔子的妻子。宋朝时被追封为郓国夫人，被儒家后世尊为圣母。如今孔庙中的寝殿，是供奉孔子夫人亓官氏的专祠。

南子　宋国公主，卫国卫灵公的夫人，春秋时期著名政治家，比卫灵公小三十多岁，以美貌著称。与卫灵公男宠公子朝相恋，后随公子朝出走晋国。南子曾见过孔子。

桓魋　商丘人，宋国司马，桓氏先祖。

司马耕　又名司马牛，春秋时期宋国（今商丘睢阳区）人，桓魋之弟，孔子弟子，孔门七十二贤之一。

原宪　字子思，春秋时期宋国（今商丘市梁园区或睢阳区）人。春秋时期著名思想家，孔子弟子，孔门七十二贤之一。商丘古城南关现存有原宪祠。

目夷　宋襄公庶兄，墨子先祖。

计然　生卒年不详，姓辛氏，又作计倪、计研、计砚，字文子，号称渔父。春秋时期著名谋士、经济学家，宋国葵丘濮上（今河南商丘民权县）人。博学无所不通，尤善计算，著有《文子》。常游于海泽，越大夫范蠡尊之为师，授范蠡七计。范佐越王勾践，用其五而灭吴。

庄子　名周，字子休，战国时期宋国人，中国历史上著名的哲学家、思想家和文学家。著有《庄子》一书，十万余言，原有52篇，现存33篇，是道家学派的经典之一。《庄子》一书又称《南华经》，庄子与老子并称为"道家始祖"。

庄周墓位于民权县城偏北 25 公里处的颜集乡唐庄村东，为圆形土冢墓，高 9 米，底周长 88 米。墓前有石碑一通，高约 2 米，宽约 0.75 米，碑身正中楷书"庄周之墓"四个大字，碑上镌刻着上自州县官员，下至黎民百姓 326 名主碑人的姓名，右下方书有"清乾隆四十五年重立"。碑上面建有古色古香的碑亭。近年来县政府对庄周墓和庄周故里进行了多次整修，如庄子讲学堂、庄子故里处、庄子井、庄周胡同等文物点全部树立保护标志碑、保护范围界桩等。

庄周故里位于民权县顺河乡清莲寺村内，相传村里原有一宅，古巷深处暗柳苍苍，为庄周胡同。今村东南有一口古井，深数丈，传说为庄周取水练丹处，故称庄子井，现井已废。

古今中外，不少名人、名家、专家学者到民权庄周墓和庄周故里进行考察访问。尤其是 1996 年 11 月初，泰国庄氏宗亲总团赵华谒祖团一行 41 人莅临民权，在庄周陵拜谒了其太始祖庄周，详细考察了庄周与庄周故里。1997 年 2 月 25 日，以商丘地委副书记庄敬山为名誉团长，民权县委宣传部长楚翠昕为团长的一行 9 人，应泰国庄氏宗亲会的邀请到曼谷参加了世界第二次庄氏宗亲恳亲大会，有力地推动了民权县的对外文化交流。为了扩大对外开放，弘扬民族文化，宣传民权，促进两大文明建设，加强中外联系，于 2002 年 11 月在民权县举办了庄周文化艺术节及庄周邮票的发行大会。中外学者、专家、友人云集民权，极大地促进了民权县的精神文明建设。

庄周墓及庄周故里于 1961 年 11 月 4 日被公布为民权县文物保护单位。由于庄周墓和庄周故里越来越显示出极大的历史文物价值，县文物部门经过多方精心准备，于 1999 年 5 月向河南省政府报请了河南省文物保护单位。经过省文物专家的考察论证，于 2000 年 9 月 15 日公布庄周墓（含庄周故里）为省级文物保护单位。庄周墓重点保护范围：以庄周墓为基点，向东西各 35 米，向北 22 米，向南 238 米。

第七章　商丘主流历史文化考辨

从远古时代起，在商丘这块土地上就有人类居住。传说燧人氏在商丘钻燧（分为燧石、燧木）取火，发明了人工取火技术，教民熟食，从此人类摆脱了茹毛饮血的时代。此后，又有炎帝、帝喾都商丘，商汤灭夏，建立的第一个都城——南亳，就在今虞城县谷熟镇西南35里，直至明清为归德府城。商丘有着6000多年的文明史，永城王油坊遗址是全国重点文物保护单位，于1977年考古发掘，发现了距今4000年用土坯错缝砌筑的连间排房、石灰窑、石灰膏等，这在全国都是鲜见的发现，代表了当时先进的建筑技术。商丘有着3000余年的建城史，考古资料证明，商丘从西周初年宋国建城至清代归德府城，或为封国都城，或为府、州、县城，一度为南宋国都。商丘城3000余年的历史，堪称中国古代城市发展的缩影，文化价值不言而喻。

悠久的历史孕育出深厚的文化，近二十年来，商丘高度重视对历史文化的挖掘、研究和整理，在商丘历史上产生过重要影响的文化主要有火文化、殷商文化等，形成群星灿烂之势。但究竟哪一个文化是商丘历史文化的主流文化，还有不同认识，需要认真研究。只有准确把握主流历史文化，并进行认真研究、科学宣传，才能做好历史文化的传承和保护，才能使商丘历史文化得到更好的传承和发展。

第一节　影响商丘历史进程的几个主要文化

商丘历史文化地域特色鲜明，是中原历史文化的重要组成部分，通过近年来的探讨、归纳、梳理，比较有影响的主要有：火文化、殷商文化、葛天文化、宋文化、庄子文化、孔祖文化、汉梁文化、木兰文化，等等。

一　关于火文化

商丘火文化主要包括两个方面的内容：其一，是指燧人氏钻燧取火；其二，是阏伯为火正之火。《韩非子·五蠹》："上古之世，人民少而禽兽众，人民不胜禽兽虫蛇……民食果蓏蚌蛤，腥臊恶臭而伤害腹胃，民多疾病；有圣人作，钻燧取火，以化腥臊，而民说之，使王天下，号之曰燧人氏。"燧人氏钻燧取火，发明了人工取火技术，教民熟食，人类从此摆脱了茹毛饮血的时代，这在人类发展史上是一个划时代的进步，具有里程碑意义。使用打制石器、人工取火的技术发明、对人工火的管理使用，是人类区别于动物的重要标志。

燧人氏陵位于商丘古城西南约 2 公里，陵区从南向北由门楼、牌坊、神道、神道两侧石像生、墓冢几部分组成，陵区广植松柏，环境幽静而庄严肃穆。燧人氏生活的时代距今约 100 万年，相当于旧石器时代中前期（《中国历史年表》，中国社会科学出版社），从燧人氏之后，商丘人钻燧取火使用了 100 万年，直到二十世纪六七十年代，商丘人在没有普遍使用火柴（俗称洋火）之前，还在使用燧石取火，是取暖、生火做饭火源的依赖。人工取火技术的发明、管理和使用，反映了那个时代的人们抵御自然能力的增强及其积极向上的精神，是原始人与自然界做斗争的一次伟大胜利。

"在上古时代，主管大火星的观察和祭祀并以此来确定季节的就是所谓的'火正'。依据古史传说，火正的设立和对大火的祭祀，可以追溯到颛顼、帝喾、唐尧时期。如《左传》襄公九年说：'陶唐氏之火正阏伯居商丘,祀大火,而火记时焉。相土因之,故商主大火'。"[①]
《左传·昭公元年》:"昔高辛氏有二子,伯曰阏伯,季曰实沈,居于旷林,不相能也。日寻干戈,以相征讨。后帝不臧,迁阏伯于商丘,主辰。商人是因,故辰为商星。"古代人们为了观测日、月、金、木、水、火、土等恒星的运行,把天区分成大小不等的二十八个小区,称二十八宿,作为观测时的标志,用来说明日、月和五星运行所到达的位置。其中东方苍龙七宿有一个星宿对着商丘,它就是心宿,又叫火星、商星。这颗星在4200年前,每年都有运行不变的规律,它何时东出、何时南中、何时西落,每年再现的时间都非常准确。当时,阏伯就用这种最简单的办法通过肉眼观天来定农时、分季节,告诉人们什么时候开始收割,什么时候开始耕种,用以指导农牧业生产。"而商丘一带的人们,则以春分前后,太阳下山不久,闪耀在东方地平线上的大火即辰星为观测的对象,并由此来确定播种的季节,这就是当时'主辰''主参'实际涵义","《国语·鲁语》说'帝喾能序三辰以固民',韦昭注解为'能次序三辰(即日、月、星)以治吏明时,教民稼穑以安'。《大戴礼记·五帝德》也说帝喾'历日月而迎送之'。就是说帝喾高辛氏在天文历算方面较为发达,这当然也包括其对大火星的观察及其观象授时的掌握"[②]。据说这种以大火星的变化来指导农时的观测一直延续到公元前11世纪。

殷墟卜辞中有关于殷人主祀大火星的珍贵资料。殷商时期祭祀和观察大火星的活动成了国家的头等大事之一。东周以后也将阏伯同大火星一同祭祀,《春秋左传》卷三十孔颖达正义:"火正之官居职有功,祀火星之时,以此火正之神配食也……而火正又'配食于火星'者,以其于火有功,祭火星,又祭之。"后人为纪念阏伯对人类所做的贡献,把他观星授时的高台称为阏伯台。

阏伯台位于商丘古城西南约1.5公里,现存阏伯台如上部小下部

①② 王震中:《试论陶文"&"、"&"与"大火"星及火正》,《考古与文物》1997年第6期。

大的圆台状，高 35 米，底部周长约 270 米，夯土筑成。台上建有阏伯庙，现存的阏伯庙为清代建筑，有大殿、拜厅、钟鼓楼等，台下有戏楼、大禅门等建筑，大殿内塑有阏伯像。

历史上为纪念、祭祀阏伯而兴起的阏伯台庙会，古已有之，至今香火鼎盛，会期一年一度。每年农历正月初一至二月初二举行，正月初七（人日）是正会，是商丘最为古老和盛大的庙会。庙会期间，前来朝会的人员达数十万之众，有丰富多彩的文艺活动和众多的物品交易。在人们已经习惯了去各类超市购物的当下，这里倒成了豫东农村集市贸易的活化石，已经发展成为豫东、鲁西南、皖北知名的庙会。火神台庙会正在申报国家级非物质文化遗产项目。

二　关于殷商文化

这里说的殷商文化，是指生活在商丘及其附近一带的商部落先民和商王朝时期的人创造的文化。商先民生活的时代与夏王朝基本相始终。契为夏司徒，佐大禹治水有功，被封于商，赐姓子氏，契为商人始祖。殷商文化的主要内容，在经济生产方面表现为先商时期以游牧和狩猎为主，商朝建立后以农业生产为主；崇尚迷信，祈求先人与神灵庇护，特别是商王室，临事必先占卜，尤其是打仗出征前求先人指点护佑，留下大量甲骨卜辞；商人祭祀祖先很隆重，用牛（大牢）作牺牲，一次用牛三四百头，甚至上千头；商人使用高台建筑，建筑物都建在提前筑就的高台上，在柘城心闷寺商代遗址考古发现大面积夯土台基。

三　关于葛天文化

商丘宁陵县北石桥乡有葛伯国遗址，孟子曰"汤居亳，与葛为邻"（《孟子·滕文公下》），清宣统三年《宁陵县志·古迹》"葛城"注文："在县北十五里，古葛伯国。"

葛天氏是中华民族共同的人文始祖之一，"葛天氏"就是"袭伏羲之号"的三皇时的"帝王",又是我国音乐、歌舞始祖。《吕氏春秋》《竹书纪年》和《史记》等文献记载的"葛天氏之乐",是中国音乐、诗歌、舞蹈、剧目、农牧业和养生学的重要源头。葛天文化是炎黄文化、黄河文化的重要组成部分。宁陵是中国音乐之乡、歌舞之乡,音乐始祖葛天氏故里。

四 关于宋文化

这里讲的宋文化,是指西周建立后,周王朝为了笼络和加强对殷商遗民的统治,封殷纣王的庶兄微子启于宋,建立宋公国。建国之初,宋国只拥有国都附近面积不大的地方,后来不断壮大,北与齐、南与楚、西与郑国接壤,国力一度非常强盛,宋襄公时为"春秋五霸"之一。

宋国既是商族的起源地,又是殷商灭亡后殷商遗民的主要聚居地,从这个意义上讲,商丘是商族人的发源地,又是商族人的终结地。同样,商丘是我国商人、商业、殷商文化的发源地,又是我国商业从起源时的以物易物简单交易,到春秋时期著名谋士、经济学家、宋国葵丘濮上(今河南商丘民权县)人计然在陶地教范蠡经商总结出一套完整商业理论的地方。《史记·货殖列传》说范蠡曾拜计然为师,他教给范蠡"贵流通""尚平均""戒滞留"等七策,这大约是中国古代最早的商业理论。宋国的生活习惯、生产方式、宗教信仰、风俗习惯等完全继承了殷商传统,如先人崇拜、尊神、事神。

《史记·宋微子世家》载"封微子于宋,奉其先祀",既然封微子到宋地侍奉先祀,说明宋地原是商人的祖居地,是商人祖庙的所在地。已故美籍华人张光直教授坚信,河南商丘是商代先人的祖居地,在他的倡导和联络下美国哈佛大学皮保德博物馆与中国社会科学院考古研究所联合组成考古队于20世纪90年代在商丘进行了八年考古调查,尽管没有达到他要寻找商汤都南亳城实证的目的,但是找到了宋国故城遗址,调查发掘了柘城李庄遗址。钻探发现宋国故城城墙周长12920米,面积 10.2 平方千米，几乎是明清归德府城面积的十倍。在李庄遗址发现了多座连间排房建筑和一座埋有九头整牛、一个鹿头的祭祀坑。用当时考古发掘领队、中国社会科学院考古研究所张长寿研究员的话说，李庄遗址九头牛祭祀坑的发现意义重大，它把商丘地区的龙山文化（早于夏王朝的一种考古学文化）和殷商文化搭上了关系（只有商民族用牛祭祀）。

五　关于庄子文化

庄子，战国宋国蒙人，是我国道家学派的主要创始人，与老子合称老庄。今商丘市梁园区李庄乡蒙墙寺村，北依黄河大堤，是古蒙县遗址所在地，是庄子的出生地。民权县顺河乡有庄子墓、庄子井、庄子胡同等有关庄子的文化遗存，是商丘古文化的重要遗存。《史记·老子韩非列传》："庄子者，蒙人也，名周。周尝为蒙漆园吏，与梁惠王、齐宣王同时。其学无所不窥，然其要本归于老子之言。"《集解》案引《地理志》"蒙县属梁国"；《索隐》刘向《别录》云，宋之蒙人也。《正义》郭缘生《述征记》云："蒙县，庄周之本邑也。"

庄子对后世影响很大，主要反映在庄子思想和庄子文学成就两大方面。从思想方面看，由于庄子继承和发展了老子"道"的学说，在当时，形成了与儒、墨鼎立的形势，而后作为儒、道、释三大家之一的思想文化影响着中国近两千年思想文化的发展。老庄哲学思想提倡的淡泊名利、清心寡欲、旷达超脱，以及崇尚人与自然的和谐，追求为人处事上清廉正直和真实无假的理想人格的塑造，都是有益于人道德思想境界的提高的，对儒学提倡的敬业献身精神是一种有益的补充。[①]

---

① 孙通海译注：《庄子·前言》，中华书局 2008 年版。

六　关于孔祖文化

河南夏邑县是孔子的祖籍地，孔子祖上是宋国贵族，是宋国第二代国君微仲衍的直系后代，从孔子第四世祖孔防叔起避难奔鲁。今县北刘店集有后人为纪念孔子还乡祭祖而修建的孔子还乡祠，民国九年《夏邑县志·古迹》："还乡祠，县北十五里，说者谓'孔子还乡祀先，后人思而立之'。"道光年间夏邑知县陈诒枢撰《重修还乡四代祠记》曰："礼莫重于祀先，德莫厚于追远，时地遥隔而精神潜通，极仁孝诚敬之思……圣迹所存，久而不忘此还乡祠所由建，四代祠则创自道光元年，所祀者正考父、孔父嘉、木金父、祈父也……而祠之所祀不及考父以上者，礼有所止也，不及祈父以下者，居不在此也。"可见孔祖文化就是孝文化，继承了商人祖先崇拜、重先人祭祀、以孝为先的思想。

七　关于汉梁文化

两汉梁国为两周宋国故地，民风民俗多继承宋人，有先世遗风。"宋本亳都，宜有先王遗教。""士有忠义之风，民有仁厚之俗"（清康熙四十四年《商丘县志》）。"重厚多君子，好稼穑，恶衣服，以致畜藏"（《汉书·地理志》）。宋，南与楚国为邻，东与鲁国接壤，反映在民俗上，既有明显的受楚、鲁文化影响的痕迹，又有非常鲜明的自身特点。

周初平定武庚叛乱后，封微子启于宋，建立宋公国，宋虽臣服于周，但"奉殷祀"保留了殷商文化的传统，汉梁文化是对商宋文化的继承和发展。《礼记·表记》："殷人尊神，率民以事神，先鬼而后礼。"这一"尊神""事神"的文化特点，反映在汉梁文化上，其画像石内容以远古神话、升仙祥瑞辟邪为主。宋与楚为邻，公元前286年灭亡后，大部分地方属于楚，故受楚文化影响较多，楚人"信巫鬼，重淫祀"（《汉书·地理志》），宋人也是如此。到了汉代这一地区继承了"信巫鬼"的思想，融于谶纬学说，创造了以祥瑞辟邪为主的难以定名的各种各样的珍禽异兽雕于石上，或用于逐疫辟邪，或象征吉祥鸿福，或用于坐骑升仙，或尊为先祖保护灵魂。

八　关于木兰文化

花木兰据说是虞城营郭人，清康熙四十四年《商丘县志》卷四："孝烈将军庙：在县东南营郭镇北，一名木兰祠，乡人岁以四月八日致祭，盖孝烈生辰云。元，侯有造、史敬各有记。"根据元代侯有造《孝烈将军祠像辨正记》记载，木兰姓魏，隋代人，"世传可汗募兵"，木兰看到父亲年老体弱，弟妹年幼，遂女扮男装，代父从军，屡立战功，带兵回家省亲时，"释戎服，复闺妆，举皆惊骇"，后来，"天子喜其勇功授以尚书"，木兰辞而不授，决心回家孝敬双亲，并以死拒之。由此可见，木兰文化的精神实质就是忠孝文化，上能忠于国家、忠于民族，一旦国家、民族有难，不顾女儿身，女扮男装奔赴疆场，英勇杀敌，战而能胜；下能孝敬父母，代父从军，义无反顾。征战凯旋后，又以死拒绝高官厚禄，决心还家照顾双亲，真是为人臣、为人子的楷模，受人敬仰。木兰死后，被追赠为孝烈将军。

第二节　殷商文化是影响商丘历史发展的主流文化

商丘是殷商文化的起源地，殷商文化是在商丘这片土地上产生发展起来的。"商"字甲骨文为上下结构，上部是个"子"字，下部是个"冈"字，意为生活在"冈丘"之上的"子"姓民族。已故美籍华人张光直在《商名试释》中对"商"字提出新解，他认为：商字源于祭祖，"甲骨文和金文里的商字，从上到下有三个字组成，即辛、丙和口……我们可以假定辛字原来是代表王家的祖先像，在商这个字里这个祖先像就放在一个祭几或祭坛上。商字中间的丙字代表供桌是没有问题的。叶玉森云：'天干中的丙像几形。'于省吾云：'丙，……即今俗所称物之底座。W之形上像平面，可置物，下像左右足。'殷墟出土物中有大理石制作的几形器，一般称之为石俎。这里面至少有一些便是可以将祖先像放在上面的供桌或祭坛。所以商字即是将（木制）祖先形象置于祭几上之象形。下面如有口字，当指祭祖之人口中念念有词，整个字是'祭祖'或'祖先崇拜'的会意。这样看来，扩大之意为商王祭祖之邑，再扩大指称在商邑祭祖之统治王朝。这样的一个解释应该是最简单的，最合乎字意，又与它的使用诸义都可以贯穿在一起。简而言之，商就是祖。商城就是祖先之城，也是祭祖之城"①。

　　"商丘"作为地名已经使用了数千年之久，从唐尧时代即称"商丘"。"商丘"一词最早见于《左传·昭公元年》："昔高辛氏有二子，伯曰阏伯，季曰实沈……迁阏伯于商丘。"夏商时期称"商丘"，因城市位于睢水北岸，又名"睢阳"，《世本》云"宋更曰睢阳"。秦置砀郡睢阳县。明嘉靖二十四年升归德州为归德府，置商丘县，直到1998年撤销商丘地区，设商丘市，"商丘"地名一直没有改变。

　　商的始祖契被封于商，这也说明在契封商之前，商作为地名已经存在了。《史记·殷本纪》："殷契，母曰简狄，有娀氏②之女，为帝喾次妃。三人行浴，见玄鸟堕其卵，简狄取吞之，因孕生契。契长而佐禹治水有功……封于商，赐姓子氏。"《索隐》："契始封商，其后裔盘庚迁殷，殷在业南，遂为天下号。契是殷家始祖，故言殷契。"《诗经·商颂·玄鸟》："天命玄鸟，降而生商，宅殷土芒芒。"《诗经·商颂·长发》："有娀方将，帝立子生商。"

　　自契至成汤，八迁其都，大部分时间在商丘，王国维《说自契至于成汤八迁》："《世本·居篇》云：'契居蕃。'契本帝喾之子，本居亳，今居于蕃，是一迁也；《世本》又云昭明居砥石，由蕃迁于砥石是二迁也……是昭明又由砥石迁于商，是三迁也……相土又东徙泰山下，后

① 张光直：《中国青铜时代》，生活·读书·新知三联书店1999年版，第284—285页。
② 有娀，古国名，顾颉刚在《有仍国考》一文中旁征博引，详加考证后认为，有娀即有戎、有仍，亦即周代的任国，是太皞之后的风姓国，娀、戎、仍、任古音相同或相近可通假，其地在今山东济宁。相传帝喾之妃有娀氏女简狄生了商的祖先契（偰、卨）。

复归商丘，是四迁、五迁也……帝芒三十三年，商侯迁于殷，是六迁也。又孔甲九年，殷侯复归于商丘，是七迁也。至汤始居亳，从先王居，则为八迁。"①

先商八次迁都地点及路线图（据王国维《说自契至于成汤八迁》一文）可以归纳为：

亳（契居）→①蕃（契居）→②砥石（昭明居）→③商（昭明、相土）→④泰山下（相土）→⑤商丘（相土、商侯？）→⑥殷（殷侯）→⑦商丘→⑧汤居亳

由上面商先公迁都地点及路线图不难看出，八次迁都是在六个地点间迁徙，契始居亳，汤从先王居，都亳。契之子昭明把都城由蕃迁砥石，又迁商，相土由商东迁泰山下，又迁回商丘，商侯从商丘迁殷，又迁回商丘，可见商丘是先商迁都的主要支点。也就是说，商王迁都主要是围绕商丘东西迁徙，大部分时间都商丘。商和商丘是指同一个地方，董作宾《卜辞中的亳与商》："卜辞中的商也称大邑商，为今河南商丘无疑……这次征人方经过的商，就是商代的旧京。（这里有先公先王的宗庙，所以征伐时要来'告'祭）。"②张光直认为："董先生的这个判断，是大多数的甲骨学者可以接受的。也就是说古文献中将商定在商丘的说法，是可以得到卜辞支持的。"③

王国维《观堂集林》"说商"："商之国号，本于地名。《史记·殷本纪》云：契封于商。郑玄、皇甫谧以为上雒之商，盖非也，古殷之宋国，实名商丘。丘者墟也。宋之称商丘，犹洹水南之称殷墟，是商古宋地……又《左传·昭公十七年》传：宋，大辰之虚也。大火谓之大辰，则宋之国都确为昭明、相土故地。杜预《春秋释地》以商丘为梁国睢阳，又云宋、商、商丘三名一地，其说是也。"

① 王国维：《观堂集林》卷十二，中华书局 1984 年版，第 196 页。
② 董作宾：《卜辞中的亳与商》，《大陆杂志》1953 年第 6 期。
③ 张光直：《中国青铜时代》，生活·读书·新知三联书店 1999 年版，第 287 页。

殷商文化在商丘历史上相当长一个时期一直是占统治地位的文化，从始祖契被封于商历经 14 世至商汤灭夏，建立商代历史上第一个都城——南亳，再到殷纣王灭亡，直到公元前 286 年齐楚魏三家灭宋，在长达近 2000 年的时间内，商丘历史文化就是殷商文化。若从始祖契被封于商算起至今的 4000 年中，殷商文化占据商丘二分之一的历史年代，这在一个地方的历史发展中是相当长的时间。

除此之外，其他比较有影响的历史文化或者与殷商文化有渊源关系，如火文化；或者有传承关系，如宋文化、庄子文化、孔祖文化；或是受殷商文化重要影响而发展的文化，如汉梁文化。

燧人氏发明钻燧取火，还处在我国文明社会的早期，是殷商文化的远古时期。阏伯是我国五帝之一的帝喾之子，是商人始祖，他观星授时，创制的殷历法应该是殷商文化的有机组成部分。

周封微子于宋，因为宋地是殷商旧都，先王宗庙所在地。可见，宋文化就是周代的殷商文化，是殷商文化在周代的延续发展。宋国立国近 800 年，加上先商和商朝，商宋文化占了从契封于商至今 4000 年历史的一半时间，由此殷商文化在商丘历史文化中的地位可见一斑。

史书记载，庄子是宋国蒙人，庄子文化自然是宋国文化的重要组成部分。前面讲过，庄子的思想和文学对后世影响很大，庄子与老子合称老庄，以他们为代表的道家学派与儒家、墨家三大家影响中国 2000 年，是中国古代传统文化的代表。

孔祖文化是儒家文化的重要组成部分，主要为祭祖文化、寻根文化。河南夏邑县是孔子祖上的采邑，从孔子的四世祖孔防叔时迁到鲁国。后来，孔子回宋国讲学、寻根拜祖，留下了永城芒山夫子山、夫子崖（夫子避雨处）、夫子庙、睢阳区古城东南文雅台等文物古迹。夏邑县还有后人为纪念孔子回乡拜祖而修建的孔子还乡祠。

汉梁文化是在商宋文化的基础上发展起来的，西汉梁国为两周宋国故地，民风民俗多继承宋人，有先世遗风。西汉梁国疆域范围与宋国大致相同，梁国都城就是在宋国都城基础上维修使用的，在宋国都城城墙之上发现有叠压修建的汉代城墙。史书记载梁孝王筑城三十里，如果把汉里折合成米计算，与宋国故城周长 12920 米几乎相等。

汉文化对我国两千年封建文化影响深远，"由秦始皇创立的统一的中央集权封建王朝，因其迅速覆亡，中国封建社会各种主要制度的形成、确立和发展就历史地留给了汉王朝。这个王朝也就是今天人们家喻户晓、妇孺皆知的'汉族''汉字''汉文化'的历史载体。汉王朝是中国历史上非常重要的时代，要认识两千年来的中国古代封建社会，没有比了解汉代历史更为重要的了"[1]。

综上所述，无论从商丘是商民族、商品、商业起源地来看，还是从商丘是商王朝第一个建都地（商汤灭夏，建都南亳，在今虞城谷熟集西南 35 里）、是商王朝的重要统治区域（商丘是商朝旧京，是祖庙所在地）来看，还是从封微子于宋"奉其先祀"、宋文化是周代的殷商文化、是殷商文化的延续发展而汉梁文化又是在商宋文化的基础上发展起来的等情况来看，殷商文化在商丘产生时间早，时间跨度长，历史影响大，说殷商文化是商丘的主流历史文化应该没有问题。

殷商文化的几种习俗在豫东至今保留：一、高台建筑；二、墓葬腰坑习俗；三、视燕子为吉祥鸟。高台建筑是殷商文化独有的建筑形式，至今在商丘一带，民间建筑还保留先筑台地，再在台上施工建房的风俗，有的房屋台基会建得很高。从丧葬习俗看，商代墓葬底部盛行使用腰坑，现在豫东还保留着这种习俗。春天燕子来到北方，如果燕子在谁家房内筑巢，主人都不会惊动它，并视为吉祥。

---

① 刘庆柱：《西汉梁国·序》，见王良田著《西汉梁国》，中国广播电视出版社 2003 年版。

附录一　商丘考古简史

　　商丘地处豫东黄淮大平原，只在永城北约 30 公里处有面积十几平方公里的一处小山群——芒砀山（西汉梁王的家族墓地）。由于历史上长期遭受黄河泛滥，古地貌被黄河泛滥沉积的泥沙所覆盖，文化遗存也被掩埋于茫茫黄沙之下。据 20 世纪 90 年代中美联合考古队钻探调查，在商丘古城一带，西周时期的古地面在现在地表 11 米以下。商丘古城南关大运河码头遗址附近，北宋时期的古地面也在现在地平面以下 4 米多，所以，史籍记载商丘历史悠久，但古文化遗存的发现还相当有限。

　　随着近代考古学的兴起和殷商文化研究的不断深入，吸引了越来越多的考古学家来到豫东开展考古调查工作，也取得了很多阶段性的成果。这里简要叙述商丘近百年来的考古工作情况，以飨读者。

　　商丘近代科学考古工作肇始于 20 世纪 30 年代，至今已走过 80 余年的光辉历程。商丘考古发展大概分为这样几个阶段：一、高起点起步。标志是 1936 年 1 月，河南古迹研究会李景聃的豫东考古调查；二、发展阶段。时间是 1959 至 1975 年，这一阶段只有一些零星的工作，是商丘逐步进入田野考古工作的时期；三、第一次大规模集中考古调查和发掘，时间节点为 1976 至 1990 年；四、第一次中美联合在豫东商丘地区田野考古调查和发掘，也是新中国成立以来第一次中外联合在中国进行的以研究中国古代史为对象的田野考古合作项目，时间为 1990 至 2000 年；五、新世纪的商丘考古工作，突出工作是大运河通济渠商丘段的考古调查及成功申报世界文化遗产。

第一阶段，商丘田野考古工作的起步

1936 年 1 月，河南古迹研究会李景聃一行三人，为寻找殷商文化源头，来到商丘永城进行考古调查，找到三处先秦时期的古文化遗址，重点对商丘永城造律台、黑堌堆、曹桥三处遗址进行了考古发掘。通过这次发掘，对商丘龙山时期的文化面貌有了初步认识，为后来进行的王油坊遗址的大规模考古发掘奠定了基础，开启了豫东商丘考古新纪元。①

第二阶段，商丘田野考古工作的发展

这一阶段商丘的考古工作主要是抢救性发掘了一部分古代墓葬，分别是永城堌上村汉画像石墓、保安山 3 号墓、酂城汉代画像石墓。特别是酂城汉代画像石墓的发现和发掘，为研究商丘汉代画像石提供了重要资料。该墓是四室并排埋葬的大型砖石混作的汉墓，出土画像石数十块，画像内容丰富。

1961 年，河南省博物馆发掘了位于永城东北约 23 公里的堌上村汉画像石墓（编号：M1、M2），出土东汉早期画像石多块。

1971 年 12 月，芒山镇（原称公社）修建石灰厂时，在永城芒砀山保安山 2 号墓西北约 200 米处发现一座汉墓（后来被编为保安山 3 号墓），出土玉衣片 588 枚，另有玉璧等文物。②

1973 年 12 月 18 日至 1974 年 1 月 15 日，河南省博物馆发掘永城酂城东汉画像石墓，是一处四墓合茔、砖石混作的大型汉墓，四墓共有 29 个耳室，出土汉代画像石 57 块，是目前商丘境内出土画像石最多的一座汉墓。③

第三阶段，是新中国成立以来商丘第一次大规模考古调查和发掘，

---

① 李景聃：《豫东商丘永城调查及造律台、黑堌堆、曹桥三处小发掘》，《考古学报》1947 年第 2 期。

② 河南省商丘市文物管理委员会、河南省文物考古研究所、永城市文物管理委员会阎根齐主编：《芒砀山西汉梁王墓地》，文物出版社 2001 年版，第 76 页。

③ 河南省文物考古研究所、永城市文物旅游管理局：《永城黄土山与酂城汉墓》，大象出版社2010 年版，第 95 页。

也是第一次集中开展田野考古工作，时间节点为 1976 至 1990 年

　　这一阶段的标志性工作是 1976、1977 年中国社会科学院考古研究所河南一、二队，在商丘地区文物管理委员会的配合下，第一次在商丘境内辖县进行大规模考古调查。

　　1976 年底到 1977 年末，先后三次在商丘地区各县调查古代文化遗址，共发现龙山文化遗址 17 处、殷商遗址 15 处、周代遗址 15 处，其他时代遗址和墓葬 14 处。发掘了永城王油坊、黑堌堆遗址、柘城孟庄商代遗址、商丘县坞墙遗址。1978 年发掘了睢县周龙岗遗址。① 王油坊遗址位于河南省永城市西约 30 公里的酂城镇王油坊村东北角浍河西岸（东距浍河 250 米），是一处堌堆形遗址，遗址面积约 100×100 平方米，现存文化层一般厚约 3 米，1936 年李景聃豫东调查时发现，中国社会科学院考古研究所河南二队、商丘地区文物管理委员会于 1977 年分春秋两季对该遗址进行了发掘，共发掘面积 800 余平方米。这次发掘的主要是龙山文化遗存，出土大量生活用具、生产工具等，分上、中、下年代紧密相连的三个文化层，经碳十四测定，年代距今 4300—4500 年。②

　　1979 年 4 月和 9 月，永城市文管会发掘位于永城西北约 20 公里的太丘中学的两座汉墓，编号为一、二号汉代画像石墓，出土画像石块及其他文物。

　　1981 年 3 月，柘城县文物部门在柘城孟庄遗址发现郑州二里岗期（商代前期）三件青铜器，分别是铜鼎、铜觚、铜斝。这三件青铜器的出土证明孟庄遗址是商代前期商丘境内比较重要的商人聚落遗址。③

　　1981 年 11 月，文物部门发掘了位于柘城县西关邵园乡邵园村北的一座汉代墓，墓葬为多室砖圈砌筑，出土有水晶、琥珀、金串珠、玛

① 中国社会科学院考古研究所河南二队、商丘地区文物管理委员会：《1977 年豫东考古纪要》，《考古》1981 年第 5 期。
② 中国社会科学院考古研究所河南二队、河南商丘地区文物管理委员会：《河南永城王油坊遗址发掘报告》，《考古学集刊》第五集，中国社会科学出版社 1987 年版，第 119 页。
③ 张河山：《河南柘城心闷寺遗址发现商代青铜器》，《考古》1983 年第 6 期。

瑙蚌珠等文物，其中出土一枚铜质子母印章，印文为"许瓒印信"，据此判断该墓主人为东汉柘城县令许瓒夫妇。①

1982 年 2 月，商丘地区文管会在宁陵县华堡乡前华岗村东 100 米发掘一艘明代木货船，出土有腰刀、象棋盘等一批文物。②

1983 年 3 月，商丘地区文管会、虞城县图书馆联合发掘位于虞城县王集乡王集村的汉代土坑竖穴石椁墓，出土陶器 10 余件。③

1983 年 5 月，商丘地区文管会、夏邑县图书馆发掘夏邑县郭店乡杨楼村汉墓，出土空心砖及陪葬陶器等。④

1985 年 5 月，永城市条河乡鱼山村民在鱼山附近挖掘出 64 枚楚国布币。⑤

1986 年春，商丘地区文化局组织商丘博物馆、永城市文管会对芒砀山僖山开山采石时在山顶东部发现的一座汉墓进行抢救性发掘（编号为僖山一号墓），出土金缕玉衣一套（现藏河南博物院）及玉、铜、陶、铁质文物 1000 余件。⑥

1988 年 4 月，商丘地区文化局组织专业技术人员对夏邑吴家寺遗址进行抢救性发掘，共发掘墓葬 38 座，其中 6 座汉代石椁墓，出土西汉时期画像石 7 块，画像内容有常青树、鸟、绶带穿璧。⑦

1988 年 9—11 月，北京大学考古学系在商丘地区文管会的配合下，发掘了夏邑清凉山遗址，发掘面积 150 平方米，出土大量新石器时代、商代文物。⑧

---

① 商丘地区文化局：《商丘名人名胜》，1986 年 9 月。
② 商丘地区文管会：《宁陵县华岗出土明代木船》，《中原文物》1983 年第 2 期。
③ 商丘地区文管会、虞城县图书馆：《虞城王集西汉墓》，《中原文物》1984 年第 1 期。
④ 商丘地区文管会、夏邑县图书馆：《夏邑县杨楼春秋两汉墓发掘简报》，《中原文物》1986 年第 1 期。
⑤ 张志清：《永城县出土楚国布币》，《中原文物》1987 年第 1 期。
⑥ 孙明：《永城芒山发现汉代梁国王室墓葬》，《文物报》1986 年 10 月 31 日。
⑦ 商丘地区文化局：《河南夏邑吴庄石椁墓》，《中原文物》1990 年第 1 期。
⑧ 北京大学考古学系、商丘地区文管会：《河南夏邑清凉山遗址发掘报告》，《考古学研究》（四），科学出版社 2000 年版，第 443 页。

1989 年，河南省文物研究所（今河南省文物考古研究院）发掘夏邑三里堌堆遗址，该遗址位于夏邑县城关镇三里庄村北，遗址面积 7000 平方米，文化层厚约 5 米。1989 年春季的发掘揭露面积 100 平方米，发现龙山、岳石、商、春秋、汉等几个时期的地层堆积，出土大量商代遗物，时代大致在郑州二里岗期至商代晚期，是商丘境内包含殷商文化的一处重要遗址。[①]

1989 年 9 月，中国汉画学会在商丘召开成立大会，来自全国各高校、科研院所的近百位汉画研究及考古界的学者，包括当时著名的红学大家冯其庸等知名学者出席会议，是全国汉画学界的第一次盛会。与会学者在会议研讨的同时对商丘境内出土的汉代画像石刻进行了实地查看，一致认为：商丘出土的汉代画像石，出土地点集中（主要分布于永城、夏邑两个县市），雕刻技法多采用剔地浅浮雕、阴线刻或两者结合的手法，线条疏朗明快。画像内容以反映神仙思想的珍禽异兽为主，反映现实生活的车骑出行、楼阁人物等极少。与全国其他汉画像石相比较地域特征鲜明，被命名为"商丘汉画像石"。

1989 至 1990 年，商丘市文物工作队发掘永城芒砀山柿园汉墓，该墓主室顶部、南壁及西壁发现大面积彩色壁画，顶部保存最好，是目前我国考古发现面积最大的西汉墓室壁画。在墓道一处钱币窖藏坑出土西汉半两钱近万斤，墓道底部地面出土数十件陶俑、大量车马明器，资料发表于《芒砀山西汉梁王墓地》。

第四阶段，1990 至 2000 年商丘考古工作

1991 年春，永城市文物工作队抢救性发掘保安山 2 号墓顶部陪葬坑，该坑位于 2 号墓顶部中心偏南处，为一处不规则的长方形竖穴石坑，东西长 3.4 米，南北宽 2.65 米，深 2.5 米。出土遗物 1800 余件，主要是实用西汉鎏金车马器，还有一部分铜铁兵器、生活用具及其他器物。

[①] 张志清：《夏邑县三里堌堆新石器时代至汉代遗址》，《中国考古学年鉴》(1990)，文物出版社 1991 年版，第 212 页。

典型器物有"孝园"文字筒瓦、"梁后园"铜印，这两件文物对于判定墓主人至关重要，因为诸梁王中谥"孝"的只有刘武一人，由此参照其他文献记载，可以认定这里就是梁孝王及其妻子李后的墓园。①

1991 至 1994 年，河南省文物研究所（今河南省文物考古研究院）发掘永城芒砀山保安山二号墓和保安山陵寝基址。二号墓是一座"斩山作椁，穿石为藏"的大型崖洞墓，平面为中字形，东西长 210 米，面积 1600 平方米，容积 6500 立方米。②该墓规模庞大，结构复杂，凿制精细，有东西 2 个墓道。从东山坡墓道进入山体凿空为室，东西全长 210 米，其间经 3 个甬道、前厅、前室、后回廊、34 个耳室，到西山坡出山，构成巨大的地下建筑群，东墓道、3 个甬道堆满塞石，是目前全国罕见的大型汉代石室墓。发掘时，该墓早已被盗掘一空，仅在部分室内出土陶器残片、铜车马器、兵器、铁器、石器等。③

该墓的价值不仅在于它是目前全国考古发现汉代规模最大的石崖墓，还在于其精到的凿制技术。很多耳室间距极小（低于 10 厘米），能保证均匀开凿相邻两室而不凿穿，反映了当时极高的开凿技术，或者说当时已经有了测量方向的器具，否则要开凿这么大规模的地下建筑群是很难想象的，该墓的发掘对研究汉代建筑技术提供了重要资料。

保安山陵寝基址位于保安山一、二号墓之间东侧，是两墓共用的寝园。1992 年 9 月至 1994 年 7 月，河南省文物研究所在商丘文物部门的配合下进行发掘，遗址平面呈长方形，南北长 110 米，东西宽 60 米，面积 6600 平方米。在长方形园墙包围内发现各类遗迹 40 处，其中院落 6 处，房基 9 座，殿、堂遗迹 2 处，窖穴 3 座，排水明暗沟道 7 条，

---

① 河南省商丘市文物管理委员会、河南省文物考古研究所、永城市文物管理委员会阎根齐主编：《芒砀山西汉梁王墓地》，文物出版社 2001 年版，第 43 页。
② 河南省商丘市文物管理委员会、河南省文物考古研究所、永城市文物管理委员会阎根齐主编：《芒砀山西汉梁王墓地》，文物出版社 2001 年版，第 81 页。
③ 河南省商丘市文物管理委员会、河南省文物考古研究所、永城市文物管理委员会阎根齐主编：《芒砀山西汉梁王墓地》，文物出版社 2001 年版，第 81 页。

灶及火膛 7 个，回廊 1 处，石台阶 5 座。①1995 年 8—10 月，报请河南省文物管理局批准，商丘地区文物工作队抢救性发掘了僖山二号墓，该墓位于僖山顶部西侧，与 1986 年发掘的一号墓（出土一套金缕玉衣）东西相距约 50 米，墓室结构与一号墓相同，均由长方形单室和长条形墓道组成，石条砌筑墓室，顶部为小平顶两面坡式。由于发掘时被盗，仅出土少量玉衣片、玉器、陶片等，但在墓室壁发现刻字 53 处，分为：刻石工匠姓名、刻石日期、墓室部位尺寸、刻画符号、刻画数字。②1999 年 10 至 12 月河南省文物研究所抢救性发掘永城芒砀山黄土山二号墓，该墓位于芒山镇西南约 1 公里的黄土山顶部北侧，是一座墓道北向的大型崖洞墓，由墓道、甬道、前庭、车马室和主室构成，墓葬全长 52.7 米，最宽处 12.8 米，室内最高处 5.1 米，总面积 230 平方米，总容积 680 立方米。出土大量实用青铜器、陶器等文物 1200 余件，是目前芒砀山汉墓群中单墓出土实用器文物最多的一座。塞石上发现刻字、朱书 600 余字。③

1990 至 2000 年，中美联合考古队在商丘进行大范围考古调查和发掘工作，发掘了虞城马庄遗址、商丘县高辛镇潘庙遗址、柘城李庄（山台寺）遗址，发现了两周时期的宋国都城城墙，对城墙进行了局部解剖发掘。这也是新中国成立以来第一次中外联合在中国进行的以研究中国古代史为对象的大规模持久的田野考古合作项目。

虞城马庄遗址位于虞城县西南沙集乡东南约 2 公里的马庄村，1994 年 10 月至 11 月 28 日，中美联合考古队对该遗址进行发掘，发掘面积 203 平方米，发现有马庄第五层遗存（早于龙山文化）、龙山文化、殷商文化、战国文化、汉文化和明清文化的地层堆积。这一次最重要的

① 河南省文物考古研究所编：《永城西汉梁国王陵与寝园》，中州古籍出版社 1996 年版，第 23 页。
② 河南省商丘市文物管理委员会、河南省文物考古研究所、永城市文物管理委员会阎根齐主编：《芒砀山西汉梁王墓地》，文物出版社 2001 年版，第 277 页。
③ 河南省文物考古研究所、永城市文物旅游管理局：《永城黄土山与酂城汉墓》，大象出版社 2010 年版，第 13 页。

发现是"马庄第五层遗存"，它的遗存有遗迹、遗物和墓地墓葬，遗迹有居住遗迹和灰坑，遗物有陶器、石器、骨角牙蚌器。陶器有鼎、釜、盆、豆、钵、罐、缸、瓶、盏、器盖；石器有石钺等；另外有蚌镰、牙饰、骨器、鹿角等。墓地共发现墓葬 23 座，所有墓葬均没有发现墓圹，葬式为仰身直肢，没有发现葬具；分为单独埋葬、叠葬（多具骨架叠放在一起埋葬），发掘者认为这是马庄墓地最大的特点。墓葬随葬品有陶鼎、钵、觚、尊、牙饰、石钺。"马庄第五层遗存"墓葬年代经碳十四测定为公元前 3500 年至前 4000 年，成果发表在《豫东考古报告》。[①]商丘潘庙遗址位于商丘县（睢阳区）南约 20 公里的高辛镇西北角潘庙村西南，1994 年 4 月 5 日至 5 月 17 日中美联合考古队对该遗址进行发掘，发掘面积 200 平方米。发现有马庄类型史前文化遗存、龙山、岳石、东周和汉代、宋明几个时期的文化遗存。出土大量陶器等文物遗存，大大丰富了豫东考古资料。[②]柘城李庄（山台寺）遗址位于柘城县西约 10 公里，申桥乡东北 2.5 公里的李庄村北，遗址东西长 80 米，南北长 90 米，面积 7000 余平方米。1995 年春至 1997 年春中美联合考古队在李庄遗址进行为期 2 年半的考古发掘，共开探方（沟）12 个，总计发掘面积 398 平方米。发现有龙山文化、岳石文化、商周文化遗存，主要是龙山文化遗存。

龙山文化遗存遗迹有夯土台基、房址、栅栏、水井、牛坑、窑址、灰坑、灶址和墓葬等。

夯土台基两座，一号台基平面呈长方形锥体，剖面呈梯形，台面东西长 15.5 米，南北宽约 5 米，面积约 72 平方米。底长 18 米，宽约 7 米，方向 93°。台基现存高度约 1 米，坡长 1 米左右。在台基北、西、东三面边沿发现有密集柱洞，根据地层叠压关系可以确认，该夯土台基是

---

① 中国社会科学院考古研究所、美国哈佛大学皮保德博物馆编著：《豫东考古报告》，科学出版社 2017 年版，第 23 页。
② 中国社会科学院考古研究所、美国哈佛大学皮保德博物馆编著：《豫东考古报告》，科学出版社 2017 年版，第 244 页。

山台寺龙山文化遗址最早的遗存。二号夯土台基北距一号台基约10米，东西长约16米，南北宽5米，夯土筑成，台基高约1米。一、二号台基形状相同、面积相当，层位关系、距地表深度基本相同，两者又基本平行，据此推测它们是同一时期的建筑。

房址九座，保存较好的有五座，其中一座是圆形的，其他为长方形的。圆形房址编号F4，东西直径连墙4.75米，室内直径4米，面积约13平方米。方形单间两座，编号F3、F5。F3东西宽3.6米，南北残长3.85米；F5东西长4.1米，南北宽仅0.9—1.1米。方形多间房址两座，编号F1、F2。F1为两间建筑，西室南北长4.15米，东西现宽3—3.2米；东室南北长约如西室，东西现宽1.6米。F2是由六间相邻的居室组成的一组排房式的建筑群，东西全长22米，南北进深4—4.8米，各间大小不等。

发现水井一座（编号H36），井口为圆形，直径1.7米，深4.2米，井口四角各有一个柱洞，推测在井口之上原先也许盖有锥形井亭之类的建筑。

发现牛坑一座（编号H39），牛坑的形状呈长圆形，东西长约3.8米，南北宽3.3米，深0.8米。坑底作锅底状，坑口距地表2米。坑内清理出互相叠压的九个牛骨架和一个鹿的上颌骨。

山台寺龙山文化遗物发现丰富，有陶器、玉石器、骨角器、蚌器。出土陶器残片数以万计，复原各类陶容器265件，计有鼎、甗、甑、釜、鬲、鬶、盉、深腹罐、小口高领罐、子母口罐、双耳罐缸、盂、盆、刻槽器、钵、碗、豆、壶、高柄杯、瓠器盖等。玉石器152件，其中玉器3件，器型有斧、锛、凿、钺、刀、镰、刮削器、研磨器、钻、纺轮、环等。骨角器117件，器型有属于生产工具的斧、铲、凿、镰、锥、镖、梭、刀柄等，也有属于生活用具的笄、匕和装饰品。蚌器26件，器型有铲、刀、镰、锯、镞、锥、环。①

山台寺龙山文化的年代，经碳十四测定及树轮校正，在公元前2200年至公元前1600年之间。

1996至1997年中美联合考古队在商丘古城附近钻探发现宋国故城遗址，发掘报告称之为"老南关古城"，古城平面为圆角平行四边形，其中东墙（位于归德府城东侧）长2805米，西墙长3010米，北墙（位于归德府城北侧）长3555米，南墙长3550米，周长12920米，面积为10.2平方公里。

总体看来，西部城墙保存较好，而由于后期建城东部很多地段没能保存下来或保存很差，西墙大部、南墙和北墙西段都保存较好，城墙顶部距离地表浅的不足1米，宽度大部在12—15米，底部宽25米，东周时期的古地面距地表深10米左右，城墙下有1—2米的墙基槽，城墙外侧有城壕或城湖的存在。在郑庄水渠剖量到的城墙夯层厚11—13厘米，夯窝为圆形，直径7厘米左右，夯土颜色以深灰花、深褐灰花为主，也有浅黄灰花色。

关于古城的年代，报告认为："结合大规模钻探的结果，我们知道城址主体堆积是东周时期，根据文献记载，商丘是诸侯国宋国的所在地，如今探明的城址位置又恰好与文献所指春秋时宋国古城相合，而且城址的规模与列国都城也相称，因此我们可以相信发现的城址应该是春秋时代的宋国故城……C块（下层）夯土中包含的陶片虽然很少，但是这些陶片的时代，晚于当地的龙山文化，似乎与二里头文化的年代相近，除有极个别遗物会到商代，再没有比这更晚的遗物，因此我们不能排除它的始建年代可以到商代或者更早。"②

---

① 中国社会科学院考古研究所、美国哈佛大学皮保德博物馆编著：《豫东考古报告》，科学出版社2017年版，第83—243页。
② 中国社会科学院考古研究所、美国哈佛大学皮保德博物馆编著：《豫东考古报告》，科学出版社2017年版，第321—343页。

第五阶段，2001 年以来的商丘考古工作

这一阶段的考古工作除了配合基本建设的文物勘探调查外，主要是郑州大学历史学院考古系在商丘进行的田野考古调查和民权牛牧岗考古发掘工作、商丘市文物局组织的大运河商丘段的考古调查发掘工作以及河南省文物考古研究院在商丘地方文物部门配合下的大运河考古发掘和申遗工作。

"2002 年 11 月 7 日至 12 月 16 日，郑州大学历史学院考古系为进一步了解商丘地区夏商时期考古学文化的面貌与特征，特别是先商文化和岳石文化在该地区的分布状况，同时结合学术界久讼不决的'南亳'问题的考察，在陈旭先生指导下，作为研究生田野考古实习，我们对以往该地区调查或试掘过、且面积较大有调查价值的 24 处新石器至夏商时期遗址进行了重点复查。调查结果表明，24 处遗址中包含有仰韶文化遗存者 3 处，大汶口文化遗存 5 处，龙山文化遗存 23 处，岳石文化遗存 9 处，先商文化遗存 5 处，早商晚期（指白家庄期）遗存 6 处，晚商遗存 18 处以及东周至汉代遗存 22 处。"[1]

2006 年春，郑州大学历史学院考古系对民权牛牧岗、睢县周龙岗遗址进行专题调查，采集到部分龙山文化及少量先商文化、殷商文化遗物。在 2006 年调查的基础上，2007 年 9 至 12 月，郑州大学历史学院考古系发掘了民权牛牧岗遗址，共开挖探方 15 个，揭露面积 375 平方米。发现仰韶文化、龙山文化、下七垣文化、二里岗文化、殷墟文化、春秋时期文化、战国时期文化、西汉时期墓葬、唐宋时期文化等遗存。2008 年 11 月，郑州大学历史学院考古系张国硕教授带队，一行 5 人对牛牧岗遗址的周边区域进行考古调查。成果发表在《民权牛牧岗与豫东考古》。[2]

2007 年 7—8 月间，商丘市文物局为了运河申遗准备工作，组织全

---

① 郑州大学历史学院考古系：《豫东商丘地区考古调查简报》，《华夏考古》2005 年第 2 期。
② 郑州大学历史学院考古系、张国硕、赵俊杰编著：《民权牛牧岗与豫东考古》，科学出版社 2013 年版。

市文物干部分成 6 个工作组，第一次全面调查大运河商丘段，基本理清了大运河商丘段的埋藏情况。据调查,大运河商丘段全长 199.7 公里，西部从开封杞县入商丘睢县境，向东流经商丘市的睢县、宁陵、梁园区、睢阳区、虞城县、夏邑县、永城市，从永城侯岭乡进入安徽濉溪境，河道一般宽度 50 米左右,这与史书记载一致。永城老城、酂阳,夏邑会亭、济阳，商丘老南关，宁陵，睢县城北等处为疑似运河码头。

2011 年 11—12 月，河南省文物考古研究院组织人员，在夏邑县文物部门的配合下，对夏邑县济阳镇大运河段进行重点调查和考古发掘。发掘点位于济阳镇西约 300 米的 S325 线北侧的运河北堤，开探方（沟）4 条，发掘面积约 200 平方米，利用路沟挖剖面两处，发现明代大堤面清晰的车辙印痕，宋代大堤面清晰分布密集的行人脚印、动物蹄印以及因干旱形成的地裂现象，还发现三个不同时期的大堤堆积。

2011 至 2013 年河南省考古研究院报经国家文物局批准，在济阳镇东约 200 米的刘铺村西大运河河道进行考古发掘，发掘面积 2000 余平方米，同时对济阳镇进行全面钻探调查，资料显示济阳镇段河道宽约 150 米，大堤顶部宽约 30 米，河道中心最深处距地表 9 米。在南堤北坡发现分布密集的行人脚印、动物蹄印等遗迹，在探沟 1 南堤北坡发现一处长方形建筑基槽，经水利专家辨认，属于宋代发明的"木龙狭河"水利工程遗迹。在南堤外侧顺河堤方向宽约 16 米的宋代道路，印证了史书记载大运河堤为官道，堤外有道路的史实。通过对大堤局部解剖发现在南堤外筑有护坡堤，证明了当时利用河道清淤土加筑大堤的情况（发掘报告正在编写中）。

在 2007 年调查的基础上，2008 至 2009 年初，商丘市文物局组建运河码头考古工作队，对大运河商丘古城南关码头遗址进行钻探调查，经过 7 个月的艰苦工作，确定了大运河商丘古城南关码头遗址的位置和范围。

大运河北岸码头遗址位于叶园村武庄自然村，目前发现有砖石结构和夯土结构两类，砖石结构部分顶部距地表深 5—5.5 米，下部距地表深 8 米，东西长（沿河岸）约 150 米，从河口向外（北）宽 52 米。发现几处向河道内伸出的部分，伸出部分长约 40 余米。截止到 2008 年 12 月底，发现北岸码头及附属建筑遗存面积 245000 平方米，东西长 700 米，南北宽（从河口向外）300 余米，文化遗存距地表 5—11 米不等。南岸码头遗址位于叶园村大郭庄自然村，东西长 700 米，南北宽 200 余米，总面积 168000 平方米。

在前期钻探调查的基础上，为了进一步搞清这段大运河的基本情况，考古工作者在北岸码头西段开挖了一条探沟，发掘工作从 2008 年 12 月初开始，2009 年 1 月中旬结束，发掘暴露码头面积约 120 平方米，探沟内发现倒塌房屋两处，烧火灶一处，长 6 米余、宽 0.4 米、厚 0.045 米的木船板一块。出土一枚"熙宁元宝"（北宋铜钱）、两枚骨制骰子，骰子上的红色还很鲜艳，大量北宋砖瓦陶瓷片，还有部分唐代瓷片。这一段码头面是用黑灰色粘土、白灰、料礓石等夯土筑而成。从出土文物判断，这一段码头遗址上层的年代属于北宋。

2010 至 2014 年河南省文物考古研究院组织由副院长刘海旺任领队的考古工作队，对大运河商丘古城南关码头遗址进行为期多年的考古调查和发掘。总发掘面积 5000 余平方米，基本弄清了这段河道的位置走向、结构情况，重点发掘了运河北堤的凸堤。

2011 年 10 月至 2012 年 1 月的考古发掘位于武庄村南，发掘探方区域南北长 50 米，东西宽约 40 米，面积 2000 平方米。清理出的河岸面距地表深 4.2—5.2 米。目前已清理出的河岸高度最高约 5 米（有约 4 米尚需进一步清理），均为夯土建筑，夯土内砖、瓦、陶器、瓷器等遗物碎片十分丰富。不同时期的河岸清理出不同的遗迹，如砖砌排水道等。

2012 年 3 月至 2012 年 6 月的考古发掘位于武庄村南，在 2011 年发掘的基础上向东扩方。发掘探方区域南北长 60 米，东西宽约 42 米，面积 2500 平方米。清理出的河岸面距地表深 4.2—5.2 米。

初步结论：

（一）文献中关于商丘古城南运河区域的记述与考古发现的比较

1.《水经注疏》卷二十四《睢水》："睢水又东经睢阳县故城南……睢水于城之阳，积而为逢洪陂。陂之西南有陂，又东合明水。水上承城南大池，池周千步，南流会睢，谓之明水，绝睢注涣。"这里的逢洪陂或南大池是与睢水相连通的湖泊，位于睢阳城南。

2.《元和郡县图志·河南道·宋州》："州城，古阏伯之墟，契孙相土亦都于此。春秋为宋国都。汉梁孝王广睢阳城七十里，开汴河，后汴水经州城南。"

3.《太平寰宇记》卷十二《宋州》："睢水在县南五里。《水经》云：睢、涣二水出浪荡渠。《春秋·僖公十九年》：宋襄公用鄫子于次睢。杜预注曰：睢水受汴东经陈留、梁、谯、沛、彭城入泗，睢水又东经睢阳故城南，积而为蓬洪泽。"

4.北宋时人刘山老（字野夫，青州人，政和中，人传其寿一百四十五岁，云有道术）在其《满庭芳》词中有词句："洛阳，花看了，归来帝里，一事全无。又还与瓠羹，再作门徒。蓦地思量下水，浪网上、芦席横铺。呵呵笑，睢阳门外，有个大南湖。"从词句的上下承接意思看，作者从首都东京汴梁乘舟顺水而下，至当时的应天府（睢阳故城）南门外，流连于与运河相通的南大湖。

5.北宋熙宁五年十月五日晚，日本僧人成寻从台州府开始北行，经扬州溯汴河前往五台山参佛，行至南京应天府，其在日记中记道："……至南京大桥南，停船宿。……大桥上并店家灯火，大千万也。伎乐之声，遥闻之。……六日天晴。辰时，曳船，从桥下过。店家买卖，不可记尽。经二里，至次大桥外，停船。艄公宿积干姜取上市头了，五十石许上了。于宿州卅石许上市了。"

考古发掘与文献记载相吻合，考古勘探中提取出异常丰富的遗物，这是较为少见的。考古发掘所见的夯筑河岸地层中，包含了极为丰富的砖、瓦、陶器、瓷器等遗物，特别是碎瓦块数量众多，可见当时运河沿岸历史上房屋建筑很多，生活居住的人也较多。从清理出的河岸堆积看，此处的运河沿用历史较长。

（二）关于遗存年代

从两次发掘出土的各类遗物综合情况判断，目前经清理揭露的河岸时代大致属于唐宋时期，最晚不会晚于金代，这与文献中关于商丘南运河历史的记载相吻合。至于是否存在早于唐代的遗存，尚有待于进一步的考古发掘才能确定。

（三）关于遗存的性质

目前发掘清理出的遗存有两种形态，2008 年底至 2009 年初发掘清理的遗存应为河岸码头遗址，有建筑遗迹、灶遗迹等，出土的较长木板，可用作上下船的踏板。2011 年底清理出的河岸遗存也是码头遗址的一部分；其遗存面前后高差有 1 米，推测有可能属于建桥突堤的一部分；至于其较为准确的性质判断，有待于进一步考古工作才能确定。

（四）其他价值

商丘地区尽管区域历史文化遗产资源丰富，但由于受自然地理条件的制约，考古工作开展相对较少。目前已有的考古工作成果，对研究该区域自全新世早期以来的地层堆积、夏商至宋金时期的历史面貌、黄河在该区域的泛滥历史等，都具有重要意义。也为该区域历史文化遗产的保护和可持续发展提供了科学的实物资料。[①]

上述两处运河遗址的考古调查和发掘，为申遗工作提供了丰富详实的考古材料支撑。2014 年 6 月，通济渠商丘南关段、通济渠商丘夏邑段正式列入世界文化遗产名录。

---

① 以上大运河南关码头遗址的发掘与结论引自河南省考古研究院的考古汇报材料。

附录二　商丘殷商文化考古述略

　　商丘殷商文化考古与其他时期的考古工作一样，因为从北宋以来至清咸丰五年的 700 年间，黄河泛滥留下大量泥沙沉积，彻底改变了豫东的原生地貌，大量古代文化遗存深埋于地下，再加上豫东地下水位高，一般 3 米多就见地下水，给这里的考古工作带来很大困难，甚至无法开展工作。尽管如此，通过几代人的艰苦努力，在商丘还是发现了数量可观的殷商文化遗存，基本建立了豫东商丘不断代的考古文化序列，特别是殷商文化考古有填补空白的考古发现，这对研究我国殷商文化的起源具有重要意义，概述如下。

一　新中国成立前的殷商文化考古工作

　　中国近代考古学是从 20 世纪 30 年代安阳殷墟考古发掘开始的。1928 年 10 月，殷墟考古发掘正式开始，至 1937 年抗日战争全面爆发而停止，10 年间总共进行了 15 次发掘，取得丰硕成果，不仅发现大量甲骨文和各种文化遗物，而且还发现了殷代的宫殿宗庙遗址和殷代王陵，从而使我国商代历史由传说而变为信史，确定殷墟是商代最后一个都城。那么，殷商文化的起源在哪里？这是当时很多考古学家急于想了解的问题。王国维在《殷周制度论》《说自契至于成汤八迁》《说商》《说亳》诸文考订商族发源于豫东，商汤国都南亳、北亳在豫东，为学界所重视。

　　1936 年河南古迹研究会李景聃等人为寻找殷商文化的来源来到豫东商丘、永城调查，揭开了豫东考古的序幕。李景聃一行三人于 1936 年 10 月 11 日中午到达商丘至 12 月 13 日下午在曹桥发掘结束，历时两个月有余，除调查芒山梁孝王墓外，从永城沿浍河（《水经注》上的涣水）至商丘沿途调查，发现三处秦汉前的文化遗址——商丘的青岗寺，永城的造律台、曹桥，对造律台、黑堌堆、曹桥进行了发掘。特别是造律台遗址龙山文化堆积厚，出土遗物丰富。这次调查尽管没有找到先商文化，但这次工作的意义是重大的：第一，开启了豫东商丘地区科学考古的新纪元；第二，造律台遗址龙山文化的发掘奠定了以后这一地区龙山文化考古的基础，因为它是这个类型文化遗存的首次发现，按照考古学文化命名的原则，后来考古学界把分布在豫东、鲁西南、苏北、皖北同类型的文化命名为"造律台类型"。

二　1949 年至 1990 年的殷商文化考古工作

　　这一时期的四十年间，商丘地区的考古工作集中在 1976—1978 年的三年间，其他时间都是文物保护的日常工作，或者是一些零星调查，特别是 20 世纪 70 年代之前，文物工作人员少，技术人员更少，不具备独立考古发掘的能力。

　　郑州大学张国硕、赵俊杰教授在《民权牛牧岗与豫东考古》一书中，把豫东 1930 年以来的考古工作分为五个时期，我们认为还是比较准确的：1. 20 世纪 30 年代至 1949 年前后；2. 1950—1988 年；3. 1989—1992 年；4. 1993—2001 年；5. 2002 年至今。当然所分五个时期包括了豫东开封和周口市的工作，单纯商丘的工作比这个简单一些。

　　从 20 世纪 30 年代发掘安阳殷墟以来，考古工作者为寻找殷商文化的源头进行了不懈的努力，根据史籍记载："陶唐氏之火正阏伯居商丘……相土因之"（《左传·襄公九年》，杜预注"商丘在宋地"），"汤始居亳"（此处用"汤都南亳（谷熟）"旧说），很多学者认为我国历史上第二个奴隶制国家——商朝起源于商丘。"中国社会科学院考古研究所河南一、二队，为了解豫东原始社会末期和商代早期文化的有关问题，会同河南省商丘地区文物管理委员会，于 1976 年底到 1977 年末，先后三次在商丘地区各县调查古代文化遗址。调查结果表明，古代文化遗址相当丰富，三次调查发现龙山文化遗址 17 处，殷商遗址 15 处。"[1] 并在调查的基础上，发掘了柘城孟庄、商丘坞墙及睢县周龙岗遗址。1978 年 4 月在睢县蓼堤公社周龙岗遗址（村北）开挖两条探沟，面积 31 平方米。采集殷商文化遗物主要是陶器，有一件铜器。器型有鬲、簋、盆、罍和铜爵。在民权县尹店公社吴岗村遗址，发现较多殷商文化遗物，还有夯土建筑，采集陶器时代比较早，大致与柘城心闷寺的相当，也有晚期的陶器，遗址的延续时间可能比较长。采集陶器主要有鬲、深腹罐、大口罐、盆、罍和瓮，"这次调查的十五处殷商文化遗址，属于二里岗期的不多，只有柘城孟庄（心闷寺）和民权的吴岗两处，其他的均属于小屯期，出土遗物与其他的相同"[2]。

孟庄遗址，又称心闷寺遗址，据光绪《柘城县志》记载，土岗上曾有唐代和清嘉庆年间两度重修的心闷寺。位于河南省柘城县岗王乡孟庄村北侧，蒋河南岸，1961 年文物普查时发现，1976 年被公布为县级文物保护单位；1986 年被公布为省级文物保护单位。遗址平面呈长方形，南北长 280 米，东西宽 110 米，面积约 3 万平方米。柘城至太康的公路从遗址中部穿过，将遗址分成南北两部分。1976 年冬，中国社会科学院考古研究所河南一队在商丘地区文管会、柘城县文物部门配合下对遗址进行考古调查，于 1977 年 5 月由中国社会科学院考古研究所河南一队和商丘地区文管会联合在遗址北部进行了考古发掘，发掘面积为 400

---

① 中国社会科学院考古研究所河南二队、商丘地区文物管理委员会：《1977 年豫东考古纪要》，《考古》1981 年第 5 期。
② 中国社会科学院考古研究所河南二队、商丘地区文物管理委员会：《1977 年豫东考古纪要》，《考古》1981 年第 5 期。

平方米，发现了丰富的商代二里岗上层时期的文化遗存。[①]

　　1977 年的考古发掘发现了商代窑址 1 座，冶铸作坊 1 处，窖穴 22座，房基 8 座，墓葬 7 座，灰坑 3 个；发现 1 处规模较大的夯土台基，残存面积约 250 平方米。在孟庄村和公路之间钻探发现两处夯土台基和异常密集的灰坑，以上现象表明这个商代遗址范围较大且内涵丰富，当属于商代的一个重要居住地。

　　孟庄遗址共发现房基 9 座，分三类。第一类，2 座。这类房子是先在地面上夯筑一个台子，然后在夯土台上建造泥墙房屋，其中 F1—F3保存完整（位于第二地点）。夯土台平面呈长方形，台底略大，底东西残长 14.1 米，南北宽 7 米，台面东西长 13.4 米，南北宽 5.2 米，面积69.68 平方米。夯土台除西边外，东南北三面为斜坡，当散水使用。在夯土台上是三间为一组的排房建筑，三间房屋紧密相连，两间之间共用一个墙壁，房与房之间室内无相通的门道，中间一间（F2）面积大而高，两侧两间（F1、F3）面积小而低，是东西对称的偏房，或称耳房，排房坐北朝南，以中间房东壁为准，方向南偏西 3°。F2 南北宽 3.3 米，东西长 5.4—5.8 米，面积约 18.48 平方米；F1 北壁长 3.2 米，南壁长 2.7米，东壁长 2.6 米，西壁长 2.45 米，面积 7.45 平方米；F3 房内东西长 2.6 米，南北宽 2.3—2.7 米，面积 6.5 平方米。其他还有平地建筑的方形和圆形房子。

　　根据解剖房基了解，其建筑方法是在夯土台上挖掘墙基槽，基槽挖成后，用黑色草泥土沿墙基槽往上垛成墙壁，泥墙内外壁面经过修平（二十世纪七八十年代柘城农村土房也是使用这种方法建造的），墙内壁面抹一层厚 1 厘米的草泥土，表面用火烧成红色或红褐色，然后再涂抹一层黄色泥浆。

　　在遗址第二地点发现一座冶铸作坊基址和一座陶窑，作坊基址出土

① 中国社会科学院考古研究所河南一队、商丘地区文物管理委员会：《河南柘城孟庄商代遗址》，《考古学报》1982 年第 1 期。

很多铸铜碎泥范和一些坩埚残片。基址房屋平面为长方形，南北长3.6米，东西宽2.4米，面积6.24平方米。陶窑由火膛、窑箅和窑室组成，陶窑南侧有一个圆形土坑，土坑是烧火活动和堆放燃料的"场地"。

商代孟庄人使用的生产工具和武器有：1.砍伐和切削工具，器型有石斧、石锛、石凿、铜刀。2.农业生产工具，器型有骨铲、蚌铲、石刀、蚌刀、石镰、蚌镰、角锄、角器。3.手工业生产的工具，器型有冶铸工具坩埚和泥范、铜斝、铜爵内模，制陶工具陶压锤，制骨工具小磨石，纺织和缝纫工具石纺轮、陶纺轮、骨针、骨锥、角锥。4.渔猎生产的工具，器型有石镞、骨角镞、石网坠、陶网坠。5.武器，器型有铜镞、石钺。

使用的生活用具：1.陶器，颜色以灰色为主，炊器类有鬲、甗、鼎、甑、圆底深腹罐；食器类有簋、豆、斝、觚、杯、钵、碗、壶、平底盘、圈足盘、小口尊、圆底小罐、浅腹盆；贮器类有尊、大口尊、深腹盆、瓮、缸。2.釉陶，器型有尊1种。3.青铜器皿，器型有铜爵。4.骨质生活用具有骨匕。5.编织生活用具有草鞋底，残存鞋底中段，系用四经一纬绳子穿编而成，鞋底的编织材料是树皮；蒲席，残存30×20平方厘米，系用三根经带和三根纬带平直相交，与平纹右织法同；绳子，直径约1厘米，是用两股线拧成。

使用的装饰品：发髻饰物玉笄、骨笄，佩带饰物玉璧、玉玦。

埋葬方式：土葬，墓坑为平面长方形，葬式为单人仰身直肢，没有发现葬具，在死者身上有撒朱砂的习俗。

在一处商代三间相连的排房建筑房基下发现有一具人骨架，证实当时建造房屋时使用活人奠基的现象在我国至少商代前期已经存在。

孟庄遗址最重要的考古发现是发现了商代卜骨、陶文、鞋底等，特别是鞋底的发现，是我国迄今发现年代最早的鞋子实物，表明在商代前期或更早的时候就有穿鞋的习惯了。该遗址大量殷商文化遗存的发现，是商丘地区关于殷商文化的典型遗存，是商丘殷商文化重要分布区域的佐证，是研究殷商文化的重要材料。

　　清凉山遗址位于夏邑县城西南 30 公里的魏庄西北，是一处堌堆形遗址，明代时曾在堌堆上建有一座规模较大的寺院——清凉寺，因此得名，现在堌堆顶部还有几间新建的寺舍，偶有村民前去进香。遗址北有岳河故道，西南角有挡马沟流过，可见遗址上的村民还是傍水而居的，当时的环境一定是山清水秀。

　　清凉山遗址是 1977 年中国社会科学院考古研究所河南二队在豫东调查时发现的，1988 年 7 月，北京大学考古学系为了解商丘地区夏商时期的文化面貌，对该遗址进行复查，发现有龙山文化、岳石文化和殷商文化遗物。同年 9 至 11 月对该遗址进行了为期三个月的考古发掘，发掘面积 150 平方米，发现了丰富的包含有相当庙底沟二期文化和河南龙山文化、岳石文化及殷商文化在内的不同时期的文化遗存。

　　殷商文化遗迹有灰坑、房基和灰沟。遗物有陶器、石器、玉器、骨器、卜甲和卜骨、蚌器。陶质生活用具以鬲和甗为主，约占总数 40% 左右，其次为盆、罐、豆、瓮；石器有石斧、石镞、石刀、石镰、石凿、石铲、砺石等；玉器发现玉凿 1 件；骨器有骨锥、骨簪、骨镞、骨匕、骨钻；卜甲 2 片、卜骨 13 片；蚌器有蚌镰、蚌刀、蚌锥。

　　清凉山遗址的殷商文化遗存分为早晚二期，其年代相当于殷墟第一、二期。[①]

　　在 1976 年冬季调查的基础上，1977 年 5 月，中国社会科学院考古研究所河南二队和商丘地区文物管理委员会对商丘县坞墙遗址进行考古发掘，开探沟、探方 4 个，发掘面积 105 平方米，以 T1 东壁为例，遗址第三层为殷商文化遗存，出土器物器型有鬲、盆、簋、豆、深腹罐。第四层为二里头文化一期遗存，器型有深腹罐、敞口高领罐、平底盆、碗、豆、甗、盉、澄滤器。

　　夏邑县三里堌堆遗址位于夏邑县西南约 4 公里，1989 年 1—6 月，

① 北京大学考古学系、商丘地区文管会：《河南夏邑县清凉山遗址 1988 年发掘简报》，《考古》1997 年第 11 期。

河南省文物研究所（今河南省文物考古研究院）对该遗址进行了发掘，
"出土物以商代陶片为最多，有鬲、甗、簋、尊、罐、盆、瓮、豆、甑、
器盖等器型，初步可划分为三期，其时代大致在郑州二里岗到殷墟四
期之间。文化面貌与郑州、安阳等地的商文化比较接近，但又有地方
特征"①。

三 1990 年至今的殷商文化考古工作

中美联合考古队在商丘的考古调查始于 20 世纪 90 年代，美籍华人
张光直教授根据古籍和近代学者的考证，认为商丘是商昭明以降十一个
先公先王的经营地。他认为"先商"文明，即是汤建立商朝以前的商文明，
张光直先生确信先商文化都城或聚落、甲骨文所称的大邑商应在商丘。
他认为商丘地区没有发现大的早商或先商时期遗址，可能如有些学者
所指出的，中国古代都城原本建在低平地带。

1990 年春，张光直到豫东作了短暂实地考察，从而开启了中美联
合在商丘地区进行早期商文明的考古调查。1991 年夏，拉普、高天麟、
荆志淳在商丘用荷兰铲作为钻探工具正式开始了地质考古调查。1992
年秋在地质考古钻探工作的基础上，美方组织开始了地球物理的调查，
1993 年春高天麟等在老南关村北地采用洛阳铲进行了进一步的考古勘
探。1993 年秋高天麟和荆志淳继续进行地质和考古钻探调查。1994—
1995 年，双方根据地质勘探和考古调查成果，选择商丘潘庙遗址、柘
城山台寺遗址和虞城马庄遗址进行考古发掘，1997 年秋、1998 年春以
及 2000 年春对古城址进行了试掘。

中国社会科学院考古研究所与美国哈佛大学合作开展的"中国商丘
地区早商文明探索"项目，是 1949 年以来第一次真正意义上的中外田
野考古学合作。它在考古学术界产生了重大影响，被简称为"商丘项目"，

---

① 郑州大学历史学院考古系、张国硕、赵俊杰编著：《民权牛牧岗与豫东考古》，科学出版社
2013 年版，第 141 页。

受到广泛关注。学术界无不认为"中国商丘地区早商文明探索"是中国考古学诸重要课题中难度最大的科研项目之一。[1]

中美联合考古队在商丘10年的工作，尽管没有找到先商文化的遗存，却把这次的考古成果关联起来，建立了商丘的文化序列：仰韶文化、龙山文化、岳石文化、殷墟类型文化、东周时代墓葬、汉代文化。在柘城李庄遗址发现五连间排房及一个埋有九头整牛和一个鹿头的祭祀坑，意义非同一般。发掘者认为商丘地区的龙山文化和岳石文化可能就是早商文化和先商文化或者是其近祖。[2]

2002年11月7日到12月6日，郑州大学历史学院考古系为进一步了解商丘地区夏商时期考古学文化的面貌与特征，特别是先商文化和岳石文化在该地区的分布状况，对以往该地区调查或试掘过、且面积较大有调查价值的24处新石器时代至夏商时期遗址进行了重点复查。其中先商文化遗存5处，早商晚期（指白家庄期）遗存6处，晚商遗存18处。

先商文化遗物采自民权县李岗、吴岗、牛牧岗，睢县周龙岗，柘城史堌堆遗址。采集陶片数量较少，可辨器型有橄榄形罐、鬲、大口尊等。

早商晚期遗物采自夏邑马头，睢县襄台、周龙岗，民权吴岗、李岗、牛牧岗遗址，陶片数量较多，多系鬲腹残片、鬲足等。

采集晚商文化遗物的遗址较多，有18处，可辨器型有鬲、瓮等。[3]

2007年9—12月，郑州大学历史学院考古系在商丘地方文物部门的配合下，对民权县牛牧岗遗址进行考古发掘，遗址位于民权县双塔乡牛牧岗村北，发掘面积375平方米。该遗址二里岗期遗存较少，没有发现遗迹，遗物均为陶器，器型有鬲、甗、罐、大口尊、盆，其中鬲、罐数量占全部器类的81%。"属于二里岗期文化遗存与郑州二里岗商文

① 摘自唐际根博士为商丘博物馆布展提供的材料。
② 郑州大学历史学院考古系、张国硕、赵俊杰编著：《民权牛牧岗与豫东考古》，科学出版社2013年版，第141页。
③ 郑州大学历史学院考古系：《豫东商丘地区考古调查简报》，《华夏考古》2005年第2期。

化面貌相近，时代应为二里岗上层的偏晚阶段，即上层二期或白家庄期。"殷墟文化遗存遗迹有房基及其他遗物。房基平面略呈圆角长方形，长 280 厘米，宽 240 厘米；墙基宽 30 厘米，深 15 厘米。墙体为木骨泥墙，居住面北部有一圆形烧灶遗迹。遗物有陶器、蚌器，陶器器型有鬲（数量最多）、甗、簋、罐。蚌器有蚌刀。"牛牧岗遗址殷墟文化遗存，常见折沿方唇鬲、盘口形鬲和甗、腹部饰三角划纹绳纹簋，无疑应属于殷墟文化范畴……推断 I 式陶鬲相当于殷墟文化第二期，Ⅱ、Ⅲ式陶鬲约相当于殷墟文化第三期。"①

四　结语

商丘地区的殷商文化考古工作主要集中在 1976 至 2008 年之间，每次集中田野考古调查和发掘工作基本都是围绕着一个目的，那就是探寻商丘境内的殷商文化遗存，特别是先商文化在商丘境内的分布情况。从上述情况看，这项工作取得了实质性进展，特别是郑州大学历史学院考古系的几次调查，发现了先商文化遗存 5 处，柘城史堌堆发现先商文化陶片，改变了以前认为的只在商丘西部发现先商文化的状况。史堌堆遗址在谷熟西南 35 里范围内，北距高辛帝喾陵约 5 公里，史堌堆遗址先商文化的发现对下一步商丘境内先商文化考古具有积极意义。

目前商丘境内先商文化的发现尽管还是初步的，但是使这一地区殷商文化考古工作前进了一大步，正在逐步改变专家学者对商丘境内殷商文化遗存的看法。柘城孟庄商代遗址的考古发现与发掘收获较大，该遗址年代相当于郑州二里岗期，文化层堆积厚，出土遗迹遗物丰富，发现有大面积夯土台基、窑址、窖穴、房基、墓葬、冶铸作坊等，出土青铜斝、爵、觚。这些都说明这里是一处商代前期重要的聚落遗址。

总之，通过近几十年、几代人的艰苦努力，商丘境内的殷商文化考

---

① 郑州大学历史学院考古系、张国硕、赵俊杰编著：《民权牛牧岗与豫东考古》，科学出版社 2013 年版，第 141 页。

古工作有了很大进展。由于历史上商丘长期遭受黄河泛滥泥沙淤积的影响，古代遗址埋藏深，以及商丘地下水位高等诸多不利因素的影响，探寻商丘古文化遗存工作非常困难，但有了目前的良好基础，我们相信随着将来考古工作的进一步深入，商丘境内殷商文化考古工作一定会有更多重要发现。

附录三　临淄齐国故城与睢阳宋国故城之比较研究

　　齐国故城位于今山东省淄博市临淄区齐都镇（旧临淄县城）的西、北面，东临淄河，西依古系水，总面积达 20 余平方公里，是西周至战国时期齐国的都城遗址。根据《史记·齐太公世家》的记载，周夷王十一年（前 859）齐国第七世国君齐献公开始以临淄为都城，到秦始皇二十六年（前 221）秦灭齐止，是列国中最为繁华的都城之一，也是当时东方重要的政治、经济、文化中心，先后作为姜齐和田齐的国都长达 630 余年。

　　宋国故城位于河南省商丘市睢阳区，是西周至战国时期宋国的都城遗址。那么两座故城之间有什么相同和差异呢？本文作些比较研究，不当之处，请同行指正。

一　两座故城的基本情况

　　临淄齐国故城，是西周后期至战国时期的齐国都城，齐献公元年（前 859）始都于此，直到公元前 221 年齐国灭亡。20 世纪 60 年代进行过钻探调查，1971 年冬进行重点发掘。齐国故城由东北、西南嵌筑的大小二城组成。二城平面均作纵向的长方形，城东西两侧紧靠淄河和系水（泥河），因河岸和地形的变化，大城东墙和小城西墙有多处转折，南、北墙外挖有壕沟，城墙的夯土遗迹大约宽 20 米左右。小城是齐国的宫殿区，以南北长 84 米、高 14 米的"桓公台"为主体，分布有大片建筑遗址，附近发现有铸造"齐法化"钱币的遗址。大城主要是平民活动的地方，无大型建筑遗迹，发现有冶铁和其他手工业遗址，以及齐国高级贵族墓地。已探明十一座城门，城内探出 10 条交通干道，绝大多数与城门相通。大城的七条大道，宽 10—20 米。正对城门的壕沟较窄，以便于架桥，曾发现用夯土和石块筑成的桥墩。城内发现有排水的明渠。秦汉时代的临淄仍沿用此城，直到魏晋以后一直是县级衙署驻地。临淄齐国故城于 1961 年被国务院公布为全国重点文物保护单位。

宋国故城是两周时期的宋国都城。公元前 1113 年 [①]，周姬旦平定武庚叛乱之后，封殷纣之庶兄殷微子启于宋（据中国社会科学院历史研究所编《中国历史年表》，封微子于宋的时间在公元前 1046 年牧野之战武王克商和公元前 1042 年成王元年，成王大规模修建成周，迁殷遗民之间），建立宋公国，始都睢阳（即宋国故城），直到公元前 286 年齐、楚、魏三家灭宋。

为了寻找商丘境内的先商文化遗存，1995 年中国社会科学院考古研究所与美国哈佛大学皮保德博物馆联合组成中美联合考古队在商丘古城附近钻探发现宋国故城遗址。宋国故城位于今商丘古城，平面近方形，东西稍长，东墙在商丘古城东，北起东园前街，南至周台，南北长 2900 米；北墙在商丘古城北，西起董瓦房东至睢阳区东园街 117 号民宅，东西长 3252 米；南墙在老南关，东起周台，西至郑庄，东西长 3550 米；西墙南起郑庄，北至董瓦房，南北 3010 米，周长 12920 米，面积 10.2 平方公里，面积比商丘古城大近 10 倍。城墙为夯土筑成，城墙底部宽 25—27 米，顶部宽 12—15 米，高约 10 米。顶部距现地表最浅处只有 1 米多，已发现 5 处城门遗迹。据目前考古资料，该城始建于西周，使用于西周、春秋、战国时期，直到公元前 286 年宋国被楚、齐、魏三家灭亡。宋国故城遗址于 2006 年被国务院公布为全国重点文物保护单位。

---

① 柏杨：《中国历史年表》，海南出版社 2006 年版，第 15 页。

二　两座故城的相同与差异

山东临淄齐国故城与河南商丘宋国故城有很多相同或相异之处。第一，两城时代基本相同，均是春秋战国时期的列国都城，城圈平面近方形，城墙周长均 1 万余米。临淄故城大城周长 14158 米，略大于宋国故城城墙周长 12920 米。第二，两城城墙外均设置有城壕。临淄齐故城南、北城墙外挖有宽 25—30 米、深 3 米的城壕。宋国故城南城墙西段钻探结果显示，"另城墙外深孔钻探结果确证有城壕或城湖的存在"①，根据《报告》图二测算，城壕或城湖的上口宽 100 余米，深 4 米。第三，考古发掘查明临淄齐国故城有大小二城，均近矩形。小城在大城西南角，小城东北套入大城中，呈方胜形；宋国故城考古工作仅限于考古钻探及为了探明城门遗址的局部试掘工作，没有进行考古发掘，钻探查明宋国故城城墙四角为弧形。"从图一可以看出，四面城墙都很直，但城墙走向不是正南正北，城不是正方形也非长方形。东墙和西墙走向偏东北和西南，而南墙和北墙偏东南和西北。东南角和西北角为钝角，而西南角和东北角则为锐角。这种城墙的定位方式值得研究和探讨。"② 第四，齐国故城已探明有城门 11 座：小城的东、西、北墙各 1 座，南墙两座，大城东西墙各 1 座。南北墙各两座；门道宽度一般 8—17 米，最宽处 20 米，长 19—42 米，最长达 86 米，门道两旁以石垒砌，路面铺石子，从门道宽度看，每门应不止一个门洞。这些城和门多属东周时期，小城有一部分属于西周时期；宋国故城"经钻探，在城墙保存较好的城址西部，包括西墙、南墙和北墙西段共发现五处缺口，其中南北墙各一处，西墙三处，根据缺口的位置、形状和地层堆积特征，可确定它们应当是城门"③。因没有进行考古发掘，宋国故城城门的详细情况不得而知，但史书有零星记载，《北征记》载："（宋国）城方三十七里，南临濊水……

---

① 中美联合考古队：《河南商丘县东周城址勘察简报》，《考古》1998 年第 12 期。
② 中美联合考古队：《河南商丘县东周城址勘察简报》，《考古》1998 年第 12 期。
③ 中美联合考古队：《河南商丘县东周城址勘察简报》，《考古》1998 年第 12 期。

凡二十四门"；清康熙四十四年《商丘县志》引《左传》记载列举了部分宋国都城城门的名称："府城，春秋宋国城也。其城东门曰杨门，又东北门曰蒙门，南门曰卢门，东南门曰坉泽门，西北门曰曹门，北门曰桐门，外城门曰桑林门。"宋国故城城门命名的一大特点是各门均以它所朝向的邑名命名。第五，临淄齐国故城为齐国都城，始建于齐献公元年（前859），终止于公元前221年齐国灭亡，之后西汉前期及东汉齐王亦都于此，魏晋以后均为县衙署所在地；宋国故城始于微子启封宋，建立宋公国，直到公元前286年宋国灭亡。之后西汉梁国从梁孝王时（前168）至公元9年西汉梁国灭亡，建都于此。东汉、魏晋梁国亦都于此。魏晋以后直到中华人民共和国建立，这里一直是州、郡或县的衙署所在地，北宋时期曾称为南京，是北宋王朝的陪都，赵构建炎元年在南京登基建立南宋王朝，作为城市从宋国建都3000年来未有改变。第六，齐国故城内已发现道路10条，小城内3条，大城内7条，走向基本上同城墙平行。小城3条道路中，2条南北向，通南墙两城门；一条东西向，通西墙城门。大城7条道路，多十字交叉，把北半部划分为7—8个矩形街区。路宽为8—20米，最宽的1条南北干道达30米。这些道路多与城门相通。城内有排水明渠，大城有一条南北干渠，自小城东北角北行，穿大城北墙通入城壕，长2800米，宽30米，深3米，北段有一向西的子渠，通向较低洼的西北部，穿城注入系水。小城有曲尺形水渠，经宫殿区穿西城注入水系；商丘古城虽然目前还没有钻探和发掘城内道路情况，但史书记载宋城内以"里"作为居住单元，《左传》昭公二十一年"华氏居卢门，以南里叛"，里与里之间一定有道路间隔，这与齐国故城以道路"把北半部划分为矩形街区"情况相同。第七，临淄历史悠久，曾作为"春秋五霸"之一的齐国都城时间长达800余年之久，是灿烂的中国齐文化的发祥地，为国家历史文化名城；商丘历史悠久，也曾作为"春秋五霸"之一的宋国都城长达800余年，是我国商民族、殷商文化、商业的主要发源地，"商人"这一名词源于商丘。1986年公布为国家历史文化名城。第八，临淄因东临淄河，被齐献公更名临淄。临淄历史悠久，太古太昊伏羲氏兴起在齐地。这里又是五帝之一的颛顼高阳氏的故墟。古帝少昊之世，以鸟为图腾的爽鸠族居住在这里。商丘南临睢水，因位于睢水北岸而古称睢阳，睢阳历史悠久，古城西南1.5公里有燧人氏陵，燧人氏发明了取火技术，教人熟食，从此人类摆脱了茹毛饮血的时代。这里是五帝之一的帝喾高辛氏的故里。商丘古城南17.5公里高辛镇西北角有帝喾高辛氏的陵墓。高辛是一个古老的地名。"天命玄鸟降而生商"，以玄鸟为图腾的商族居住在这里。第九，打铁花是临淄地区古朴的民间娱乐活动项目，据说产生于元朝。那时，这里的冶铁业特别昌盛，铁水融化之后，金星四溅，触发了人们的创作灵感，于是，这项神奇而又壮观的民间活动——打铁花便产生了；商丘也有打铁花的民间娱乐活动项目，柘城县高级中学每年正月十五日夜组织师生举行打铁花娱乐活动，据说铁花打得越漂亮，就预示着当年高考中榜率越高，考上大学的人数就越多，其实以此为由头，丰富了学校正月十五的娱乐内容。第十，史载战国时期临淄有居民7万户，丁男超过21万人，街道上车毂相击，人肩相摩，是当时繁荣的大城市；宋国手工业也很发达，商业繁荣。宋都"商丘是当时有名的手工业中心，居住着金、革、木、漆、车等各种工匠，被称为'百工居肆'的城市"[1]。春秋时期，宋国冶铸业发达，有自己闻名于世的专精手工业产品"宋之斧"，与"郑之刀""鲁之削""吴越之剑"并称于世。宋国纺织业发达，颇受人称道，陶地（今山东定陶）的缣、襄邑（今河南睢县）的锦都很有名。宋都睢阳是当时闻名全国的商业城市，有城市人口10万[2]，宋国定陶是当时"天下之中，诸侯四通，货物所交易"的地方。宋都睢阳城内设有专门商品交易的"市"，设置市吏对"市"进行管理。宋国

① 黄以柱：《河南城镇历史地理初探》，《史学月刊》1981 年第 1 期。
② 黄以柱：《河南城镇历史地理初探》，《史学月刊》1981 年第 1 期。

管理市场的市吏被称为"诸师"①。

三　结语

综上所述，齐国故城的所在地临淄区和宋国故城的所在地睢阳区均历史悠远，文化灿烂，在我国历史进程中均做出过重要贡献，都是中华民族主要发源地之一，都是全国历史文化名城；两故城作为我国两周时期的列国都城，使用时间均长达 800 余年，此后的历史进程中又都是诸侯国或州、郡、县的衙署所在地，3000 年来一路发展连绵不断，是其共同之处。宋国故城与齐国故城相比，考古发掘工作做得还很不够，研究工作更是刚刚起步，应通过比较研究，加强两地交流，与同行一道把列国都城研究工作推向深入。

---

① 杨伯峻编著：《春秋左传注》，中华书局 1981 年版，第 1230 页。

后　记

　　《殷商文化》是《文化商丘》丛书中的一本，即将付梓与读者见面了，回顾这本书的编写过程，感慨颇多。我大学本科读的是考古专业，毕业后分配到周口博物馆（关帝庙）工作三年，主要工作是负责关帝庙维修及文物库房管理。1989年9月调回商丘工作，先在商丘市文物工作队工作10年，之后调入商丘博物馆，至今一直从事文物博物馆工作。出于对工作的热爱和执著，以及对商丘历史文化有一定的认识和理解，促成了我撰写本书。

　　近几年有不少专家、领导指出商丘对历史文化的宣传主题不突出，对这一问题我也有过一定的思考和梳理。由于工作原因，我对商丘历史文化的资料接触较多，2016年上半年撰写的《商丘主流历史文化考辨》一文在《商丘日报》发表。通过认真研究梳理，发现商丘那么多文化归结起来，殷商文化是主导商丘历史进程的主流文化。商部族的远祖帝喾的都城亳在商丘，帝喾陵所在的乡镇就叫"高辛镇"；商的始祖契因辅佐大禹治水有功被舜封于商；阏伯被尧迁于商丘为火正，他观察大火星的运行以报农时，即"观星授时"，实际上创制了中国早期的历法。商汤灭夏建立商朝，都城南亳就在商丘虞城县谷熟西南35里。从先商到晚商，商丘一地发现有众多文化遗存。西周灭商，封殷纣王的庶兄微子启于宋，"奉其先祀"，此后作为延续殷商文化而存在的宋国（封公爵，是四等爵的最高爵位，"与周为客"，足见宋国在周朝的地位），立国近800年之久。汉代梁国都睢阳300余年，考古材料与文献记载一致证明，梁国都城就是在宋国都城的基础上维修加固使用的。汉梁文化是商宋文化的继承和发展。

梁孝王刘武喜好文学，筑梁园300里，招延文人雅士，齐聚梁园，包括枚乘、邹阳、司马相如等辞赋大家，尤其是枚乘对汉赋有奠基之功，被称为"枚叟"。梁孝王赏酒赐墨，鼓励创作，创造了盛极一时、对后世影响深远的"梁园文学"。著名考古学家刘庆柱在给《西汉梁国》写的序中说："这个王朝（汉朝）也就是今天人们家喻户晓、妇孺皆知的'汉族''汉字''汉文化'的历史载体。汉王朝是中国历史上非常重要的时代，对认识两千年来的中国古代封建社会，没有比了解汉代历史更为重要的了。"唐代诗人李白、高适、白居易等客居宋州凭吊怀古，写下了《梁园吟》等著名诗篇。可以说从汉代以来，商丘历史文化是对殷商文化的继承延续和发展。从契封于商至今，商丘四千年的文明史中，殷商文化占据的时间达二分之一。由此可见，商丘主流历史文化就是殷商文化。

商丘市委市政府高度重视对商丘历史文化的研究，组织人员编写《文化商丘》丛书，市委书记王战营亲自拟定丛书书目名称。2017年初，市委宣传部安排组织业务人员成立编写组，正式开始《文化商丘》丛书编写工作。编写组分工让我负责"殷商文化"部分，我诚惶诚恐接受任务，压力很大。由于考古工作做得少，资料收集比较困难，以前考虑过要编写一本商丘殷商文化的书籍，没想到这么快就要付诸实施。但同时我又感到使命光荣，作为文化工作者，做好历史文化遗产的发掘、整理、传播，也是职责所在。

由于单位日常工作较多，撰稿时间紧、任务重，只能利用节假日和晚上时间加班加点收集资料形成文稿。感谢市委市政府、市委宣传部领导的不断鼓励、支持，使书稿得以按时完成。尽管付出很多，但终因本人能力所限，书中不免有不妥之处，诚请读者多提批评意见。

2018 年 4 月 18 日